公共图书馆服务与创新研究

夏超群 ◎ 著

吉林出版集团股份有限公司

图书在版编目（CIP）数据

公共图书馆服务与创新研究 / 夏超群著. — 长春 ：
吉林出版集团股份有限公司，2023.5

ISBN 978-7-5731-3199-7

Ⅰ．①公⋯ Ⅱ．①夏⋯ Ⅲ．①公共图书馆—图书馆服
务—研究 Ⅳ．①G258.2

中国国家版本馆 CIP 数据核字（2023）第 072681 号

公共图书馆服务与创新研究

GONGGONG TUSHUGUAN FUWU YU CHUANGXIN YANJIU

著　　者	夏超群
责任编辑	齐　琳
封面设计	林　吉
开　　本	787mm×1092mm　　1/16
字　　数	304 千
印　　张	12.5
版　　次	2023 年 5 月第 1 版
印　　次	2023 年 5 月第 1 次印刷
出版发行	吉林出版集团股份有限公司
电　　话	总编办：010-63109269
	发行部：010-63109269
印　　刷	廊坊市广阳区九洲印刷厂

ISBN 978-7-5731-3199-7　　　　　　　　　　定价：78.00 元

前　言

　　图书馆是文化教育场所，是社会主义精神文明建设的重要阵地。它肩负着传播和发展先进文化、提高全民族的思想道德素质和科学文化素养、为经济发展和社会全面进步提供强大的精神动力和智力支持的神圣职责，能满足每一位读者的阶段性教育或终身教育的需要。人们所从事的社会活动、技术革新、发明创造、科学立言、著书立说等都需要更新知识、继续学习。在图书馆，读者可以自由借阅和上网查询自己所需的文献资料，利用图书馆良好的学习条件和环境氛围。图书馆自身的这种服务职能决定了它要在国际竞争、社会发展的浪潮中求生存、谋发展，就必须努力赶上社会发展潮流，在加强数字图书馆的基础建设的同时创新思维，构建自己独特的服务文化体系。

　　数字图书馆的现代化建设因时代进步、读者需要而存在发展的机遇，思想认识也随着数字图书馆建设地不断深入而提高。服务读者始终是图书馆存在的根本，因此，需要对数字图书馆做进一步的深入了解，并且不断创新数字图书馆的服务手段和服务方式。

　　本书从图书馆的管理、服务和建设的基本理论出发，对我国图书馆管理与阅读服务模式创新进行了深入浅出的探讨，并对未来图书馆的发展前景进行了分析与展望，希望能起到抛砖引玉的作用，让更多人关注我国图书馆的工作。

目　录

第一章 数字化图书馆的基础认知

第一节 数字化图书馆的概念与特点

一、数字化图书馆的概念

（一）数字化图书馆的定义

"数字化图书馆"（Digital Library，简称 DL），"Library"一词，在英文中有两个解释，一是"图书馆"，一是"库"。"Digital Library"的英文本义更强调的是"库"，而不是"图书馆"。现在对于"数字化图书馆"的概念，很容易产生认识上的误区——认为数字化图书馆就是将现有的图书馆数字化，这恐怕有点"望文生义"，过于简单、片面。"Digital Library"是一个内涵很丰富的概念，其"解"并不唯一，数字信息馆、数字信息库、数字化图书馆等都是 DL 的可能解释。

计算机技术、通信技术、网络技术、多媒体技术等新技术的飞速发展，对当代图书馆的各个方面都产生了极大影响，而关于数字化图书馆的理论与实践研究，是其中最热门的问题之一。

数字化图书馆是用数字技术处理和存储各种图文并茂的文献的信息库，实质上是一种多媒体制作的分布式信息系统。它把各种不同载体、不同地理位置的信息资源用数字技术存贮，以便于跨越区域查询和传播。它涉及信息资源加工、存储、检索、传输和利用的全过程。从数字化角度来看，就是收集或创建数字化馆藏，把各种文献替换成计算机能识别的二进制系列图像，在安全保护、访问许可和记账服务等完善的权限处理之下，经授权后利用因特网的发布技术，实现全球信息共享。数字化图书馆的建立，使人们在任何时间和地点通过网络获取所需的信息变为现实，大大地促进了资源的共享与利用。

数字化图书馆的建立是一门全新的科学技术，也是一项全新的社会事业。简言之，数字化图书馆是一种拥有多种媒体内容的数字化信息资源，能够为用户提供方便、快捷、高水平的信息化服务机制。

数字化图书馆不是图书馆实体，它对应于各种公共信息管理与传播的现实社会活动，表现为一种新型信息资源组织和信息传播服务。它借鉴于图书馆的资源组织模式、借助于计算机网络通信等高新技术，以普遍存取人类知识为目标，创造性地运用知识分类和精准检索手段，有效地进行信息整序，使人们获取信息不受空间限制，很大程度上也不受时间限制。

（二）数字化图书馆的基本元素

1.数字化资源

大量的数字化资源是数字化图书馆的"物质"基础。对于传统图书馆数字化建设来说，是否能发挥其资源优势，关键在于资源的数字化工作是否到位。而资源的数字化面临的第一个问题，就是做什么和怎么做。"做什么"是一个领导决策的问题，需考虑馆藏特色、社会要求、市场需求等。"怎么做"是一个技术问题，需要有一套较为完整的数字化图书馆规划方案，在方案指导下，建立类似于目前图书馆运作的"采编流"机制，依照规范标准将资源进行数字化，使数字化图书馆这种馆中馆的运作正常化，形成"一套人马，两个馆"的格局。数字化图书馆对数字化资源并无偏好，虽然它的目的是直接提供读者所需的最终信息，而不只是二次文献（获得文献的线索），然而二次文献也可能是某些读者的最终信息需求，因而书目数据、索引文摘等二次文献也是数字化图书馆的组成部分。数字化图书馆将万千世界统一于数字 0 和 1，书籍、期刊、录音录像带乃至古籍善本、稀世字画甚至 X 光片，都失去了原本的物理形态，只要有相同的属性，就能被同时获取。

2.网络化存取

高速的数字通信网络是数字化图书馆存在的基础，数字化图书馆依附于网络而存在，其对内的业务组织和对外的服务都以网络为载体。数字化图书馆得益于网络也受制于网络，只有将网络利用至极限，才能将数字化图书馆的作用发挥至极限。数字化图书馆内部由局域网构成，一般是高速主干连接数台服务器及工作站，外部通过数台广域网服务器面向浩瀚的互联网。

3.分布式管理

分布式管理是数字化图书馆发展到高级阶段后的管理方式，它意味着全球数字化图书馆遵循统一的访问协议，全球数字化图书馆可以实现"联邦检索"，它将像现在的互联网连接网站一样，把全球的数字化资源联为一体，形成一个巨大的图书馆。分布式管理之所以是数字化图书馆的基本元素，在于它强调标准协议的重要性。就像互联网一样，因为全球用户共同遵循 TCP/IP 协议，才有了互联网繁荣发展的今天，而数字化图书馆技术到目前为止，还没有一个这样公认的标准协议，因此技术标准的选择和制定，对每一个数字化图书馆建设的先驱者来说，都是至关重要的。

4.规范的软件系统

一整套符合标准规范的数字化图书馆赖以运作的软件系统，主要包括信息的获取与创建、存储与管理、访问与查询、动态发布以及权限管理五大模块。它类似于图书馆集成管理系统对于传统图书馆所起的作用，负责数字化图书馆的维护管理和用户服务。

二、数字化图书馆的特征

数字资源、网络服务、特色技术、信息支撑、用户为主的服务模式是数字化图书馆最主要的特征，信息资源数字化是数字化图书馆的根本特征。

（一）以信息资源数字化为前提

数字资源是指图书馆中所有数字形式的信息资源，包括经过数字化转换的文献或本来就是以数字的形式出版的信息。这些数字资源是数字化图书馆的"物质"基础，也是数字化图书馆有别于传统图书馆的一大特征。数字资源从类型来看，包括期刊、图书、工具书、视频资料、声频资料等；从文件格式来看，包括从位图形式的页面到经 SGML 编码的特殊文本文件，甚至 CD-ROM 中的信息或本地局域网中的资源等。能同时处理多媒体化的数字资源是数字化图书馆在技术上的一个典型特征。

数字化图书馆以数字形式存贮和处理信息，其首先对图像、文本、语言、影像和科学数据等多媒体信息进行收集、组织和规范性加工处理，然后通过计算机技术进行高质量保存和管理，并通过网络通信技术进行高效、经济的传播，使读者可以在任何时间、任何地点，都能从网上得到服务。

数字化图书馆直接提供读者所需的最终信息，而不只是二次文献，但数字化图书馆也需要书目数据、索引文摘等二次文献，二次文献也是数字化图书馆数字资源的一种类型。信息资源的数字化是一项巨大的渐进的社会工程，它不可能由某一个图书馆来完成，甚至也不可能由整个图书馆界来完成，它需要社会各个方面的通力协作。信息资源的数字化可以有以下几个方面的来源。

1. 图书馆馆藏文献资源的数字化

如英国国家图书馆自 1993 年 6 月以来，陆续将馆藏中的照片、期刊、缩微文献、专利文献以及善本予以数字化。这项数字化工程名为"存取创新"计划，共包含了 20 个创新实施项目，其数字化的资源已超过 1 000GB。又如，由美国国会图书馆等 15 家图书馆以及相关机构组成的"美国数字化图书馆联盟"，也正在致力于开发反映美国历史与科技文化成就的数字式资源库及分布式数字化图书馆系统。在国内，上海图书馆自 1997 年开展馆藏文献数字化建设以来，已先后实现了一批特色文献的数字化。其中有反映上海一百多年发展历史的近万张照片，有反映上海发展进程的 70 多种年鉴，有 20 世纪上半叶出版的民国时期图书的全文，有 130 万页的古籍善本全文数据，有各类剧种的老唱片，有全国报刊篇名数据库，有科普录像，有新产品数据库，有 EBSCO 期刊目次库，有妇女之窗网页，有科技会议录，等。

2. 原生数字资源

除将已有的文献信息资源数字化外，现在的原生数字信息资源已经越来越多，尤其是学位论文、技术报告、会议记录等。而且，现在出版业已经实现数字化出版技术处理，图书、期刊的出版都是先有数字化版本，再生成印刷本。作为信息资源主体的传统图书、期刊，正在被数字图书、数字期刊代替，原生数字资源正逐步成为数字资源的主体。

3. 电子出版物

与纸质出版物相比，目前电子出版物的数量与日俱增，增长速度令人震惊。随着出版工业的现代化，现在纸质图书期刊的印刷大都具备了电子文本，这就为数字化图书馆提供了可能的巨大的数字化文献资源。如果图书馆界与出版界在遵守知识产权的前提下，能联手合作，则大部分图书期刊的网上全文查阅时代就将来临。

4. 网上数字资源

全世界难以计数的各类网站中集聚了无数的数字化、多媒体的信息资源。

除了以上几个方面的数字信息资源之外，社会各个行业，各个系统有许多自建或共建的数字信息资源，也可以加以利用。可见，信息资源的数字化是一项需要不断进行建设的社会工程。信息资源数字化是数字化图书馆最本质的特征，也是数字化图书馆的基础。信息资源的数字化主要是利用现代信息技术，对传统的文献信息进行数字化处理，它不仅包括个体文献信息的数字化，还包括整体文献信息资源的数字化。

（二）以信息传递网络化为手段

信息传递网络化是数字化图书馆运行的手段，它通过各种电子通信和计算机网络，将各个文献信息数据库系统和数字化图书馆连接起来，服务于广大读者。文献信息传播途径的改变，是数字化图书馆建设的一个很重要的方面。在信息资源数字化的基础上，数字化图书馆的建立需要通过以网络为主的信息基础设施来实现。目前，数字化图书馆正通过由宽带网组成的因特网（Internet）和万维网（WWW）的高速、大容量、高保真的计算机网络系统，将世界各国的图书馆和无数台计算机联为一体。数字化图书馆信息传递网络化的特点，给数字化图书馆带来了以下两个特征。

1.跨时空

数字化图书馆使信息的传递交流突破了时间和空间，包括国界和语言的限制，数字化图书馆使多少年来困扰广大读者和图书馆馆员的两大难题——图书馆服务时间的限制和服务空间的限制有希望得到根本解决。

2.开放性

网络化的信息传递，使成千上万的读者可以不受限制地进入数字化图书馆。这样，传统的有墙图书馆开始虚拟化；原本一个个相对封闭的图书馆向公众打开了书库的大门，沉睡的文献任由读者随意取阅，以往少数人的信息享用特权，随着网络化的发展而不复存在。图书馆成了人人可以利用的文化信息机构。

（三）以信息资源共享化为目的

数字化图书馆在实现了信息资源数字化和传递网络化之后，必然会提出一个信息利用的共享化问题。信息资源共享化是数字化图书馆建立的主要目的，数字化图书馆的建设并不是某一个或某几个图书馆之间的事情，而它涉及整个文献信息领域。虽然以往的传统图书馆在理论与实践上也提倡资源的共建共享，但信息利用共享化作为数字化图书馆的一大特点，其共享化的广度与深度是以往图书馆所无法比拟的。由于有了数字化与网络化的坚实基础，因而数字化图书馆的信息利用的共享化特点体现出跨地域、跨行业的资源无限、服务无限的特征，体现出跨地域、跨国界的资源共建的协作化与资源共享的便捷性。

信息传递的网络化，使众多图书馆能够借助网络，获取各类数字资源，以满足读者用户对知识信息日益增长的需求。在数字化图书馆时代，图书馆联盟的信息共建共享模式将会日益发展，原先的信息壁垒和围墙将逐渐被拆除。在信息共知、共网的基础上，信息共建、共享的步伐将会较以往加快。近年来我国和新加坡等国家的华文资料共建共享计划就是一个典型例子。这一计划将把国家图书馆、上海图书馆等图书馆中的碑帖、善本、家谱等特藏文献相继建成数据库。这一例子正是数字化图书馆信息利用共享化特点的体现。

（四）以知识化信息提供为宗旨

与传统的图书馆不同，数字化图书馆已经并将继续实现由文献的提供向知识的提供转变。数字化图书馆将图书、期刊、照片、声像资料、数据库、网页、多媒体资料等各类信息载体与信息来源，在知识单元的基础上有机地组织并链接起来，以动态分布式的方式为用户提供服务；而自动标引、元数据、内容检索、不同数据库的互联等知识发现与组织的技术，将成为数字化图书馆发展的关键技术。数字化图书馆信息提供的知识化，将为广大读者用户提供"知识水库""学术银行""数据仓库"。信息加工组织的知识化、智能化和完备的信息检索系统的建立，将使数字化图书馆能够为读者用户一次性地提供所需要的某一主题的目录、论文和著作的全文、图片、图像、声音等各种知识信息。总之，数字化图书馆信息提供的知识化，使信息加工趋向智能化，为读者用户创造了一个良好的有利于产生和发现新知识的信息环境。

（五）以网络服务为基础

高速数字通信网络是数字化图书馆得以存在的基础。数字化图书馆的对内业务组织和对外服务都是通过网络进行的，网络是数字化图书馆的生命线。基于网络运行的数字化图书馆只有通过网络才能提供服务，这也是数字化图书馆不同于传统图书馆的一大特征。没有网络，就没有数字化图书馆；网络中断，数字化图书馆的服务也会随之中止。因此，保证网络通畅是数字化图书馆运行的关键。

（六）以专用创新技术为特色

数字化图书馆除采用通用计算机技术和网络技术外，还有自己的特色技术，这是数字化图书馆有别于其他技术领域的特征。无论是数字资源还是网络服务，都需要支持技术。数字化图书馆涉及的技术包括通用信息技术和专用创新技术（即特色技术）。

1. 通用信息技术

建设数字化图书馆所需的通用信息技术主要是计算机技术、网络技术和信息安全技术。当前，计算机技术、网络技术和信息安全技术都在高速动态发展之中，每个技术突破都可能变革数字化图书馆技术。

2. 专用创新技术——特色技术

建设数字化图书馆所需的专用创新技术涉及数字信息处理与加工技术、海量信息存储与组织技术、分布式资源与运行管理技术、多媒体信息标引与检索技术、信息挖掘技术、个性化信息定制与发布技术、信息可视化与读者界面技术、信息安全技术、数字权益管理技术等方面，其中数字信息处理与加工技术、海量信息存储与组织技术、多媒体信息标引与检索技术、分布式资源与运行管理技术、个性化信息定制与发布技术等对于数字化图书馆来说，都非常重要。

技术不仅是数字化图书馆的重要支柱，而且还是联系资源与服务的纽带。在数字化图书馆的资源处理和网络服务各方面，技术支持不可或缺。

（七）以多种信息技术为支撑

信息技术的集成在数字化图书馆的建设中扮演了非常重要的角色。具体来说，其涉及数字化技术、超大规模数据库技术、网络技术、多媒体信息处理技术、超文本技术、信息压缩与传送技术、分布式处理技术、安全保密技术、图像扫描技术、数据仓库与联机分析处理技术、信息抽取技术、数据挖掘技术、基于内容的检索技术、自然语言理解技术等方面。

基于上述特点，数字化图书馆的基本功能就是数字化信息资源的生成和存储、查询和检索、传递和利用以及数字化信息资源系统的管理与维护。数字化图书馆具有数字化信息生产的功能，例如国家图书馆成立了"国家图书馆文献数字化中心"，年生产规模达 5 000 万～6 000 万页全文影像数据，可为读者提供 1000G 存量的在线信息服务。数字化图书馆采用 MARC 数据、元数据方案来进行海量信息的组织和存储。

应用计算机检索技术，数字化图书馆开发出各种各样的检索工具来实现全文检索、多媒体检索、集成化检索。数字化图书馆采取光盘、文件服务器、磁盘阵列等多种方式进行信息资源的保存。数字化图书馆应用访问控制技术、信息加密技术来实现信息资源系统的安全管理。数字化图书馆还具有信息的动态发布、资源导航、用户个性化定制服务、专业信息门户服务、联合采编服务、虚拟参考咨询服务、用户互动交流、广泛的信息资源共享等功能。

（八）以用户为主的服务模式

数字化图书馆的建设与运作都要以用户为中心，用户不必亲自到图书馆查阅资料，只要通过计算机网络，在办公室或家里的终端前，就可以使用数字化图书馆的信息；当用户在联机检索中遇到问题时，馆员可以提供信息导航服务，为用户答疑解惑；数字化图书馆与用户之间的密切合作性和交互性，使信息共享的幅度大为提高；网络环境下不存在开馆时间限制、文献拒借等传统图书馆无法解决的问题。

不论信息以何种形式存在，图书馆的任务始终只有一个：对于知识信息进行收集和整理，以便更好地将其进行传播和利用。

传统图书馆的工作是收集、存储并重新组织信息，使读者能方便地查阅到其所需要的信息，传统图书馆还跟踪读者使用情况，以保护信息提供者的权益。数字化图书馆与传统图书馆几乎具有相同的工作流程，以各自不同的技术手段为同样的工作环节服务。数字化图书馆需要收集或创建数字化馆藏，这集成了各种数字化技术，如高分辨率数字扫描和色彩矫正、光学字符识别、信息压缩、格式转换等。数字化图书馆利用建立在各种关系数据库或面向对象数据库系统上的有关数字对象的组织、管理、查询技术，能够帮助用户便捷地查找信息，并将信息按照用户期望的格式发送。在安全保护、访问许可和记账服务等完善的权限管理之下，数字化图书馆内经授权的信息能够利用 Internet 的发布技术，实现全球信息共享。

数字化图书馆是一个以数字信息资源为核心，利用数字技术来完成传统图书馆所进行的信息收集、整理、保存、发布、利用的社会机构或组织。数字化图书馆存在的目的是数字信息资源的利用，而利用信息的主体，主要是用户，也就是说数字化图书馆必须把工作重点放在用户的信息利用上。

第一，数字化图书馆的内容是数字信息资源，即以数字化形式存在的各种资源，可以是网络信息资源，也可以是非网络信息资源，如光盘等。

第二，鉴于数字化图书馆的信息资源相比于传统图书馆的信息资源不同，信息资源的利用手段也不一样，故而必须利用相应的数字技术。

第三，数字化图书馆的建立是为了进行信息的利用，为此数字化图书馆具有和传统图书馆一样的社会职能。为了更好地利用信息资源，必然要对信息资源进行收集、整理、保存和发布。

第四，数字化图书馆以数字信息资源为核心，是其本质层次；数字化图书馆不能没有基础的架构，需要一个社会机构或组织来对其进行管理，其外观，是社会层次；而连接数字信息资源及其架构的则有一个信息技术层次。图书馆精神与人类的进取精神相一致，是图书馆的知识本质、信息技术本质和社会本质在人类社会精神形态领域的集中体现。

（九）信息实体虚拟化

数字化图书馆使实体图书馆与虚拟图书馆结合起来，在实体图书馆的基础上体现出虚拟化的发展趋势。所谓虚拟图书馆，是指运用计算机技术生成一个逼真的，具有视觉、听觉等效果的，可交互、动态的图书馆。人们可以对虚拟图书馆中的实体图书馆进行操纵和利用。在数字化图书馆中，实体图书馆与虚拟图书馆是相辅相成的两个方面：实体图书馆是虚拟图书馆赖以服务的基础；而虚拟图书馆则是实体图书馆发展的方向。随着图书馆的发展，实体图书馆中的虚拟馆藏、虚拟阅览室、虚拟参考馆员、虚拟服务将会得到不断发展。但需要指出的是，数字化图书馆的建设并不是在实体图书馆之外另建一个数字化图书馆，而是在实体图书馆的基础上建设数字化图书馆。在实体图书馆与虚拟图书馆的关系方面，我们提倡"虚实共存论"，而不赞成"取代消亡论"。个别纯虚拟的数字化图书馆也会出现，但它并不具有普遍意义。

第二节 数字化图书馆的类型与功能

一、数字化图书馆的类型

（一）按数字化图书馆的实现形态划分

从数字化图书馆的实现形态上，可以将数字化图书馆划分为3种类型：技术主导型、资源主导型和服务主导型。

1. 技术主导型数字化图书馆

技术主导型数字化图书馆偏重于在进行数字化资源采集过程中开发各种软件和系统，使数字化图书馆能够适应不断发展变化的信息环境。在网络环境下，信息资源具有很强的流动性和可变性，可以控制信息资源的流失，是保证数字化图书馆正常运行的必要保证。技术主导型数字化图书馆研究开发的各种控制软件和信息分析系统为数字化图书馆的发展起到了推进作用。信息技术的支撑为数字化图书馆优质高效地发挥其特有的功能，提供了坚实的基础。

2. 资源主导型数字化图书馆

资源主导型数字化图书馆建设以信息资源的采集为主要内容，信息资源的权威性和完善性是其最大的特点，数字化图书馆的信息资源如何能够最大限度地提供给读者并得到最优化的利用，是资源主导型数字化图书馆的研究方向。我国的文献保障体系在信息资源共享最大化的问题上，通过整体规划，合理优化了配置资源，自建了重点学科专题库、特色数据库和导航库，实现了信息资源共建、共知、共享，提高了高等学校教育和科研的文献保障水平。在国外，以美国数字化图书馆为例，它的研究目标就是要促进全球分布式网络信息资源的开发和利用，重视研究成果向应用的转化。

3.服务主导型数字化图书馆

服务主导型数字化图书馆以数字化图书收藏并提供各种信息资源作为服务的重点，同时兼顾研究新型的数字化信息资源的可获取性和可用性及其长期存储和保护方法。目前我国各大高校的数字化图书馆的建设基本上都是服务主导型数字化图书馆模式，通过统一的信息资源配置和上传网络，实现校内数字化信息的共享，为广大高校学生学习和研究提供坚实的知识体系保障。

上述分类反映了目前数字化图书馆研究的丰富性，所有这些相关努力带来了数字化图书馆的繁荣，每一个具体的组织机构都站在它的角度，以它自己的理解进行研究或开发，涓涓细流汇成大海。数字化图书馆从一开始就不局限于一个行业或学科领域，它不仅是数字化资源的集合，还是数字化资源与服务以及一系列工具的有机组成，数字化图书馆的建设也不仅是技术问题，而且还是一系列目标与政策的合力。

（二）《数字图书馆论坛》对数字化图书馆的划分

2014年2月出版的数字图书馆权威期刊《数字图书馆论坛》，将数字图书馆划分为5种基本类型。它们各具特色、相互借鉴和补充，构成了多形态并存的数字图书馆发展格局。

1.基础组织型

基础组织型数字图书馆，即以中国国家图书馆、美国国会图书馆等传统图书馆为主体建立的复合型数字化图书馆，其将实体资源与数字资源有机结合，为社会营造公益性的信息化服务环境。

2.区域建设型

区域建设型数字化图书馆是以地区或部门的资源共享为目标，集技术、人才、管理为一体的协同发展形态的数字化图书馆，如区域性门户网站和涉及教育科研、政府、学会协会等客体的机构知识库。

3.内容集成型

内容集成型数字化图书馆是一种大规模收录、集成、整合、深度开发原始文献全文和知识元数据等对象的产业化信息资源整合工程的数字化图书馆，如中国知识基础设施工程、万方数据资源系统、超星数字化图书馆等。

4. 出版发行型

出版发行型数字化图书馆主要指从出版内容提供商向信息服务提供商转型的专业出版企业推出的资源体系的数字化图书馆，如荷兰爱思唯尔出版集团的 Science Direct、德国施普林格出版集团的 Springer Link、商务印书馆的百种精品工具书数据库等。

5. 搜索平台型

搜索平台型数字化图书馆是依托互联网引擎公司谋求快捷性、多样化的搜索信息服务的数字化图书馆，如 Google Scholar、百度文库等。

传统图书馆不得不与加入进来的新成员如出版机构、软件公司、数据公司等进行合作与竞争，共同构筑"数字化图书馆"。传统图书馆延伸而来的"数字化图书馆"作为一种基于知识处理和机器理解的分布式信息系统，已经成为一门前沿的科学技术，也是一项全新的社会事业，它既是完整的知识定位系统，又是多媒体制作的信息管理模式。作为高水平的信息化服务机制，数字化图书馆将提高人们智力活动的能力，驱动社会创新水平的发展，在所有需要生产、组织、交流、传播、存储和利用知识的领域发挥重要的作用。

二、数字化图书馆的功能

（一）数字化图书馆的基本功能

数字化图书馆是一个开放式的硬件和软件的集成平台，通过对技术和产品的集成，把当前大量的各种文献载体数字化，将它们组织起来在网上服务。

从理论上而言，数字化图书馆是一种引入管理和应用数字化的物理信息对象的方法。它的功能有以下六项：

① 各种载体数字化；

② 数据的存储和管理；

③ 组织对数据的有效访问和查询；

④ 数字化资料在网上发布和传送；

⑤ 系统管理和版权保护；

⑥ 系统集成。

以上六项，既是数字化图书馆的基本功能，又是使数字化图书馆进入实用化的六项关键技术，这些技术的实现有的由硬件解决，有的要通过软件的方案实现。

1. 各种载体的数字化

我国是一个有着五千多年历史文明的国家，有许多文化遗产需保护，许多珍本、善本需要数字化，可用扫描仪进行数字化处理，若是彩色图像，还可用数字照相机技术，从而实现对高分辨真彩色图像的获取。关于缩微制品、录音、录像、电影胶卷、胶木唱片等可采用各个公司提供的产品，将这些资料数字化。总之，新创建的各种数字信息，可以用各个厂商的成熟产品进行多种写作、识别、压缩和转化来录入。

2. 数据的存储和管理

当前，数字化图书馆大多采用客户机、服务器的模式。客户机、图书馆服务器和对象服务器构成信息传递的核心结构。图书馆服务器主要管理数据的目录、索引和查询，而对象服务器用于管理数字化的对象（即各种类型载体的原文献）。当对象数据直接到达客户的时候，就实现了图书馆对象数据的传送。数字化对象可以是文本、图形、图像、音频、动态视频信息等，这些对象可存放在对象服务器的硬盘上（一般是非常频繁使用的资料，采用联机查询，即 Online Search）；对于大量的对象，为了节省存储的成本，采用一种接近于联机的技术，即 Near Line，存放在光盘自动存取装置（即 Jukebox）或自动化的磁带塔（即一组可用机械手操作的磁带，每个磁带目前可存 12 ~ 24GB 的数据容量）中。新出现的因特网数据中心，使用存储局域网（SAN）、附网存储（NAS）或集群存储等，适合于海量存储。总之，数字化图书馆很关键的问题是采用电子技术来存储和管理大量的数字化信息。

3. 组织有效的访问和查询

更有效的文本数据库查询技术和多媒体资料的查询策略，也是数字化图书馆的重要技术。寻找和访问的技术从文本扩展到多媒体文件。分类功能、内容查询和导向工具均可用于多媒体数据查询。使用自然语言的自由文本查询支持多种语言，查询工具使用户的查询更优化。图像查询可根据颜色、形态、纹理和位置对图像内容进行查询。

4. 数字化资料的传送和内容发布

多媒体网络为数字化图书馆提供了一个资料的传输环境，正在研究开发的 NII 和 GII 就是最好的环境。非对称数字用户环路（ADSL），将成为多媒体通信的基本接入网络，有线电视（CATV）广播网络也是数字化图书馆极具前景的传输环境。信息发布技术，涉及网络协议，它负责信息在不同网络和计算机之间的传输及互操作性问题；涉及提供给用户一个友好界面；涉及跨语种的信息存取。

信息导航和浏览等诸多方面，目前也在研究和发展中。

5. 系统管理和版权保护

由于数字化图书馆的体系结构基于全开放式的环境，故对某一个数字化图书馆的安全性来说很重要，它不但要有一般计算机网络系统的管理功能，还要重视各种类型用户的权限管理；更重要的是，必须用适当的技术确保版权人的资源不被滥用。

6. 数字化图书馆的系统集成

数字化图书馆各项技术需要系统集成，且它们之间还应有很好的接口。只有这样，才能以一系列最为广泛和完整的技术为公司和学校提供完备的解决方案。

（二）数字化图书馆的社会功能

数字化图书馆的社会功能是数字化图书馆与外界环境相互作用的产物，是其基本功能的社会表现形式。从系统论的角度看，数字化图书馆的社会功能只有在其本身与环境发生相互作用时才能得以发挥。数字化图书馆的社会功能必须适应环境的变化，同时环境的变化会影响其功能的发挥。数字化图书馆是传统图书馆的创新与发展，是传统图书馆自动化发展的最高阶段。

数字化图书馆是信息环境下的新生事物，它是人类实现接近理想状态资源共享的手段，随着人类对其功能研究与开发地不断深入，数字化图书馆会给人类带来更大的福祉。

1. 为个人以及社会的发展提供动力

数字化图书馆作为传统图书馆的进一步发展、为个人以及知识社会的发展提供动力。

一方面，数字化图书馆成为个人学习、实现终身教育的平台，为创建学习型社会发挥作用。为了适应社会的发展，公民要具备利用信息技术挖掘信息的能力；面对海量信息，要具有辨别有用信息与无用信息的能力；同时还要具有一定的创造新知识的能力。为了具备这些能力以及随时吸收与创造新的知识，数字化图书馆可以打破时间与地域的限制，以灵活多样的方式满足用户个性化的学习需求。"学习型社会也称为学习化社会，它指的是教育与学习活动贯穿于任何时候、任何领域、任何过程的社会，是人人学习、时时学习、处处学习且学习者有其校的社会。就学习形式来说，学习型社会是全民学习的社会，是终身学习的社会，是一种共生式、互动式学习的社会。"从满足个人的学习需求到一种社会形态的形成，数字化图书馆都发挥着不可替代的作用。

另一方面，数字化图书馆有助于推动社会的发展进步。信息社会以信息技术的进步为基础，信息技术的革命使社会形态也发生了变革，信息社会是实现知识社会的手段。数字化图书馆的数字技术为知识的贮存提供海量的空间，也为知识的传播打破时间与空间的限制，以便于人们更有效地利用知识，由此更利于人们创造出利于社会进步、推动社会发展的新知识。

2. 有助于消除信息鸿沟，实现信息公平以及不同区域的均等化发展

数字化图书馆的出现为实现信息公平、文献资料社会化提供了平台，信息共享也是数字化图书馆最主要的特征。数字化图书馆以用户为中心的服务理念，使不同阶层、不同群体、不同年龄段的社会成员都能根据个人的信息需求享受到图书馆的服务；数字化图书馆将分散的、各种类型的信息进行处理加工，使其成为有序的、分类明确的信息资源，以满足不同用户的需求；数字化图书馆网络化的信息传播方式也使不同区域、不同国家的人可以跨越时空限制，公平、公开地获取信息。

数字鸿沟以及信息不平等不仅导致人与人、阶层与阶层之间的贫富差距，还同样存在于不同区域和国家之间，阻碍区域的均等化发展。例如在我国，为了实现城乡一体化发展，国家启动了全国文化信息资源共享工程、社区和乡镇综合文化站工程、送书下乡和"农家书屋"等工程。一个能够覆盖到省、市、县、乡级的图书馆，包括学校、科研、文化、农业、经济各领域在内的数字化图书馆，能够使城市和农村居民拥有相同的获取、利用信息的权利，从而有利于城乡在社会、文化、经济等方面的协调发展。

3. 搭建网络信息资源共享的平台

数字化图书馆不受时间、地点的限制，主要是链接世界各地的网上信息资源，将分散在各地的信息资源整合起来综合利用。只要有一台可以上网的计算机，就可检索全球的信息资源，而不必管信息藏在何地、何单位，且检索速度迅速。信息的网络传输，使数字化图书馆超越时空观念，跨越馆藏信息的地域，使任何用户可以不必到图书馆查询信息，就可以在世界上的任何地方、任何时间查阅任何一个开放的数字化图书馆的信息和网上公开信息，大大缩短了信息传递的时间，拉近了信息提供者和使用者的距离，从而加快了信息交流与反馈的速度，加大了信息资源的利用率。

4. 开展网络导航，净化网络信息资源环境

网络信息资源不但形式各异，包罗万象，而且其中的大多数是没有经过加工整理的，面对这样的信息，用户往往感到无所适从。数字化图书馆的一项重要工作就是做好信息的组织加工整理，把大量的、随机的、分散的、无序的网络信息

转变为有规律的、集中的、有序的信息，并对网络信息资源进行价值评价，即对网络信息加以过滤，取其精华，去其糟粕，将有价值的信息提供给用户。只有对网络信息进行组织整序、去伪存真，为用户提供加工整理过的信息，才能为用户节省网络搜索的时间，提高网络信息资源的利用效率。

由于网络信息资源分布十分广泛，用户难以正确搜寻所需信息，故在对网络信息资源进行深层次开发的同时，还应针对用户的信息需求，揭示网络信息来源，做好网络信息的导航工作，以充分发挥网络检索工具对网络信息实行有效控制的功能。这不仅要提供网络信息浏览、查询服务，还要满足网络用户日趋个性化和专门化的需求，由选择信息检索点转向最佳相关知识信息，从以文献利用为中心转向以知识利用为中心，从而尽可能提供完善的社会化、一体化、集成化和精品化的知识信息服务。

数字化图书馆必须采取有效的措施或手段对自身的信息资源环境加以净化，实现信息行为的自我约束和控制，增强网络系统及网络信息的安全性能，普及社会公众的网络安全知识。在开发利用网络信息资源时要坚持"吸取精华，摒弃糟粕"的原则，将各种污染源尽可能地清出网络，保证网络信息的洁净，为网络信息资源的有效开发与利用创造一个洁净的网络信息环境。

5. 开发智力资源，进行网络资源利用教育

开发智力资源，进行社会教育，是图书馆的一项重要作用，同样地，数字化图书馆也具备此项功能。智力资源的开发，主要包括三层意思：一是开发馆藏文献资源；二是开发网上信息资源；三是启发用户的智力，培养用户科学思维的能力。网络的发展改变了使用者使用信息的方式与态度，也产生了新的需求，图书馆搜集、组织整理及保存文献信息的最终目的，就是给读者提供最佳的利用。数字化图书馆是读者与网络资源间非常重要的桥梁，应担负起教育者的角色，向用户介绍网络信息的概况、与信息有关的法律和规章制度、信息使用道德、信息网络原理、数据库类型和检索方法、网络终端的使用方法和守则等。协助读者利用网络找寻所需的信息，并指导读者检索网络信息与利用网络信息，指导读者使用新型媒体的技巧，提供条件让用户进行实习，使用户能熟练地使用网络信息资源获取自己所需的信息。

6. 开展社会教育

开展社会教育，数字化图书馆与传统图书馆最大的不同在于传递手段的数字化、网络化，即现在流行的网上教学、远程教育。数字化图书馆存储的知识信息，从横向看，几乎包括所有的学科专业；从纵向看，包括不同深度的内容。它能满

足各类专业、各种职业、不同文化程度用户的需要，且不受时空限制，这是任何其他教育机构所无法比拟的。只要与数字化图书馆网络连接，世界上每个角落、每个人都可享受同等的教育机会，数字化图书馆因而真正成为"无围墙的大学"。数字化图书馆不仅是一种重要的社会教育机构，而且也是学校教育的重要组成部分，亦将成为人们接受终身教育的理想课堂。

7. 提供文化休闲

兴趣是驱动人们利用图书馆的重要动力。数字化图书馆中的各种知识，可以满足各类人群的广泛兴趣。文学艺术类知识可以使用户获取审美效果、精神享受；用户还可以利用数字化图书馆听音乐、看电影，以获取精神愉悦。

8. 通信功能与宣传功能

网络的连接，使得用户不再受时空的限制，而可通过网络发 E-mail、传真、参与 B/S 结构模式，方便快捷地实现与他人的沟通交流。数字化图书馆还可作为一种媒体，向用户宣传时事、政策、法律法规、社会道德规范、宣传企业、宣传地方文化特色等。

9. 保存人类信息资源

传统图书馆是保存人类文化遗产根本的社会功能，而数字化图书馆，其根本的社会功能应该是保持人类信息资源。因为人类文明进化所需的载体有脑载体、实物载体、文献载体 3 种，传统图书馆只是最广泛、最完整地保存着记载人类文明进化的文献载体。而数字化图书馆，其保存的文献载体已是数字化的信息资源。对于保持实物载体这一功能，数字化图书馆将让位于博物馆、纪念馆、档案馆等机构。

第三节　网格技术的发展对数字化图书馆的影响

一、网格技术的特点及其意义

网格（Grid）是近年来兴起的一种前沿信息技术，是互联网信息技术发展的新趋势。它的思想来源于电力网格，目的是将计算能力和信息资源像电力网一样通过网络形式方便地传送到用户中。网格是高性能计算机、数据资源、因特网 3 种技术的有机组合和发展，它把分布在各地的各种计算机连接起来进行资源共享。网格是一个一致、开放、标准的计算环境的信息基础设施，支持聚合地理上广泛分布的高性能计算资源、大容量数据和信息存储资源、软件和应用系统、高速测试和获取系统以及人力等各种资源的合作问题求解系统的构造。

网格的根本特征是资源共享，它把整个网络整合成一台巨大的超级虚拟计算机，实现各种资源的全面共享。目前因特网上各种信息资源由于分散在不同的地方，因而要进行资源共享十分困难，并且利用效率比较低。网格则可以实现互联网上所有资源包括硬软件资源、计算资源、存储资源、通信资源、信息资源、知识资源等的全面连通，通过网格系统进行利用。

二、网格技术在数字化图书馆建设中的应用

数字化图书馆是综合运用多方面高新技术支持的数字信息资源系统，其将分散于不同载体、不同地域的数字化信息资源以网络化方式互相连接起来，实现资源共享。数字化图书馆通过数字技术进行信息资源的组织和管理，能够储存海量信息，用户可以通过互联网络高效方便地进行查询检索。数字化图书馆具有信息资源数字化、信息组织非线性化、结构复杂化、信息传递网络化、服务方式多样化等特点。而网格是高性能计算机、数据源、因特网 3 种技术的有机组合，它具有高性能、一体化、知识生产、资源共享、异地协同工作、支持开放标准、功能动态变化等优点，为数字化图书馆建设提供了有利的条件。

（一）网格为数字化图书馆构造统一的平台

网格技术的巨大优势是比较明显地降低建立网站和提供网络服务的成本。网格的许多平台和资源都是共享的，它将分布在各地的计算机、数据、信息、知识等组织成一个逻辑整体，并在此基础上运行各自的应用网格，为数字化图书馆提供各种一体化信息服务的信息基础设施。在信息网格中，资源被统一管理和使用，用户可以通过网格操作系统透明地使用整个网络资源。网格利用现有的网络基础设施为用户提供一体化的智能信息平台，创建一种基于因特网的新一代信息平台和软件基础设施。在这个平台上，信息处理是分布式、协作和智能化的，用户可以通过单一入口访问所有信息，而不是像目前的因特网那样，用户需要在成千上万的网站中去寻找合适的信息。

（二）网格有利于数字化图书馆的信息集成

数字化图书馆建设是一个庞大的信息工程，涉及许多方面，只有协同工作，才能保证正常运转。网格将分布在不同地理位置的资源通过高速的互联网进行资

源集成。在分布式的异构环境中，网格技术能够精确定位所需的数据集，并为后续处理提供支持。人们利用这些资源就像利用电源一样，不必计较这些资源的来源和负载情况。网格计算可以合理而有效地将远程资源高效地组织起来，形成网络虚拟计算机，形成超强的能力。网格已经发展成为连接和统一各类远程异构资源的一种重要途径。

（三）网格有利于实现数字化图书馆的资源共享

网格把整个因特网整合为一个巨大的超级计算机，实现网上所有资源的全面连通，实现计算机资源、存储资源、数据资源、信息资源、知识资源等多种资源的全面共享。网格提供单一的系统映像，具有透明性、可靠性、负载平衡等特点。网格支持对异构数据资源的访问，为用户提供统一的访问接口，选择适当的访问协议来实现用户提出的数据访问请求。网格与目前的计算机网络不同，网格能实现应用层面的连通，它主要关注的是如何消除信息孤岛，实现信息资源的智能共享。网格技术的进一步充分应用，能够极大地提高数字化图书馆资源的利用效率。

（四）网格有利于数字化图书馆的海量数据处理

数字化图书馆所要处理的数据通常比较大，网格则能够很好地解决海量数据的计算处理和问题分析。它能将分布在不同地方的计算机连接在一起，用户只需通过客户端发出要求计算的指令，网格就把这些任务调配给各个计算机执行，然后将各个计算机计算出来的结果汇总反馈给用户，连接的计算机规模越大，计算能力就越高。此外，用户还可以通过网格在较短时间内把需要的数据从不同的数据库中找出来综合在一起，省去了多次访问不同数据库的麻烦，并能直接调用网格中的算法和程序等资源，避免许多重复性的工作。网格可以智能地分配计算资源，能够优化现有的计算资源，更快地解决数字化图书馆的设计和利用问题；能够将应用程序的每个部分调整到最适合它的系统中去，从而以更短的时间、更低的成本解决有关应用问题。网格与数字化图书馆技术有机结合起来，从而为在分布式异构环境中实施信息资源和知识发现提供支持。

（五）网格有利于数字化图书馆进行知识管理

网格的知识生产特性是网格与因特网两者之间质的区别，因特网本身不生产知识，人们都是先把信息知识用其他方式生产出来以后再放到网上，供用户查找利用。而网格则能根据用户的要求自动地生产知识。在知识生产的过程中，高性能计算机将起到关键的作用，它把从数据源得到的各种原始数据，通过运行特定的程序加工形成信息和知识。网格可以自动地查找有关的数据源，并进行综合分析和知识的发现，以形成新的认识。可见，网格有利于数字化图书馆进行知识管理。随着网格技术的不断发展，数字化图书馆的功能和作用都会得到全面提高，在客户提出请求或查询时，网格将会自动处理分析，并把有关的结果传送到客户登录的节点上，从而使得数字化图书馆的服务更加完善。

三、网格对数字化图书馆的挑战

网格技术的发展和应用对数字化图书馆的建设提出了新的要求，网格系统平台建好后的应用移植是网格技术走向应用的最大障碍。网格技术要求用户将原有的系统应用标准化，并平移到新的系统之中。实际上很多现有的数字化图书馆应用系统如果被推向网格环境，那么将面临重新编写应用代码的问题。虽然目前已经有一些相关的工具开发出来，但还有许多技术问题仍需解决。面对网络技术的进一步发展，数字化图书馆建设的指导思想应该具有前瞻性，要适应将来网格环境的发展需要。首先，在资源建设方面要特色化。在网格环境下，由于信息的高度综合和集成，任何重复建设都是毫无意义的，只会造成巨大的浪费。因此数字化图书馆的资源建设要进行合理配置和相互协调。其次，要增强数字化图书馆系统的相互可操作性，以便更好地通过网格系统共享资源。再次，进一步完善数字化图书馆协同服务，系统模式要走向集成的、多层次的分布模式，实现各类服务组件集成化。最后，不断丰富服务中的交互模型，通过提供各种交互模型使数字化图书馆服务能够不断地适应发展变化的要求——更加具有针对性和个性化。

第二章 数字化图书馆建设基础理论

第一节 建设数字化图书馆的作用和意义

数字化图书馆作为以知识概念体系为支撑的一种信息服务与知识服务环境，是社会信息基础设施的重要组成部分，是未来社会的公共信息中心和枢纽。它将从根本上改变互联网中信息分散、不便使用的现状，为用户提供高质量、专业化、个性化的信息服务与知识服务。数字化图书馆具有明显的跨学科特征，它涉及计算机技术、网络通信、信息管理、教育、经济、法律等诸多领域。数字化图书馆的兴起和发展标志着互联网已逐步跨越以技术为中心的发展阶段，迈向了科学交流、艺术创造、文化传播、经济发展、知识管理等人类活动领域。

一、数字化图书馆与知识经济发展

当今世界已经步入知识经济时代，知识成为生产力的核心要素，知识和信息成为国际竞争和全球知识经济的关键驱动因素。知识的获取、交流与创新能力是提高社会生产力的重要因素。数字化图书馆作为信息与知识的一种有效组织形式，将极大地提高人们的知识获取与组织能力、知识创新能力，有利于国家知识创新体系的实现。数字化图书馆将从根本上促进全球知识经济的发展。

二、数字化图书馆与国家信息化建设

信息化是我国加快实现工业化和现代化的必然选择。国家信息基础设施建设是我国迅速提高知识创新能力和国民素质、尽快缩小与发达国家差距、实现跨越式发展的重要途径，是应对知识经济和全球经济一体化趋势的保障。数字化图书馆具有对信息和知识进行全新组织、通过网络为用户提供广泛服务的明显特征，因此是国家信息基础设施的重要组成部分。数字化图书馆使人们可以跨越时空限

制，获取需要的知识与信息，这将为填平我国与发达国家的数字鸿沟，缩短国内东西部地区间发展的差距做出重要贡献。

三、数字化图书馆与先进文化建设

我国数字化图书馆建设的核心是建设以中文信息为主的知识资源及文化资源，以扭转目前因特网上中文信息匮乏的状况，向全世界充分展示我国优秀的传统文化和社会主义建设的伟大成就，形成中华文化在因特网上的整体优势，从而有力地抵御外来消极文化的影响，促进中华文化向全世界的传播，增强中华民族的生命力、创造力和凝聚力。

四、数字化图书馆与全民终身教育

图书馆历来是国家教育体系的重要组成部分，数字化图书馆所提供的专业化、个性化、网络化的知识与信息服务，将营造全民终身教育的良好环境，有助于逐步形成社会化的终身教育体系，对于提高我国国民素质，增强公民的信息素养与知识获取能力，加强社会主义精神文明建设，推进学习型社会的形成，起到巨大的推动作用。

第二节　数字化图书馆建设全业务流程

信息资源是图书馆开展服务的基础与前提，是图书馆赖以生存的必要条件。传统图书馆的业务流程可以概括为采编阅藏，数字化图书馆的业务流程实际上也可以归纳为采编阅藏，只是贯穿数字化图书馆业务流程的信息资源是数字资源，数字化图书馆的建设与服务主要围绕数字资源的生命周期展开。

一、采——数字资源的采集加工

（一）数字化图书馆资源建设概述

数字化图书馆资源是指图书馆以数字形式发布、存取和利用的信息资源的总称。数字资源的生命周期是指数字信息资源从生产到消亡的自然运动过程，可以描述为数字资源的产生、数字资源的采集、数字资源的组织、数字资源的传播与利用以及数字资源的长期保存。数字化图书馆资源建设是指对信息资源进行选择、采集、组织和管理，使之形成可利用的数字资源体系过程。

（二）数字化图书馆资源建设形式

传统文献的采集主要通过接受缴送、购买、交换、接受赠送、征集、接受调拨、复制等方式。数字资源的采集途径也有很多，主要包括采购、数字化加工、网络资源采集、网络资源导航、专题资源库建设、接受缴送、接受赠送和交换等，这些方式可以在数字资源建设工作中并存。

1.采购

主要是指商业数据库的采购，是指通过购买方式从本馆以外的权利人（包括团体和个人）处获得数据库资源的使用权或保存权。

2.自主建设

根据馆藏资源情况及服务对象的需求，有选择地分期、分批进行馆藏特色资源数字化和专题资源库建设。通常将图书馆建设的馆藏书目数据库、专题特色数据库和有效组织的网络资源统称为自建资源。自主建设数字资源还包括数字展览、在线讲座等原生数字资源。

在自主建设数字资源的各个环节必须严格遵守资源建设标准规范，这不仅有利于用户发现和传递数字资源，提高其可用性，而且更能满足广域的资源共享和增值应用的需求。

3.网络资源采集

网络资源采集是指利用网络爬虫对指定的域名和网页进行自动采集，从而获得网络信息资源的过程。对于有能力进行网络资源采集的图书馆，应结合用户需求，确定采集策略、采集主题、采集范围等，有重点地进行采集。

4.合作建设

在平等互惠的原则下，图书馆与图书馆之间，图书馆与有关机构（如档案馆、博物馆、科研机构、企业等）之间，进行数字资源的共建与共享，包括资源交换、委托加工等。此外，接受缴送和赠送也是信息资源的获取途径之一。

（三）数字化图书馆资源建设原则

我国各级各类图书馆开展数字资源建设已有二十余年，积累了大量的数字化产品、专题库，也形成了大量的商业数据库。总结国内图书馆开展数字资源建设的实践，我们认为数字化图书馆资源建设应该重点考虑如下原则。

1. 整体性与系统性原则

数字化图书馆的数字资源与传统载体资源共同构成了图书馆的馆藏文献信息资源，图书馆应注重对这两种资源进行整合，构建多种载体、多种类型、分散异构的信息资源，有机结合效能更好、效率更高的新的信息资源体系。同时应该注重资源建设内容的完整性和连续性，形成有重点、有层次、各类型资源比例适当的数字资源体系。

2. 实用性和效益性原则

数字资源建设应该从图书馆的职能定位和用户的实际需求出发，最大限度地满足社会信息需求；同时根据各馆具体实际情况，统筹考虑采购方式、许可模式、许可期限、元数据、保存期限等诸多因素，达到效益最大化。

3. 共建共享原则

在各级各类图书馆大量建设的今天，在遵守数字资源建设的效益性原则、保障性原则等同时，还应该考虑开展跨地域、跨系统的数字资源合作建设，建立优势互补、联合共享的数字资源保障体系。

二、编——数字资源的组织与整合

在数字资源急速增长的今天，图书馆需要对海量数字资源进行有效整合，方便用户使用。

（一）数字资源描述体系

资源描述体系是图书馆资源组织中最重要的部分，就目前我们身处的这个信息资源大爆炸的社会来说，我们缺少的不是资源，而是能更好地满足用户需求的资源。这就要求把数字资源更好地组织与描述出来，让读者更方便地查找到自己需要的信息资源。目前，图书馆最基本的资源描述体系包括以下 3 种。

1. 以 MARC 格式为基础的编目体系

就目前来说，各馆对各种文献信息资源主要有两种最基本的 MARC 编目格式，西文文献资源主要使用 MARC21 格式，中文文献资源则使用 CNMARC 格式。

2. 以 Dublin Core 为基础的元数据应用体系

建立 Dublin Core（简称 DC）元数据的目的是建立一套描述网络电子文献的方法，以便于网络信息检索。DC 元数据是由 15 个元素构成的、使用稳定的核心元数据集，可以描述大部分的资源。

3.以其他形式的元数据为辅的元数据应用体系

随着数字资源的发展，元数据标准呈现多元化的发展趋势，除了DC元数据以外，国内外针对不同领域、不同资源、不同应用已有多种元数据规范存在。

（二）数字资源整合

海量数字资源的大环境，读者需要更深层面、更细粒度、更小单元的资源揭示、更先进全面的信息查找、定位和获取目标信息的一站式服务，因此需要对数字资源进行整合揭示。

数字资源整合是综合运用各种技术、方法和手段对图书馆相互独立的各种数字资源进行系统化和优化，对各个相对独立关系进行融合、类聚和重组，重新结合为一个新的有机整体，形成一个效能更好、效率更高的新的数字资源体系。目前，图书馆关于数字资源整合的模式主要有以下4种。

1.基于OPAC系统的数字资源整合

一般图书馆的书目数据库只是向读者展示其印刷型的文献信息。如何改进OPAC系统，让读者能了解包括数字资源在内的全部馆藏，成为图书馆研究的一个焦点。现阶段，多数图书馆的做法是对数字资源进行编目，将其MARC记录加入OPAC，把数字馆藏纳入目录控制体系。

2.基于资源导航的数字资源整合

通过数字资源的URL建立数字资源导航系统，图书馆根据实际应用需求，搜集网上与某一专业或主题有关的信息进行筛选、提炼、分析、综合，组成专业信息资源组合。如：CALIS重点学科导航系统、中科院学科信息门户等都是将学科信息、学术资源等按学科门类集中在一起，实现资源的规范搜集、分类、组织和有序化整理，对导航信息进行多途径内容揭示，方便用户按学科查找相关信息和学术资源。

3.基于跨库检索的数字资源整合

图书馆自建数字资源和外购数据库往往有不同的检索入口，用户不能快速有效地找到所需资源。为了有效解决这个问题，图书馆需要建立统一的检索平台，实现跨库检索，用户只需一次登录，就可同时对多个数据库进行检索。

4.基于元数据的数字资源整合

元数据是关于数据的数据，或者说是描述数据的数据，提供了各种资源的特征和属性等相关信息，能较好地解决信息资源的描述、发现、定位与管理的问题，基于元数据的数字资源整合是实现图书馆文献信息资源共建共享体系的关键，无论是在信息发现、信息检索还是在信息组织等方面，元数据都起着十分重要的作用。

三、阅——数字化图书馆服务

（一）数字化图书馆服务概述

魏大威主编的《数字图书馆理论与实务》一书中，将数字化图书馆服务归纳为：数字化图书馆服务是现代图书馆服务的一部分，它利用新技术或网络的方式提供数字馆藏及相关数字资源的检索、发现、获取或推送、咨询、教育服务。

实际上，数字化图书馆是一个平台，是一个渠道，是一种实现手段，数字化图书馆的服务应该是传统图书馆服务的数字化、信息化和基于全媒体的创新，应该覆盖传统图书馆的所有服务对象和服务内容。从这个角度来说，数字化图书馆的服务应该能够拓展图书馆服务渠道，使用户能够通过更加便捷的方式随时获得图书馆的资源；能够延伸图书馆服务范围，形成立法决策机关、教育科研及企事业单位、社会公众、图书馆和信息机构服务的多层次格局；能够深化图书馆服务内容，实现数字资源的无缝传递和服务；能够提升图书馆服务质量，为社会公众提供现代化、个性化、多样化的服务。

（二）数字化图书馆服务内容

数字化图书馆的服务应该根据服务对象、馆藏情况、基础设施建设情况，提供基于互联网、移动通信网、广播电视网等多种方式的服务，以便最大可能地满足用户的需求。

1. 以深化服务内容为核心的信息化服务

深化图书馆服务内容的重点是方便读者获取资源、获取信息，应该提供一站式的元数据、目录数据、馆藏数据、专题数据库等资源检索服务；通过多种方式提供线上的资源获取服务，在版权允许的情况下提供全文下载服务；通过互联网提供馆际互借与文献传递的服务。

2. 以提升服务质量为核心的智能化服务

数字化图书馆应该通过新技术、新理念，为到馆读者提供自助借还、自助办证、自助复制、智能架位、触摸屏电子报、电子阅览室等优质服务，为非到馆读者提供实名用户认证、虚拟参考咨询、在线展览、在线讲座、在线学习等便捷服务。

3. 以拓展服务渠道为核心的新媒体服务

随着信息化地深入发展，移动互联网、广播电视网已经成为新的信息通道，手机、平板电脑、数字电视等新媒体终端已经成为人们获取信息的重要媒介。数字化图书馆需要在互联网基础上进一步拓展渠道，提供新媒体服务，主要包括移动数字化图书馆服务和数字电视服务。

4.以延伸服务范围为核心的多层次服务

数字化图书馆的服务应对社会普遍开放，数字化图书馆服务应该是多层次的。对立法决策机关，应该提供政府公开信息、法律信息等各种知识化资源库，提供互联互通的立法决策服务平台、智能参考咨询系统等服务；对科研单位和企事业单位应该提供专业化的虚拟参考咨询系统、舆情检测与分析系统等服务；对残疾人应该提供无障碍信息获取服务；对于少年儿童则应提供符合少年儿童需求的数字资源与服务。

5.以合作共建共享为核心的网络化服务

数字化图书馆的服务是一个服务网络。图书馆仅是信息社会的服务供应者之一，面对共同的信息用户，图书馆必须开展业界合作和跨界联合，开展联合编目、联合目录、联合馆藏、联合咨询等，协同作业，才能形成整个社会的服务网络。

（三）数字化图书馆服务策略

目前各馆在提供数字化图书馆服务的过程中，呈现出一些不足之处，主要包括服务平台没有统一规划，读者使用困难；服务理念缺乏创新，服务策略缺乏前瞻性研究；从事数字化图书馆服务的图书馆馆员经验欠缺等。因此，数字化图书馆在服务设计、提供中应重点考虑如下策略。

1.整体性策略

要统筹规划图书馆的各项服务，通过统一的用户界面和接口提供全面服务，充分发挥数字化图书馆的优势，突破地域和时间限制，最大限度地方便服务对象。

2.创新性策略

开展前瞻性的研究，推动数字化图书馆的服务创新，通过技术创新，发展和开拓丰富多样的服务。

四、藏——数字资源的保存

（一）数字化图书馆资源保存概述

信息化时代，数字资源实际已经成为国家的战略资源、数字资产。在很多情况下，数字资源比物理资源更加脆弱，更容易被毁坏，或者说，它们的载体更容易被淘汰，因此数字资源的保存尤为重要。

数字资源保存的目标是，维持数字资源长期的可生存能力、可呈现能力和可理解能力。数字资源的存储介质主要包括磁盘、硬盘、光盘和磁带等。

（二）数字资源的保存策略

数字资源总量庞大，需要海量的存储介质，保存成本较高；数字资源建设目的不同，决定了数字资源保存的策略也应该不同，因此需要制定数字资源的保存策略。

1. 数字资源保存级别

根据数字资源保存和利用的不同特点，一般把数字资源划分为三类保存级别，即长期保存级、不定期保存级和临时保存级，以分别满足数字资源当前与长期利用的需要，根据保存级别制定相应的保存策略。

2. 长期保存级数字资源保存策略

长期保存的数字资源主要包括馆藏所有元数据（书目数据、规范数据、分类主题数据、馆藏数据）、馆藏数字化的特色资源数据库、重要的中文网络资源、授权永久保存的中文资源数据库以及国外重要的工具性数据库。长期保存级的数据以光盘或者磁带为保存介质，并同时保存至少 3 份作为备份。对异地和离线保存的数字资源，定期对磁带和光盘进行检查、复制、转换等日常管理维护工作。

3. 不定期保存级数字资源保存策略

一时无法确认是否需要永久保存的数字资源以及在当时有保存价值但经过一定时期后可能就会逐渐丧失保存价值的数字资源，为不定期保存级。不定期保存的数字资源主要包括网络发布的所有数字资源。不定期保存级的数据需 1~2 份作为备份，根据相关标准转为长期保存级的，需按长期保存级的要求备份。

4. 临时保存级数字资源保存策略

在线服务的数字资源出现异常丢失或损坏时，确保其能够立即恢复与提供服务的数字资源，为临时保存级数字资源。临时保存级数字资源一般包括发布与服务的数字资源，资源供应商提供镜像的数字资源，以及带有对象数据链接的元数据资源等。对于在线资源，一般可考虑 3 个层次的存储策略，一是数字资源发布与服务系统的存储，二是本地的数字资源存储管理中心的存储，三是异地灾备数字资源存储。

五、数字化图书馆的支撑

数字化图书馆建设与服务的支撑系统包括标准规范、软硬件技术平台和政策制度体系。

（一）标准规范

数字化图书馆是在网络环境下建立的数字资源采集、加工、描述、管理、服务和保存的系统，其最终目的是实现数字资源地广泛存取与最大化共享。标准规范作为数字化图书馆建设的基础，是开发利用与共建共享资源的基本保障，是保证数字化图书馆的资源和服务在整个数字信息环境中可利用、可互操作和可持续发展的基础。

数字资源建设是数字化图书馆的核心内容，基于数字资源生命周期的数字资源建设标准体系目前已被许多数字化图书馆项目所应用，该标准体系主要包括数字内容创建、数字对象描述、数字资源组织管理、数字资源服务、数字资源长期保存等方面的标准规范。

（二）技术支撑

建立数字化图书馆工程是一项庞大的工程，在建设数字化图书馆过程中要认真思考，重点解决数字化图书馆的关键技术和技术体系结构问题，尤其是技术体系结构中的各应用系统的实现。要注意数字化图书馆建设中的任何一个细节问题，只有这样才能建成一个现代化的、方便快捷的数字化图书馆。

数字化图书馆涉及诸如文献数字化技术、网络技术、数据挖掘、搜索引擎技术、VPN 技术、Raid 技术、用户接口设计等许多新的、较复杂的技术。

第三节　数字化图书馆的发展趋势与方向

一、数字化图书馆的发展趋势

（一）从基于数字化资源向基于集成服务和用户信息活动的范式发展

数字化图书馆的发展重点经历了几个阶段。第一代数字化图书馆主要在特定文献资源数字化的基础上建立数字信息资源系统，它们往往作为独立系统嵌入到传统图书馆系统或上层机构信息系统中，将跨时空检索和传递特定数字化资源作为其主要任务，可称为基于数字化资源的数字化图书馆。第二代数字化图书馆致力于支持分布的数字信息系统间的互操作，支持这些系统间无缝交换和共享信息资源与服务，由此构造集成信息服务机制，形成基于集成信息服务的数字化图书馆。第二代数字化图书馆不再以文献数字化和具体数字资源库建设为核心，而主要是面向分布和多样化数字信息资源，通过服务集成构造统一的信息服务系统，形成与传统图书馆不同的新系统形态和组织形态，是目前数字化图书馆研究、开发和应用试验的主要形态。第三代数字化图书馆将围绕用户信息活动和用户信息系统来组织、集成、嵌入数字信息资源和信息服务，从而更直接、深入、有效地支持用户检索、处理、利用信息来解决问题。以用户信息活动为基础的第三代数字化图书馆是今后的发展方向。

（二）数字信息存储的全息化

随着数字化图书馆建设的不断发展，资源数据量越来越大，存储空间成为影响数字化图书馆应用的主要因素。因为数字化图书馆中海量的多媒体信息资源在保存到数据库之前必须进行压缩，以降低数据库成本，使数据库规模保持在可管理的范围内，所以需要着重研究能够适应快速访问的海量存储技术。从世界范围来看，凡是称作"数字化图书馆计划"的，其存储的数据总量必然达到了海量规模。全息数字化技术的广泛应用以及新的压缩技术的出现，使数字化的资源所占空间大大降低，使存储设备的投入也大大减小。全息数据存储由于同时具有巨大的存储容量、高速的数据传输速率和短暂的访问响应时间等特点，因而它能够满足提供网上服务的要求。全息数字化技术将成为21世纪数字化图书馆的主流数字化技术，全息数字化技术所生成的数字化资源都是全息的，取代了简单扫描技术生成的资源，这样既保持了文献资源的信息完整，又增加了各种检索等功能，是未来数字化图书馆资源的主要组成部分。

（三）多种资源的高度集成，易用性更强

多种资源的深度融合也是数字化图书馆发展的一个基本特征。目前的数字化图书馆资源种类绝大多数仍然以传统的书报刊等印刷版资源数字化为主，将来会扩展到声像制品、多媒体等资源。这些资源不只是简单地堆积到一起，而是进行了高度的集成和深度的融合。读者输入一个检索词，可以将各种各样的资源全部检索出来，阅读器是能够浏览、播放各种资源的超级阅读器。数字化图书馆更具人性化且更加易于使用。信息导航技术、知识管理技术、全文检索技术、跨平台

技术、智能检索代理技术以及推送技术的广泛应用都促使数字化图书馆更加贴近用户，更加方便利用。

（四）数字化技术进一步完善

数字化图书馆建设涉及计算机、网络通信等多领域多技术的综合集成，而计算机和网络通信技术发展十分迅猛，新技术层出不穷。数字化图书馆需要涉及网络通信、多媒体信息处理、信息的压缩与解压缩、分布式信息处理、信息安全、数据仓库、基于内容的智能检索、超大规模数据计算、用户界面等多种技术。目前亟待解决的关键技术包括：①软件重用技术；②多语言处理技术；③自动识别技术；④因特网人工智能技术。数字化图书馆的一个基本特征是传输网络化，这就要求数字化图书馆具有高速信息传输通道，以方便用户快速获取所需要的信息。目前，数字化技术正在不断完善。

（五）标准化建设取得较大进展

标准和规范化是实现数字化图书馆资源共享的前提和根本保障。数字化图书馆建设管理的信息和知识包括了所有学科，数量极其巨大，类型特别繁多，而且包括了文字、表格、图像、音频等多种媒体的数字化表达，组织极其复杂；各单位所使用的软硬件规格不一、品牌庞杂。如何将众多的力量协调组织起来，实现网络的互联互通，资源的共建共享，管理的井然有序，从技术管理的角度考虑，关键就在于标准化。有了标准化，才能把各单位开发出来的信息资源按统一的格式组织起来，这样既能和国际网络接轨，又能为各单位共享，形成整体性信息资源；才能用统一的检索标准建立起分布式的存储和检索系统，方便信息资源为广大用户利用；标准化是建设数字化图书馆的重要保证。

（六）社会化和国际化趋势

数字化图书馆将向着社会化、国际化方向发展。美国目前已有众多的科学、技术研究机构和多所著名大学组成合作小组，协同完成了数字化资源及数字化图书馆技术的研究与开发，美国国家图书馆联盟就是一个组织全国 15 个大型图书馆及国家档案记录局合作的机构。此外，有些联盟还有著名的大公司加盟。1997年环太平洋数字化图书馆联盟成立，由太平洋地区的知名大学图书馆和国家图书馆共同实施，其中包括了我国的北京大学图书馆和中山大学图书馆，它们开展数字化图书馆的合作研究计划，致力于合作开发多语种在线图书存取系统及多语种文档传输系统，形成大型分布式多语种数字化图书馆。

二、数字化图书馆建设的方向

（一）加强数字化图书馆建设的战略管理

数字化图书馆建设作为国家信息基础设施建设的重要组成部分，涉及各种各样的技术、管理和服务问题，因而不仅需要技术层面的微观研究，也需要决策层面的宏观探讨。因为数字化图书馆是跨部门、跨行业的大系统工程，所以应该由政府出面，统一规划、组织和协调。数字化图书馆要实现通过因特网为用户提供全方位的信息服务这一宏伟目标，就必须搞好信息资源的规划工作。为了正确把握数字化图书馆的建设方向，提高项目建设的实际效益，避免在项目和技术选择上出现重大决策失误，有必要从战略管理的高度处理好数字化图书馆建设中的一些宏观关系问题，如数字化图书馆与传统图书馆、数字化图书馆与国家信息基础设施建设、技术先进性与适用性、数字资源建设与整合、业务的社会化与个性化、项目建设与用户服务、馆际协作与资源共享、数字化图书馆信息服务与知识产权保护、数字化建设与体制创新等的关系问题，应该加强整体规划和可行性分析。

（二）加强特色化数字资源建设

建设数字化图书馆必须重视信息资源的建设，数据库资料是数字化图书馆的重要信息来源，必须考虑数据库的建设，避免因网络上缺乏信息源造成网络闲置。应从全局出发，合理建设和使用文献信息资源，不要盲目求新、求全、求高水平，应该加强资源共享，不要重复建库和重复引进，要立足本馆、面向全球、形成特色。数字化图书馆的服务对象不仅仅是到馆的读者，更多的是网络环境下的用户，因此，要加强主页设计、建立数字馆藏、提供多种形式的远程服务。要深层次开发信息知识资源，建设各馆特色化数字资源，满足高层次读者用户存取需求。数字化图书馆应该注意个性化服务和特色化资源的深层次开发，提高数字化图书馆生存发展的核心竞争力，促使数字化图书馆走向可持续发展之路。

（三）加强数字化图书馆建设的合作与协调

数字化图书馆的建设是跨部门、跨学科的，并以高新技术为基础的一项艰巨复杂的系统工程，需要有关研究机构和部门通力合作和沟通，立足于一盘棋，打破各自为政、条块分割、重复建设的局面，以网络为依托进行整体化建设。在技术上，与外国技术企业加强合作，利用外国先进技术创建具有特色的数字化图书馆。数字化图书馆建设需要与计算机界、软件工程界、通信网络工程界及其他方面结合成一个战略同盟。美国数字化图书馆研究走的共同协作路线是值得借鉴的。在推进数字化图书馆建设时，如果单凭政府投入或图书馆自身的资金和技术力量将很难完成这一艰巨任务。图书馆界应该在认识到自身是建设主力的同时，主动与信息技术界、企业界等建立友好合作关系，广泛吸收资金、技术和人力，共同开展试验。应该加强数字化图书馆的宏观管理，做好有关的协调工作。

（四）加强数字化图书馆的可用性评价

可用性指的是系统必须具备一定的功能特征，如是否提供功能菜单、是否采用图形界面等。从使用上来说，可用性是指用户在一定的环境里完成一定的任务时，系统的性能或作用能得到有效的体现。可用性是评价数字化图书馆的一项重要质量指标，它涉及用户与数字化图书馆交互的许多方面，甚至包括数字化图书馆的安装和维护。可用性关系到数字化图书馆的性能是否满足用户的需要，流程是否符合用户的习惯，效果是否达到用户的期望；对于数字化图书馆的工作人员而言，可用性关系到工作的效率和数字化图书馆存在的意义；对于数字化图书馆的开发者而言，可用性直接决定着系统开发的成败。根据用户范围的不同，数字化图书馆的可用性可以分为界面可用性和组织可用性两种，前者是指数字化图书馆的用户界面能否满足具体用户的要求；后者是指数字化图书馆能否与特定组织的实际工作相结合、满足实际工作的需要。

数字化图书馆不仅将改变人们利用信息的方式和模式，还将影响人们利用信息的深度和广度，因此建立一套评价数字化图书馆可用性的原则具有十分重要的意义。评价数字化图书馆可用性的原则可以概括如下。

1. 易学

数字化图书馆应该易于学习，用户可以在很短时间内掌握其使用方法；系统应该给用户提供培训的机会和咨询的途径，在使用过程中遇到问题时能得到及时的帮助。

2. 易记

数字化图书馆的体系结构、界面、功能和操作要有一致性，从而提高其助记性；尽量减轻用户的记忆负担，当用户在间隔一段时间后再次利用数字化图书馆时，不必重新学习使用方法。

3. 高效

数字化图书馆必须是一个高效的系统，能有效地满足用户的信息需求，用户利用数字化图书馆获取信息比利用其他途径有更高的效率。

4. 容错

数字化图书馆应该有较强的容错能力，保证系统能够连续正确运行；用户出现操作失误时系统要及时报告，提出修改建议或自行修复。

5. 愉悦

用户在利用数字化图书馆的过程中，感觉应该是轻松的，心情是愉快的，结果是令人满意的。系统要设法排除用户在利用过程中容易产生的沮丧、厌烦、挫折等情绪。

6. 服务差异化

网络使得世界各地的用户都可以利用数字化图书馆提供服务，而在不同社会、不同文化背景和不同知识层面下用户的要求是不一样的。数字化图书馆要根据用户的认知方式和行为特性，根据用户的阅读习惯和查询要求，为用户提供差异化的服务。数字化图书馆系统必须适合用户或组织工作的实际情况，包括系统是否适应工作流程的需要，是否符合用户获取信息的习惯，是否与计算机系统和通信设备相匹配等。数字化图书馆是一项高投入、高产出的系统工程，必须对数字化图书馆的经济效益和社会效益做全面的估价，对用户利用数字化图书馆的经济承受能力也要有充分的考虑。

（五）加强数字化图书馆的知识管理

数字化图书馆知识管理就是通过对数字化图书馆所拥有的包括信息及知识等各种要素在内的所有智力资本进行组织、开发和运营，实现知识创新、知识扩散和知识增值的过程。其主要内容如下。

1. 知识创新

是指以创造性思维来建设与管理数字化图书馆。数字化图书馆是一种网络环境下的全新的图书馆形态，具有与传统图书馆完全不同的理念追求、运作方式和管理模式，要有效地进行数字化图书馆建设实践，必然要创新图书馆学知识。数字化图书馆工作人员将成为发展和创新图书馆学的一支重要力量。

2. 知识组织

是指把数字化图书馆资源中的各种知识因子和知识关联表示出来，以便人们识别和理解。知识组织的方法多种多样，依知识的内部结构特征，可分为知识因子组织方法和知识关联组织方法；依知识组织的语言学原理，可分为语法组织方法、语义组织方法和语用组织方法。

3.知识开发

是指在对数字化图书馆信息的获取和预处理的基础上，通过数据挖掘和知识发现等方法，对有关的信息进行提炼、精简与分析，发现隐含在其中的具有规律认识的有用知识，通过对信息地深层次加工，形成有独特价值的知识产品。

4.知识扩散和应用

是指对数字化图书馆的知识产品进行传播和利用，如知识信息导航、知识信息评价、知识信息咨询、知识营销等，从而实现知识的增值。数字化图书馆要实现有效的知识管理，关键是要建立适合知识管理的组织管理机制、技术机制以及有利于创新、交流、学习和知识应用的环境和激励机制。目前，针对知识组织和知识管理的多种智能技术和软件技术，如元数据技术、XML可扩展性结构化标记语言、智能Agent技术、数据采掘技术、个人知识管理软件工具、数据仓库、知识发现、数据融合、智能搜索等已在数字化图书馆中得到了广泛应用，在面向内容和知识管理的数字化图书馆设计中尤其得到强调，从而极大地提高了数字化图书馆知识组织和管理的效率。

（六）加强数字化图书馆的标准化管理

数字化图书馆建设需要众多部门和单位共同参与。如何将众多的力量协调组织起来，实现网络的互联互通、资源的共建共享、管理的有序化，关键就在于标准化。标准化与规范化是数字化图书馆建设的一个十分突出的问题，并成为实现数字化图书馆资源共享的前提和根本保障，将直接影响数据库的质量和服务效果。数字化图书馆需要多个标准之间的联系和协调，更需要建立有关的标准体系，如数字化图书馆的资源储备、描述与标识、检索查询、交换和使用的标准与规范等。建设数字化图书馆主要涉及两方面标准。首先是直接涉及文献信息工作本身的技术标准，包括通用标准、出版专业通用标准和相关标准、图书情报专业通用标准和相关标准、档案专业通用标准和相关标准等，其次是有关计算机、通信和数据库建设的标准。目前数字化图书馆的标准和规范仍然存在大量空白，例如，评价信息网站的标准及规范、数字化图书馆系统软件的标准和评价指标、数字化图书馆质量保证体系及质量认证标准等，有待进一步的建立与应用。

第三章 智慧图书馆资源建设与服务模式创新

第一节 智慧图书馆资源服务模式及其构建分析

随着全球大数据市场的迅速扩张，以物联网、云计算为代表的新兴技术在社会发展中发挥着越来越重要的作用。在全球"技术革新"背景下，以新兴技术为依托的"智慧化"成为社会发展的热潮，图书馆作为信息资源的"传播枢纽"，在新信息生态下也开始迈向智慧图书馆。新信息环境改变了信息资源的内容形式、传播手段、利用方式，同时改变了图书馆开展服务的技术手段，从根本上重塑图书馆的资源服务模式，图书馆资源服务模式由此开始发生根本性转变。

一、智慧图书馆服务概述

（一）智慧图书馆的发展

我国图书馆学界虽然对智慧图书馆的界定尚未统一，但对它的理解已经达成了共识：在现有数字化图书馆发展的基础上，遵循"互联网＋"思想的指导，利用 RFID、云计算、大数据、人工智能技术，满足用户日益增长的信息需求和高度个性化的感知体验的"以人为本"智慧服务，具有泛在性、无边界性及感知性。

云环境下技术的革命性发展及信息的爆炸式增长，使得传统图书馆的服务模式难以继续满足读者的信息需求。图书馆力图通过物联网、云环境、大数据、智能感知等新兴信息技术，将建筑、设备、资源、读者、馆员等各要素关联起来，从而高效、快捷地提供人性化、专业化、智慧化的服务与管理。

智慧图书馆发展的重要性在云环境生态下逐步凸显，如何开展图书馆服务成为国内外图书馆学界关注的热点。当前，国外学者已经开始研究如何解决智慧图书馆服务发展的实际问题，思考运用云计算、大数据、物联网等新兴技术，实现图书馆的文化遗产数字化、读者需求挖掘、AR 教学系统设计、机器学习库构建，解决图书馆迈向智慧化服务过程中出现的大数据安全等核心问题，并尝试开发智慧建筑、RFID 货架扫描系统机器人、智能书架、图书定位系统、智能手表等图书馆智慧服务产品。

近年来，我国图书馆事业紧跟全球图书馆发展潮流，发展迅速。随着图书馆事业的不断发展，我国对于推动图书馆利用新技术开展智慧服务的呼声不断高涨。

社会关注的不断加深，推动着我国智慧图书馆的建设实践不断发展。目前，我国相继开展了一批国家级图书馆服务建设工程。例如，2011 年，国家级支撑工程"数字化图书馆推广工程"的实施，建设了我国数字化图书馆标准规范体系；2012 年，国家图书馆"中国记忆"项目推行，以新媒体方式完成传统文化遗产的新型文献建设；2017 年，"中国阅读"项目实施，多角度解读国民阅读的大数据；《"十三五"时期全国数字化图书馆事业发展规划》将"数字化图书馆互联网服务覆盖""城市 24 小时阅读服务空间""中华古籍数字资源库"等项目提上发展日程。

（二）智慧图书馆的资源体系变革

物联网、云计算、大数据等技术，使得图书馆的信息资源在数量、质量、形态、作用等多个方面发生颠覆性改变，整体呈现出从文献转向数据的发展态势，使得图书馆资源体系向实体、数字、数据进一步融合，资源内容向海量化、富媒体化和关联化发展。

面对这一改变，在大数据环境下，图书馆一方面继续丰富传统实体和数字馆藏，建设更为丰富的图书馆文献资源；另一方面，大数据仓储、数据挖掘、数据关联、语义网、知识图谱等技术，让通过挖掘来实现数据价值成为可能，半结构化及非结构化的多源异构数据将在新技术下被转变为可供图书馆揭示规律、提供结论和对策的"智慧数据"，图书馆资源体系由此扩展为以文献资源与数据资源为核心，类型涵盖图书、期刊、专利文献等，以及各类结构化、半结构化、非结构数据在内的海量资源体系（见图 3-1）。

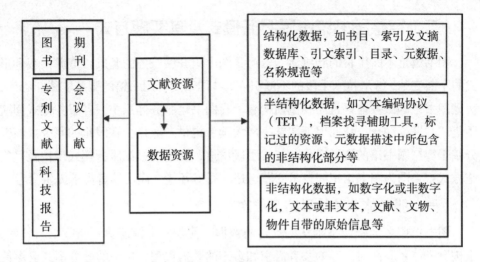

图 3-1　智慧图书馆资源结构

（三）智慧图书馆的服务技术创新

目前，以"互联网＋"、大数据、物联网为代表的新技术，开始以一种基础设施的角色支撑社会的发展。图书馆作为重要的社会文化服务机构，在这一潮流的影响下也积极地将新技术吸纳到图书馆的资源建设与服务中，图书馆的服务手段在新时期得到飞跃式发展。

2015 年，"互联网＋"行动计划的提出，推动了移动互联网、云计算、大数据、物联网等先进技术与相关传统产业的融合，图书馆被纳入其中，开始积极调整和探索新服务模式，用以满足读者日益个性化、多元化的需求。根据 Gartner 发布的《2017 年十大战略技术趋势》，以人工智能、虚拟和增强现实、数字孪生、对话系统、区块链和已分配分类账、格网应用和服务架构、数字化技术平台与自适应安全架构为主的十大战略技术将成为图书馆未来技术应用的主要发展方向，技术发展与图书馆服务将不断融合。

图书馆的技术发展一直秉承开放兼容的理念，技术发展带给图书馆挑战的同时，也带来更大的机遇。当前，人工智能、物联网、数据分析、RFID、GIS 导航、知识图谱等关键技术已经开始广泛应用到图书馆服务体系中。

图书馆的服务手段创新已成为大势所趋，图书馆学界在力图通过新技术融合，改善图书馆服务方式，并最终提高图书馆服务水平，未来图书馆的技术应用必然会从广度和深度上得到发展。

二、智慧图书馆资源服务模式及其实施方式

图书馆是不断生长的有机体，资源是图书馆开展服务的基础，资源内容和形式的不断变革，智慧技术手段的不断引入，共同改变着图书馆的服务实践。因此，智慧图书馆的服务体系也需要重新构建。在图书馆服务体系中，各服务模式间应用集成、深度融合，从而保证能够为广大读者提供专业化、智慧化的服务。该部分基于智慧图书馆的资源变化和技术手段演进，探索图书馆服务模式架构及其实施方式，力图为图书馆把握技术变革、适应智慧环境、满足读者需求提供参考。

（一）服务体系总体思路及层次

图书馆服务的资源基础从文献转向数据，使得图书馆能够不断吸纳新技术，重构服务体系。面对复杂的读者需求和多态的数据类型，单一的服务模式已不能适应图书馆的发展需要，智慧图书馆的服务模式将是由多角度、多层次的服务模式交融构成的完整服务模式体系。该模式体系以技术、资源、服务、读者、馆员为核心要素，包括技术层、资源层、空间层、服务层和需求层 5 个服务层面，系统地构建图书馆服务体系。

1. 技术层

图书馆的服务技术正处于迭代关键期，除传统的自动化技术外，更多的是纳入新的智能技术。图书馆可建设包括移动网络、人工智能、物联网、感知技术、云计算、数字展示等在内的图书馆技术基础，从而为图书馆开展智慧服务提供技术支撑。

2. 资源层

传统的文献资源转向数据资源，面向多源异构的海量资源，图书馆需要更多的资源整合、交换、共享和挖掘。在这一背景下，图书馆可根据通用或自建的数据标准及规范，采集和整合相关资源，完成数据建库和数据关联。同时，图书馆根据自身的定位与读者、图书馆联盟、高校等不同对象展开数据交换和数据共享，由此形成各类云数据中心。

3. 空间层

由于资源类型的转变和服务手段的变化，提供读者服务的图书馆空间也需要重新设计。智慧时代的图书馆服务空间，进一步转向线下物理空间和线上虚拟空间的深度融合，最终实现线上线下空间的实时对接，无缝集成。

4.服务层

在传统基础文献服务的基础上，图书馆架构其服务平台和软件系统，形成智慧资源服务系统，提供给读者新技术服务、需求对接、资源建设、空间再造等服务内容。

5.需求层

该层构成智慧图书馆服务体系的最末端，需求与图书馆服务双向交互，服务的最终目的仍是为满足用户需求，而在新信息环境下，读者对资源、技术的新需求进一步驱动图书馆服务变革，形成图书馆服务发展的根本内因。

图书馆服务模式体系的形成，实际上是图书馆服务功能演化实现和能力提升的过程。这一过程中，图书馆在内部要素的不断调整下，会受到技术环境、政策推动和社会意识等各种外部因素的影响。技术环境是服务模式演化的主要外部动力，在整体技术环境的改变下，图书馆也须紧跟潮流、适应时代需求，技术环境影响着图书馆服务功能的提升演化，进而影响模式的改变。政策推动是图书馆服务发展的关键外部因素，图书馆在转型中需要上层建筑的指导，政策一方面要提供图书馆服务转型升级的物质保障；另一方面要提供服务转型升级的方向指导，实现图书馆服务的协同统一。社会意识是图书馆服务提升的核心外部因素，社会意识的变化将为图书馆提供驱动力和牵引力，同时，社会意识的变化直接关系到图书馆的读者需求，直接为图书馆服务创新指出变革的方向。

在新信息环境下，图书馆的服务体系发生变革，结合新一代技术手段，在内外部因素的协同下，拓展和创新了图书馆的服务方式，形成智慧时代下数字化图书馆发展的新模式。

（二）典型服务模式及实施方式

基于图书馆服务体系，该部分总结智慧图书馆的核心服务模式及当前典型实施形式，将智慧图书馆服务体系划分为资源、技术、读者、空间4个核心导向，资源与技术是图书馆服务模式变革的核心动力，读者需求则是图书馆服务模式创新的根本方向，在三者的基础上，延伸出智慧图书馆服务变革的关键——空间重构。本研究力图以这4个核心导向简化复杂的智慧图书馆服务体系，从理论与实践两个方面，探讨当前智慧图书馆服务模式的发展前景。

1.以资源建设为核心的图书馆服务模式

信息资源是图书馆开展服务的基础。当前，图书馆已经形成以"数据"为主要的表现形式，兼顾实体馆藏、数字资源、数据资源类型，兼容结构化、半结构化、非结构化数据状态，采用新技术，最终达到丰富、融合、共享状态的资源体系。匹配资源体系变化，我们可以发现服务资源的建设模式呈现 4 种转变趋势。

（1）资源采集方式自动化

面对"云时代"的海量信息，单纯依靠资源采购、被动获取传统资源的采集方式已无法适应图书馆服务要求，智慧图书馆需要借助云计算、大数据等自动采集技术，完成针对读者需求的多源异构资源的自动采集，整合融汇，从而形成智慧服务的资源基础。

（2）资源存储数字化和云端化

云计算具有海量的存储性能、高速的计算性能、可靠的安全性能、强大的共享性能及无限的可扩展性能，使得图书馆资源可被存储在云端，从而大幅降低图书馆资源存储的软硬件压力。

（3）资源建设主体多元化

智慧图书馆更加强调"读者参与"，图书馆资源建设开始趋向"图书馆—读者共同体"协同模式，读者与馆员间、读者群体间的有机联动，主动或被动地将需求传达给图书馆，开始兼具资源创造者和利用者的角色，前所未有地扩大数字化图书馆的资源范畴。

（4）资源加工深度化

在资源的深度加工上，智慧图书馆已经从信息的知识解构加工深入到知识建构加工，不仅要将资源分解出知识单元，更要融合词表工具和数据聚类、挖掘技术，在知识间建立语义关联和融合，重新对知识进行建构，挖掘新知识。

在智慧图书馆中，信息获取渠道的极大丰富使得图书馆必须依靠资源质量、资源创新来吸引读者，图书馆的服务定位由文献信息中心转向数据信息中心、公共文化中心，依靠特色资源展开特色化服务吸引读者成为图书馆的主要服务模式之一。

在资源建设的革新模式趋势下，智慧图书馆最终呈现给读者的资源应更为关注服务对象对资源服务的需求。图书馆未来的工作重心主要是公共数字文化资源建设与文化精准服务。智慧时代的图书馆，需要推进公共数字文化服务，重新定义知识素养和知识能力，承担图书馆从"识字"教育转向信息素养教育责任。目前，新时代图书馆建设主要通过建设统一云服务，以"群众点菜"的模式推动公共文化服务的供需对接，促进公共文化服务均等化、便利化。同时，图书馆还应因地制宜、因人施策，根据特定的服务环节和读者对象，开展精准服务，致力于提高读者的信息素养和专业技能。

面向专业人员，智慧图书馆未来的资源服务方式主要是智库服务，基于数据仓库、云存储、数据挖掘、知识管理等新技术，将基于服务目标、采集、组织、建设相关资源，开展情报分析、大数据分析、数据挖掘、知识挖掘等服务，最终提供智慧层面的建议、决策和预测结果。当前我国一批数字化图书馆和高校图书馆已经开展了丰富的智库资源建设，并为目标读者提供信息咨询、专利查新、科研立项、领导决策等服务。

2. 以新技术应用为导向的图书馆服务模式

技术是图书馆发展的关键因素，图书馆从纸质时代到智慧时代，技术始终是其向前迈进的核心动力。在图书馆的漫长发展过程中，新技术无论以何种方式改变图书馆建设与服务的基础，最终都将呈现图书馆与技术融合发展的态势。当前，图书馆核心技术发生转变，语义网、云计算、大数据、物联网等技术的出现，深刻影响了图书馆的服务理念和组织架构，图书馆一方面不断吸纳新技术，扩展新的服务技术领域，以便更好地服务读者；另一方面，继续传承或深化已有的核心技术，保证核心服务业务的承续。新技术在图书馆中普及较快，如大数据分析、云计算、虚拟现实等，已经在图书馆得到广泛应用，创新出智能统计、读者云空间、数字展示等服务内容，最受瞩目的是人工智能技术。

人工智能作为计算机科学的一个分支，是以强大的计算能力、高速的网络带宽及大规模的数据集为基础，模拟、延伸和扩展人的智能理论、方法、技术和应用系统的综合性科学。图书馆可以借助人工智能的发展理念和技术形态，充分实现人与人、人与物及物与物之间的智慧互联，通过采用人工智能的深度学习模式，实现深度挖掘图书馆内外部数据资源的智慧化服务模式。当前图书馆主要借助人工智能技术开展"智慧虚拟馆员"服务，通过人工智能引擎，形成学习语料库与行业知识智能，实现智能咨询、聊天、检索等功能。目前，国内外对于人工智能在图书馆的应用已有长足进展。在我国，2016年3月发布的《"十三五"规划》和2017年3月发布的《2017年国务院政府工作报告》均涉及人工智能；2017年5月，由南京大学主办的"智慧图书馆"二期（智能机器人）正式发布，主推具备智能盘点和咨询服务功能的机器人"图宝"，标志着国内图书馆在人工智能上的进一步迈进。未来的人工智能将会在图书馆资源内容服务上进一步深化，如实现自然语言检索、语义分析、综合识别等功能。

3. 以读者需求为中心的图书馆服务模式

在智慧环境下，"以读者为中心"的理念得到加强，以读者为中心是图书馆生存与发展的基础，也是未来图书馆发展的核心战略。图书馆在力图突破时空限制外，更多地关注如何将读者与资源、空间关联起来，以读者为中心实现基于资源、技术、空间的读者服务，最大限度地满足读者需求。为实现以读者为中心的图书馆服务元素间的关联，强化与读者间的交互成为图书馆的必然选择。在智慧图书馆背景下，读者精准资源建设、读者交互的服务模式成为主要服务方式。借助各类分析、交互技术，图书馆力争实现对读者的全面信息采集和需求挖掘，满足读者的个性化需求。这类服务模式主要体现在深度个性化服务中。

智慧图书馆的个性化服务在现有服务的基础上，进一步转向"大数据 + 小数据"的服务方式。大数据包含图书馆资源、业务、活动等各类关联数据，是图书馆展开个性化服务的基础；小数据是以单独个体为中心，围绕不同个体采集相关思想、行为、个性、爱好等动静态情境信息。在传统个性化服务基础上，智慧图书馆借助大数据、云计算、移动终端，获取读者特征和周围环境，将庞大且复杂的图书馆应用微小化转化为移动服务，更为便捷地实现"大数据 + 小数据"的服务，建立读者档案，从而开展读者个性化服务，为读者提供个性化推荐信息、资源定制、位置信息、图书检索等服务。

4. 以空间再造为趋向的图书馆服务模式

传统图书馆将空间与实体资源、文献服务结合在一起，图书馆空间构造以文献服务为中心，预留大量文献存储与流通区域。随着智慧时代的到来，图书馆资源更多地转向数据资源，剥离实体资源后，图书馆服务更多地转向除单纯文献服务以外的多类型文化服务。将读者吸引到图书馆，发挥图书馆作为空间的作用，是智慧时代图书馆服务功能的关键；将空间新定位与新兴数字技术结合，探讨空间的新延伸，是图书馆在智慧时代服务体系的核心。目前，国内外大量的图书馆都在空间重构方面展开实践，图书馆的空间重构尝试从最初的共享空间到学习共享空间、研究型空间，再到目前广受关注的创客空间、城市阅读空间等。智慧图书馆将以技术为依托，在传统空间服务的基础上，将线上虚拟空间与线下物理空间进一步融合，发挥图书馆作为信息共享空间与创新社区的作用。

第一，在线上空间方面，云图书馆是典型的服务方式之一，在国内外图书馆移动服务建设中占据越来越重要的位置。运用云计算、云服务、物联网等技术，将分布式存储、按需使用等方式纳入移动图书馆资源服务体系架构中，可以使其具有传统移动图书馆并不具有的动态性、灵活性和可扩展性特点，提升图书馆服务效能。云图书馆基于读者客户端，提供数字化图书馆的一切服务，并实现资源的云端获取。同时，其具备动态交互性，可进一步采集读者情境信息，基于读者画像开展个性化推送服务，满足读者的个性化定制需求。

第二，在线下空间方面，文化体验空间是图书馆扩展空间功能、丰富资源展示渠道、创新服务方式的集中体现。传统的图书馆资源展示方式始终要与"书"

联系在一起，随着 VR 虚拟现实、AR 增强现实、多点触控、大屏展示等技术的出现，智慧图书馆拥有更多创新的资源展示方式，得以脱离书本的既定形式，借助展厅展示资源内容。通过对图书馆资源的挖掘，数字展厅既可以展示如古籍等珍贵资源的仿真模型，也可以展现原创的图书馆文化故事、业务流程、讲座活动等。同时，图书馆可以根据对象特征嵌入不同的技术，如基于地面触摸感知的少儿展厅、基于大屏显示的青少年教育展厅、基于虚拟仿真的盲人展厅，实现静态空间与动态空间、实体空间与虚拟空间、物理空间与精神空间的融合。

三、智慧图书馆服务实施策略

该部分从资源、服务、技术、馆员和读者 5 个方面，提出智慧图书馆服务的实施策略，力图为解决图书馆在实际发展中遇到的问题提供借鉴。

（一）资源建设实施策略

1. 重视联盟合作，避免资源重复建设

新信息环境下，智慧图书馆更需要相互合作，改变"各自为政"的局面，共建信息资源，各有侧重，融合彼此的资源、技术、人才，形成互补的信息服务主体联盟，共同满足读者的信息需求。

2. 构建特色资源，突出馆藏特色

目前，图书馆的建设陷入"千篇一律"的瓶颈，大多数图书馆注重资源的类型全面，而忽略了资源的特色。图书馆已不再是读者获取信息的唯一渠道，其作为信息传播媒介的作用不断弱化。面对海量的信息资源，图书馆为吸引读者，需要建设针对自身馆藏资源和服务定位的特色资源。图书馆可以关注其长期发展过程中积累的丰富文化资源，了解读者需求，从学科、领域、类型、语种等方面，形成图书馆的特色资源体系，并在这一基础上不断发展，进一步丰富资源和服务，打造图书馆品牌。

（二）服务创新实施策略

1. 立足服务模式规划，加速服务模式创新

图书馆的服务模式已经从资源、技术、形式等方面发生巨大转变，全新的服务模式已逐步出现。各个图书馆在迈向智慧化的过程中，要结合自身服务能力，做好服务模式的转变规划，以传统服务模式为基础，通过技术和资源，不断延伸服务，形成服务体系，从而避免过度追逐技术的局面。当前，智慧图书馆的服务尚未有统一的定义，图书馆服务的内容可以随时更新、调整，并加以创新，不

同的图书馆也可以各有侧重，具有不同的发展方式。智慧图书馆的服务创新也要结合所在馆的实际情况，建立在广泛的读者调研和科研论证基础上，兼顾稳定和创新。

2.重构服务流程，以"读者中心"为导向

当前图书馆服务主要以文献为中心，以线性单向式服务为主。随着图书馆资源和依托技术的变化，图书馆的服务流程将趋向"以读者为中心"，围绕读者开展服务，更多地转向以读者为圆心的发散式服务。服务流程不再单向，而是动态交互的。面对新信息环境，图书馆的服务流程需要予以调整，新增服务线路，同时剔除和弱化低效率的服务。图书馆在服务流程的重构中，应考虑"以读者为中心"，在读者的需求导向下，自行组建知识服务，更多地关注本馆读者的需求。

（三）技术应用实施策略

1.加快面向下一代图书馆服务平台的建设

20世纪80年代以来，基于互联网与数字化技术的图书馆集成管理系统在各类图书馆中得到广泛实施，极大便利了图书馆的文献管理与读者服务。步入智慧时代，随着数字资源占比的不断扩张，现有的图书馆集成管理系统已暴露出种种不足，下一代图书馆服务平台将成为图书馆服务更新迭代的必然途径。下一代图书馆服务平台能够协同管理多模态数据，支持图书馆全流程业务的智能化，并实现与其他系统的互操作性。图书馆应结合自身实力，加快步入新一代图书馆服务平台，以应对新一代图书馆的资源管理与服务需求。

2.定制技术引进规划，避免技术滥用

在技术应用上，图书馆需要紧跟技术发展潮流，合理规划技术引入。技术更新迭代，带来图书馆资源和服务的全面升级。图书馆技术升级是必然趋势，但目前图书馆正处于复合图书馆转向智慧图书馆的过渡阶段，图书馆的技术设备、系统、人才等尚未适应智慧图书馆的要求。图书馆在引进新技术的同时，要系统考察本馆需求，探讨设备、系统、人员的兼容性，制定合理的规划，以最低成本解决技术引入中的数据迁移、系统并存、人员适应等问题，避免盲目引入高新技术却使之处于闲置状态的尴尬局面出现。

（四）馆员提升实施策略

1.馆员结构优化升级，提升馆员综合信息素养

技术在图书馆的不断深入，改变了图书馆服务流程，要求图书馆培养相应的技术馆员以满足服务。面对服务需求，一方面，图书馆需要进行馆员结构调整，

优化各业务领域人员配比，促进图书馆业务的开展，完成馆员结构升级；另一方面，图书馆应对现有馆员加强培训，使馆员掌握新技术，传播"以读者为中心"的核心价值观，保证馆员具有较高的信息素养以适应图书馆变化。

2. 培养馆员知识服务能力，关注知识的深度挖掘

当前图书馆的服务已经完成从单纯的文献服务到知识解构服务的转变，采用主题词表、书目等工具，分解复杂信息、提炼关键特征传达给读者的服务模式已经较为普遍。随着智慧图书馆地不断深入，图书馆的知识服务将从知识解构转向知识建构。图书馆馆员应帮助读者筛选资源信息，完成思考过程，直接提取海量信息中的知识，并以易于理解的方式展现给读者。这要求图书馆在培养馆员时，要提升其知识挖掘服务能力，进一步将图书馆馆员的角色转向信息咨询专家，使其脱离图书馆日常事务，开展创造性工作。

（五）读者交互实施策略

1. 重视读者培养，建立动态的读者档案

当前，图书馆正处于从被动服务转向主动服务的过渡时期，培养读者的意识尚未得到普及，读者档案建设还处于起步时期。未来读者档案将在图书馆服务发展中发挥越来越重要的作用，因此，图书馆应及早抓住转型机遇，较早关注读者数据，重视读者的培养，与读者形成良好的互动关系。当前，图书馆可以建立读者的个人档案，在传统读者基本信息的基础上，记录读者的借阅记录、到馆时长、检索频率、荐购内容等信息，了解读者的动态和静态的情境信息，从而根据馆藏优势开发针对读者的个性化服务产品，主动向其推送个性化服务信息。

2. 线上线下交互并存，提供公共服务体验空间

智慧图书馆突破了传统图书馆的时空限制，由单纯的信息传播机构转向公共文化服务体验的空间，以线上线下无缝衔接的新模式满足读者的公共文化服务需求。图书馆可以通过线上线下相结合的方式开展读者服务，线上通过数字化图书馆、数字门户、移动图书馆、云图书馆等，实现资源的广泛开放；线下将资源结合技术开展如数字展厅、创客空间、教育讲座等活动，完成公共服务体验空间的建设，满足读者的多重信息需求。

智慧图书馆的服务模式总体以新资源格局为基础，充分利用物联网、云计算、大数据、移动互联等技术，构建感知全面、互联泛在、应用智能的图书馆服务体系，实现资源、技术、读者三者间的双向多元信息传递，全面提升图书馆的资源建设、业务管理及读者服务能力。

在瞬息万变的新信息时代，智慧图书馆的范畴不断扩展，这也代表了未来图

书馆发展方向的无限可能。未来的图书馆会面对更完善的技术环境、更复杂的资源获取渠道，创建更丰富的服务类型。图书馆在实践中，需要更加关注"以读者为中心"，结合本馆需求完成从复合图书馆到智慧图书馆的过渡，灵活应对种种障碍，与读者协同建设智慧图书馆。

第二节　智慧图书馆青少年数字资源建设与服务模式

青少年的阅读方式和习惯随着技术的发展发生了很大的变化，他们的个性化服务需求日益增强。图书馆需要根据青少年在"智慧"环境下的文化需求，提供适合各个年龄层次读者所需的阅读资源，通过观察用户的信息浏览习惯，探究其阅读需求变化以及潜在的阅读需求，基于此构建用户阅读兴趣模型，展示用户的信息兴趣偏好，精准推荐适合用户的个性化服务内容，促进优质化阅读。

一、智慧图书馆青少年数字资源建设

（一）图书馆制定资源数字化的标准规范

图书馆在明确资源整合的类型和范畴的基础上，对本馆馆藏资源从类别上进行有效分类、从形式上进行合理配置。图书馆需要联合制定数字化信息资源的服务标准，确立应采用的数字编码与内容标记标准，采用的数字内容格式标准应从保存格式、浏览格式和预览格式 3 个方面考虑，之后明确数字资源加工标准、程序选择，规范基本操作。各馆之间应该互相协调、总体规划，使用统一服务平台和规范化的服务框架。数字资源的标准化、规范化可以规避数字化图书馆存在的"信息孤岛""信息烟囱"等问题，使数字资源互联互通、共建共享成为可能。

（二）"纸质 + 数字"资源建设

中国少儿数字化图书馆与国内其他少儿数字化图书馆的服务群体多为学龄前、小学读者群。这些图书馆收藏的资源，从类型来看，主要有绘本、连环画、3D 立体书、期刊、动漫、视频、电子书、音频等；从知识内容来看，主要有科普百科知识、国学经典、童话故事、外国诗选、天文地理、生物医学、航空航天、安全教育等。这些资源虽极大地满足了少儿的阅读需求，但忽略了中学生群体的阅读需求。从数字资源建设与获取来看，中国少儿数字化图书馆在线免费阅读资源只占小部分，大部分是要付费的；部分少儿图书馆馆藏数字资源基本都属于外购数字资源，自建的特色数据资源所占比例很小。这些都无法真正实现资源访问的开放化，更无法体现出公共文化服务的均等性。所以，图书馆应构建纸质资源、数字化资源、网络资源及联盟资源等多种资源的融通渠道，提出"纸质＋数字"资源共同建设的思路。

1.纸质资源建设

加强图书馆藏书建设是提升数字化图书馆服务水平的基础。一方面，图书馆应丰富青少年图书的纸质资源，使文献资源结构趋于合理，拓宽图书资源的来源渠道，提高青少年对不同类型纸质资源的兴趣。如对青少年喜爱的动漫资源积极开展馆藏建设，按作品获奖情况做馆藏选择，按动漫类型分类排架，按阅读对象年龄分级推广等；另一方面，图书馆可以利用物联网和RFID等相关技术进行藏书管理。如对每本藏书设置RFID标签，实时感知与监控，全面了解藏书的状态；通过藏书的智慧寻址，直观地获得其具体物理位置信息，使排架方式灵活多样，呈现个性化存放与阅览。

2.数字资源建设

本研究涉及的数字资源包括纸质资源的数字化、各种通过互联网获取的信息资源及开放资源、馆际联盟资源、云存储资源等。为了覆盖各年龄段服务群体对阅读内容的需求，首先，图书馆应整合利用各级数字化图书馆已有的纸质与数字资源，节省各馆资源购置经费，最大限度地提高资源利用率，发挥文化共享的作用；其次，在将图书馆藏资源数字化的同时，根据用户需求购买新的电子资源或通过馆社（图书馆与出版社）合作建立各馆特色数据资源库，加大信息资源的拥有量；再次，扩展网络资源，建立数字化图书馆的少儿多媒体资源库，运用不同媒体类型来满足少儿的阅读需求，如视频库等；最后，加快云存储模式的数字资源建设，可以将数字资源托管给有云存储的服务商，配置必要终端设备接受云存储服务，也可在原有云存储架构基础上采用并行扩容的方式，实现存储虚拟化，支持数据存储海量化，让资源实现科学整合，以缓解持续增长的数据存储压力。

另外，图书馆在积极引入各种数字资源的同时，应充分利用信息技术，搭建丰富多样的服务软硬件平台，以此满足不同用户的空间需求与多元化的信息需求。

二、青少年用户视角下智慧服务模式的构建

新技术的广泛应用使图书馆智慧服务模式体现出了智能化、感知化、个性化、泛在化的特点，同时青少年用户也需要人性化、人文化、情感化的服务关怀，因此，

数字化图书馆的智慧服务模式应具有人性化的特点。智慧图书馆由物联网、人工智能技术、云计算、大数据分析等核心技术构建而成，是集物理实体空间、数字虚拟空间和用户全面感知空间于一体的多维立体空间。智慧图书馆可以为用户提供全面感知的智慧服务，能帮助用户在任何时间、任何地点快捷地找到所需的信息源，获得视、听、触等全面的感知体验；同时智慧图书馆是在虚实结合的情景下进行服务的，可使用户达到全方位浸入式学习的感受。

（一）人性化服务

数字化图书馆为青少年儿童提供免费开放环境下的服务，在开放时间的安排上，应该与青少年儿童的作息时间相一致，确保其有充裕的时间享受优质的借阅、指导服务。青少年用户拥有多渠道的办卡途径，享受无偿办卡免押金服务，可在线下图书馆办卡，可在图书馆网站上办理电子借阅卡，也可通过线上 APP 注册会员。图书馆馆员可以根据不同的办卡渠道提供线下或线上的咨询、指导、代办等人性化服务。所以，数字化图书馆应加强馆员队伍建设，保证青少年服务的有效性。一方面提升图书馆馆员业务能力与专业素养，聘用专职的指导老师；另一方面招纳高素质的图书馆志愿者，特别在图书书目推荐、阅读内容指导、阅读活动推广等方面提高服务水平。

（二）智能化管理服务

1.智能化图书管理

数字化图书馆应用的物联网、RFID 技术，是人工智能时代新一代智慧图书馆系统构建的必备要素。馆内所有的藏书中均有 RFID 标签，我们可以通过物联网对包含 RFID 标签的藏书实施监测，既可以全面实时掌握每本藏书的状态，又可以主动将馆藏信息及时传递及更新。基于 RFID 技术的文献定位应用软件，可以通过藏书中的传感节点对所有藏书进行智慧寻址，显示藏书所在书架的具体位置，这样能减少专业索书号和排架方式存在的弊端，使排架方式更灵活多样。三维技术的应用将现实的工作带入虚拟化状态中，呈现出位置地图指引用户实现自助借还操作。实现个性化借还图书存放与阅读域管理的智慧书架，在智能设备上实现图书的自动借还系统，管理员对图书信息进行智能盘点的盘点工作站等均是智能图书管理的常见应用。由此构建出新型数字信息空间生态系统，使得智慧图书馆包含着自适应和自组织的智慧特点，以提高数字化图书馆服务效率。青少年用户在图书馆享有智能化的自助、自动借还书服务，能够通过不同终端来对资源进行全面应用，如可以根据智能化屏幕上显示的信息，在书架上快速找到所需文献。

2. 智能化检索服务

要实现智能化检索，需对馆藏文献进行全面性层次化的整合与分析，为智慧图书馆有效的分类检索功能奠定基础。另外，通过信息识别完成物联网内信息共享定位跟踪，对抓取的数据进行管理与分析，为实现个性化信息的智能化分析提供依据。人工智能技术的应用，既可以实现单个词汇检索，又可以实现多个词汇的组合检索，突破了检索方式上的单一与烦琐，使获取信息变得快捷且准确。对青少年读者来说，智能化检索的益处体现得尤为显著。智慧图书馆在图书分类方面十分便捷，在文献的语义分析和词法分析基础上，人工智能会生成一种中间语言，当青少年用户输入并非很精准的检索词时，图书馆人工智能系统就会通过中间语言缓冲，顺利为读者匹配到关联资源。全方位个性化感知系统的应用，灵活的大数据分析工具的应用，将青少年用户的阅读信息和馆藏流通信息充分汇总，从而获取其阅读规律和喜好，并通过视频的方式将目标信息呈现出来，为读者提供直观动态的检索结果，满足读者个性化的需求。

（三）智慧化书目推荐

青少年用户由于受年龄和知识结构的限制，因而选择书籍的能力有所欠缺。因此，数字化图书馆开展书目推荐服务，可以指导青少年选择更适合自己阅读的书籍，使其亲近优秀的高品质图书，提高青少年读者的阅读质量。

1. 分级书目推荐

对于年龄在 0 ~ 12 周岁的读者，数字化图书馆可主要提供分级书目推荐服务。根据少儿的心智发展水平，数字化图书馆可以针对性地向各年龄段具有不同认知能力的少儿提供阅读计划和阅读书目。在提供分级阅读指导的时候，图书馆还需要考虑用户的阅读欣赏习惯，所推荐图书的篇幅、难度、主题等因素，为少儿提供更专业的系统指导服务。另外，数字化图书馆在分级阅读指导下，可建立将同一年龄层次的图书按照图书主题、书名首字母、作者、出版社、馆藏链接等分类的分级书目数据资源（信息门户），设计 APP 小程序，让青少年用户可以根据主题、作者、出版社等多种检索渠道自主挑选书籍，同时利用主题检索既可以查看到主题下的所有书单，也可以对主题进行组合运算，获取符合多个主题的书籍。

2. 个性化书目推荐

对于中学生用户，数字化图书馆应实行以个性化书目推荐为主、分级书目推荐为辅的书目推荐服务。根据青少年用户的个性化需求，书目推荐服务采用O2O 线上线下相结合的模式，由数字化图书馆提供个性化定制书单服务。如通过线下面对面交流的方式与线上发送电子邮件的方式，青少年用户向图书馆馆员提交阅读需求，专业馆员结合馆藏资源为青少年用户量身定制推荐书目。通过图书馆网站的互动专区，青少年在线填写需求表单，详细描述感兴趣的图书类型、文献体裁及年龄段等信息，图书馆可为用户定制个性化的阅读书目。青少年读者还可以利用图书馆的微信公众号，通过自动应答、语音视频应答实时向专业图书馆馆员咨询喜爱的阅读书目；图书馆也可建立微信群让青少年参与讨论、发表意见，发挥微信平台与用户多方互动的功能，依据讨论、留言、评论等多方面信息及时了解与掌握青少年的需求特点，定期通过公众平台推送具体信息，避免同质化阅读，使书目推荐更加具有针对性，充分体现书目推荐的个性化。

（四）精准化服务

智慧图书馆为读者用户提供精准化服务是以读者标签数据采集、用户个体行为数据采集、知识资源的语义化标签化处理等为基础实现的。

1. 读者标签信息设置

在注册智慧图书馆统一服务平台账号时，青少年用户需填写个人基础信息，如身份信息、社会信息、自身兴趣爱好信息等。这些基础信息可以为智慧图书馆勾画出用户的个人画像及社会关系网络，为分析其阅读行为、阅读习惯及阅读兴趣等提供基础数据。除了个人基础信息的设置之外，智慧图书馆还要为青少年用户设置兴趣标签信息，通过平台数据来判断出读者的兴趣范围。智慧图书馆根据读者的兴趣标签信息，找出具有相同兴趣的同一标签群体，掌握同标签群体访问量最高、收藏率最高的资源；还应找出不同标签群体青少年用户的内在关联，为同一标签读者及不同标签读者进行资源推荐。

2. 用户行为信息获取

智慧图书可利用物联网、人工智能、大数据等技术，借助智能设备如智能手机、触摸屏幕、VR 设备等对青少年用户位置、行为数据等一系列信息进行收集，如用户原始、实时地理位置信息、图书馆账号登录下线信息、书籍借还信息、阅读时间段信息、阅读偏好信息等静态及动态信息，并对上述信息进行系统性识别与深入过滤，实行不同程度的加权，以此为基础获得精准性更高的信息，为读者提供更加优质的智能服务。

智慧图书馆通过对用户搜索引擎查询记录、网页浏览记录、用户网页收藏记录、书籍阅读频率记录、书籍阅读速度记录、数字版阅读下载记录、书籍阅读评价等用户个体行为数据的采集，建立用户个体行为数据库；接下来在个体全量数据的基础上建立数据模型，进行精准行为的预测，提供针对用户的精准化知识服务。智慧图书馆需要对用户个体行为数据进行持续性的自动化采集、存储，直观记录所有瞬间，实现分析处理、整合价值过滤。由此构建的用户行为模型能体现出用户规律性的行为状态，事先精准预测用户的下一行为，获取用户隐性知识需求。

3. 数据协同处理

用户的行为是一个非周期无限长程记忆过程，用户的下一行为受到了历史行为及当前行为的双重影响。智慧图书馆以青少年读者标签数据、持续用户个体行为数据这些全量数据为基础，一方面通过对这些知识资源进行语义化分析、标签化处理，从而改变了知识的组织方式，实现更高效的知识发现；另一方面，个体用户行为数据、用户社会网络关系、社交评价等可以实现协同过滤、智能推理，不仅能够简化搜索过程，而且能进一步提高搜索的精准度，使搜索结果的呈现更加有序化和合理化，最终为青少年用户降低搜索的难度，节省了大量的时间与精力。

（五）感知体验推广服务

1. VR/AR 感知体验服务

虚拟现实（VR）技术和增强现实（AR）技术需要通过计算机仿真系统生成虚拟场景的信息，并利用显示设备将虚拟信息呈现在用户面前，通过特定设备与虚拟信息进行实时互动。这种视觉、听觉、触觉等感官完全沉浸或部分沉浸于虚拟环境的感知体验，有助于提升用户学习、生活等方面的能力。

青少年对这种沉浸式的感知体验与操作更为喜爱。虚拟图书馆可以将馆内所有藏书的三维位置及以立体动态形式展示这些书籍的相关 3D 信息存放到数据库中，结合信息资源定位系统就可以为用户提供可视化信息检索服务，因此用户可以不受时空限制进行模拟查书，获取书籍后通过在线系统还可以核实此书是否为自己想要的书。借助虚拟现实和增强现实技术可以实现图书馆提供的各项服务及硬件设施的导引，青少年用户如果对图书馆的地理布局不熟悉，或对相关服务流程不清楚，可以通过图书馆整体仿真环境，借助手机 APP 使用 3D 导航地图轻松获取位置信息，找到目的地；如在图书馆中遇到各种问题时，也可以获得常见问题解决方案的及时推送。运用大数据分析用户还可以获得各种服务信息，如座位预约、存包服务、书目推荐服务等。虚拟现实技术还能帮助数字化图书馆建立虚拟咨询空间，读者和馆员随时都能进入，可根据教育培训、交流互动等不同服务的需要在不同的场景下转换。读者在逼真互动的场景中获得丰富的体验，在激发自主学习的同时学会自我控制，使单一的教育与培训变得生动有趣。

2. 情感体验推广服务

当个体自发融入某种环境或是亲身经历特定事件后，通过自身的知识框架可以获取外界信息，并通过思考产生情感共鸣。在这一过程中，个体不仅能实现自身知识框架的发展与重塑，情感认知与表达的范围也可以得到极大的拓展。针对青少年用户的体验推广活动较成人更需要情境融入。

对于学龄前儿童及小学低年级儿童，阅读推广服务以绘本读物阅读为主。智慧图书馆将绘本内容制作成生动形象的图片、音乐、动画等多媒体形式，依次加以引导，使儿童能直观地产生情感认知，充分激发和培养少儿的想象力。图书馆馆员开展儿童阅读推广活动，按照"以图为主、随机认读"的阅读方法，先展示图片内容，随后再播放与绘本内容相关的音乐、视频等多媒体内容，最后配以故事剧、游戏等形式让儿童直接参与，帮助儿童通过直观视觉体验以及融入情境地感知，提高阅读兴趣。

对于小学中高年级的少儿，阅读推广服务可以通过互动交流与场景设计相结合的模式开展。具备一定阅读能力的少儿乐于从阅读的内容中表达自我的认知与情感，在图书馆馆员的帮助下充分挖掘和体验阅读文本中所蕴含的情感思想，可以选择问答、朗诵、写作、小品表演、视频制作等交流方式对阅读情感进行体验表达，无论哪一种方式，其关键是让少儿能积极主动参与，鼓励表达出色的少儿，对情感认知、表达方式有欠缺的少儿及时予以纠正和鼓励或进行个性化的情感表达设计。

对于青少年中学生，一方面，图书馆可举办以作者或阅读主题相关的艺术展览活动或相关知识讲座。以动漫资源为例，图书馆可以对馆舍区域从功能服务上进行分区，划分为阅读区、互动展示区及检索区，以供青少年用户在互动展示区享受主题活动带来的直观体验，并邀请动漫名家现场创作交流，开展动漫体验活动，融入游戏元素，提高阅读参与度；也可以按照年龄进行分区，划分为少儿区、青少年区及成人区，营造不同动漫藏书与布置风格的阅读氛围，为青少年提供青春时尚、轻快活泼的阅读环境；另一方面，根据青少年乐于表达自我认知观点的特点，智慧图书馆可通过社区知识交流平台，由用户自建个人信息，分享阅读信息与兴趣爱好，实现用户内容贡献（UGC）。如用户在社区交流平台上分享信息和观点，讨论阅读感受，咨询阅读问题，不仅仅成为信息被动的接受者，还在社交关系中成为内容的贡献者。智慧图书馆也可以将青少年用户在虚拟社区的社会关系交往信息纳入社群化服务管理中，形成用户之间、用户与平台之间信息的交互与共享，建立用户群体行为数据的联系，构建用户群体的知识网络关联图，实现信息资源的协同过滤。

　　数字化图书馆是现代公共文化服务体系的重要组成部分，数字化图书馆智慧化的发展，应关注青少年用户群体的需求，为青少年文明素质的提升、高品位文化诉求的满足、终身学习氛围的形成，提供有保障的公共文化支持。

第四章　数字化图书馆信息资源建设与管理探索研究

第一节　数字化图书馆信息资源及其建设

一、数字化图书馆信息资源的认知

在图书馆领域，图书馆的数字资源就是图书馆所拥有的信息资源。资源建设是数字化图书馆整体建设的核心，数字化图书馆环境的建立与完善都是围绕资源建设特别是数字资源建设而进行的。

数字化图书馆信息资源建设改变了传统图书馆的信息搜集、加工、存储、检索、处理、再生和利用等方式，它依托计算机设备和互联网环境在全球范围内实现了信息传播与信息共享。在互联网事业日益发展和壮大的今天，图书馆信息检索已经成为人们查检信息的重要手段和方式。如何有效地进行数字化图书馆的建设，尤其是数字化图书馆信息资源的建设，以满足人们日益增长的多层次、各种类信息需求，已经成为摆在每一位图书情报工作者和有志于图书馆事业的人士面前的紧迫而艰巨的任务。

数字化图书馆提供文本、图像、声音、动画、视频等多媒体信息资源。信息资源的构成多样，依评判角度不同而各异。

第一，从信息资源的存储方式来讲，数字化图书馆有现实资源和虚拟资源。现实资源是指存储于本地服务器的本馆的数字化信息资源，虚拟资源是指存储于异地服务器的网络信息资源。

第二，从信息资源的获取形式来讲，数字化图书馆主要有自建式资源、购买式资源、捐赠式资源、试用式资源和网络免费共享资源。自建式资源主要包括本馆数字化的纸质文献资源和本馆自主研发的数据库；购买式资源主要是从数据库生产商处购买的各种综合性或专科性的数据库以及从出版商、发行商处购买的电子资源；捐赠式资源主要是接受社会各类组织、企业和个人赠阅的电子版文献；试用式资源主要是指各类开发商提供的免费限时试用的资源；网络免费共享资源主要包括网络上各种各样的无须付费的信息资源。

第三，从信息资源的内容形式来讲，数字化图书馆信息资源有电子图书、电子期刊、电子报纸、数据库以及其他形式的数字化资源（如馆内通报、最新动态、在线问答、阅读软件、资源链接、网站导航等）。

数字化图书馆信息资源将传统的纸质载体以数字化的储存形式表现出来，大大减少了资源的物理储存空间。数字化图书馆对于信息搜集、分类、标引，信息加工、储存、检索和利用等采用计算机进行，依托网络环境运营对内信息组织和对外信息服务都通过计算机网络进行。数字化图书馆用户借助网络工作站远程登录图书馆服务器，以检索和利用自己所需要的信息资源。网络化使数字化图书馆的用户全球化，提高了数字化图书馆信息资源的利用率。而多媒体表现形式是数字化图书馆信息资源的又一大特点。数字化图书馆用户不仅可以得到文本信息资源，还可以得到图形、图像、动画、声音、视频等多媒体形式的信息资源，使信息资源更加生动形象，更易于理解和记忆。

二、数字化图书馆信息资源建设原则

在数字化图书馆信息资源建设中要坚持一定的原则。

（一）坚持整体性原则

建设图书馆数字化信息资源，一定要高瞻远瞩，立足全局，坚持整体性原则。数字化图书馆信息资源建设与传统的图书馆不同，它不再是一个孤立的事件，而是整个社会信息资源共享共建的重要组成部分之一，故而将图书馆信息资源数字化建设纳入国家和社会信息资源建设的宏观计划之中。建设数字化图书馆信息资源，坚持整体性原则就是要确定信息资源的收藏范围，避免重蹈传统图书馆信息资源建设的"大而全""小而全"覆辙，避免人力、财力和时间上的浪费，使信息资源得到最大的优化组合，使数字化图书馆取得最好的经济效益和社会效益。坚持整体性原则并不是排斥特殊性原则，相反它支持单独馆的特色收藏，遵循整体性原则不会和其他单独馆发生冲突。

（二）坚持标准化原则

标准化是数字化图书馆信息资源建设中应当遵守的原则。数字化图书馆按照标准化的模式建设，其信息资源更容易被全球范围内的读者共享和利用。建设标准化原则包括数字信息储存格式的标准化、信息描述和标引语言标准化、信息检索界面和检索入口的标准化、文件浏览器或阅读器的标准化等。只有坚持标准化原则才能为来自不同地域、不同文化的读者提供准确、快速的信息检索和信息服务。

（三）坚持科学性原则

与传统图书馆相比，数字化图书馆在进行信息资源建设时更应该坚持科学性原则。一方面，在进行本馆纸质文献资源数字化前，应对其进行科学的价值评估，因为并不是所有的纸质文献都需要数字化，对那些内容陈旧、质量低劣的纸质文献资源进行数字化只会浪费大量的时间和金钱，因此，图书馆工作者必须坚持历史的、发展的观点，科学地鉴别和选择有价值的纸质文献资源来进行数字化，使人力、财力、物力得到充分有效的利用；另一方面，由于数字化图书馆的信息资源部分来源于网络信息资源，而网络信息资源具有数量庞大、杂乱无章、良莠不齐、更新迅速、缺乏监督等特点，图书馆工作者必须科学地把握网络信息资源的分布规律，辩证地筛选出有价值的信息资源，最大限度地满足数字化图书馆信息资源建设的需要。

（四）坚持特色化原则

数字化图书馆建设不单单要注意标准化原则，还要注重特色化建设。数字化图书馆建设追求特色化，也就是要有自己鲜明的个性和特点，努力做到信息资源的人无我有、人有我全、人全我精。数字化图书馆要根据当地经济和社会文化发展的状况，结合馆藏文献信息资源的特点，确定馆藏的特色范围。一方面，要将本地和本馆有特色的文献资源数字化；另一方面，要根据所确立的馆藏特色范围，通过网络搜索、社会征集、个人捐赠、资金购买等方式，建立自己的特色馆藏，如地方文献数据库、地方经济发展数据库等。若一味地建设内容相似的数据库，只会走进重复建设和资源浪费的误区。

（五）坚持法治化原则

数字化图书馆信息资源的存储、处理和利用的方式发生了极大的改变，用户能更加方便地复制和下载自己所需要的信息资源，这就给传统的版权制度造成了巨大的冲击。数字化图书馆信息资源建设应更加坚定地走法治化的道路，坚持法治化原则，增强版权保护意识，加强版权保护力度。一方面，数字化图书馆要把馆藏资源数字化的重点放在公有领域的作品，同时要尊重作者的冠名权，保护作品的完整性；对于未进入公有领域的作品，要严格保护作者的著作权，保护作者的合法利益；另一方面，要规定数字化信息资源合理使用的范围，无论是公有领域还是非公有领域的数字化作品，都应限制批量复制或恶意下载，尤其是那种带有明显商业目的的大量下载，以保护公有领域作品作者的名誉和非公有领域作品作者以及数字化图书馆的利益。

（六）坚持服务性原则

"用户第一，服务至上"是数字化图书馆的服务宗旨。数字化图书馆信息资源建设的最终目的就是为了充分满足用户各层次、各种类的信息需求。如果不能满足用户的信息需求，即使数字化图书馆建设的再完善、数字信息资源再有特色，也只是橱窗里的摆设。为了更好地履行服务性原则，数字化图书馆对用户进行信息需求调查是十分必要的。由于数字化图书馆用户遍及各地，因此用户信息需求调查工作必须统一领导、分工协作，以减少调查所需要的人力、财力和物力。只有真正了解用户现实的和潜在的信息需求，才能有针对性地建设内容新颖的、有特色的数字信息资源，最大限度地满足用户的信息需要。

三、数字化图书馆数据库的建设

数字信息资源建设主要是指数据库建设。这不仅是因为数据库建设在信息资源建设中起着举足轻重的作用，数据库建设的水平是衡量信息资源建设水平的重要标志，而且还因为无论是馆藏文献资源的数字化建设，还是数字信息资源的购买或者数字信息资源镜像的设立，它们的最终表现形式仍然是数据库。通常，数字化图书馆的数据库建设包括以下4个方面的内容。

馆藏书目数据库。馆藏书目数据库是开发信息资源的基础数据库，是数字化图书馆全面实现网络化、自动化的基础。其作用是对馆藏进行揭示，便于用户检索和利用数字化图书馆的信息资源。

联合书目数据库。联合书目数据库通常是一个地区或者一个国家的数字化图书馆等信息机构在馆藏书目数据库的基础上，通过联机编目而建立的反映文献资源收藏处所的书目数据库。联合书目数据库有利于地区间的协作采购和文献资源保护体系的建立，是实现馆际互借、资源共享的前提条件。

特色文献数据库。特色文献数据库是数字化图书馆等信息机构根据其文献资源状况与用户的信息需求，选择馆藏中富有特色的文献资源所建立的专门化数据库。特色文献数据库可分为特色文献书目数据库和特色文献全文数据库两个类型。特色文献数据库有利于深层次地揭示和利用文献信息资源，是数字化图书馆等信息机构提高信息资源服务水平和开展信息资源共享的重要途径。

数据库产品。数据库产品的类型多种多样，如光盘数据库、单机数据库，联机数据库、书目数据库、全文数据库、事实数据库等。这里所说的数据库产品是指数据库生产开发的数字化图书馆能够通过购买获得其所有权的各种数据库，不包括数字化图书馆只能购买其使用权的各种数据库。购买数据库产品有利于提高数字化图书馆信息资源建设和共享的成本效益，是目前数字化图书馆信息资源建设的一种重要而又卓有成效的手段。

信息资源建设活动要比文献资源建设活动宽泛得多、复杂得多，只有将文献资源建设、数据库建设与网络信息资源建设有机地结合起来，才能称得上完整的信息资源建设。

信息资源建设、文献资源建设和馆藏建设是层层包容关系，信息资源建设犹如一级类目，属于宏观层面；文献资源建设犹如二级类目，属于中观层面；馆藏建设犹如三级类目，属于微观层面。文献资源建设尽管失去了统率地位，但其作用并未削弱，而且只能加强不能削弱，因为网络环境下更需要文献资源的整体化建设，同时有条件比过去做得更好。而微观层次的藏书建设则是宏观和中观建设的基础。

第二节　数字化图书馆信息资源建设的步骤

数字化图书馆的信息资源是其收集、创建、组织、存储、外发并提供服务的数字信息资源，它是一个不断增长又不断吐故纳新的高度组织化、系统化的发展体系，它是社会数字信息资源的重要组成部分。

自从计算机用于信息处理以来，数字信息资源从早期的数目信息到后来的全文本信息，再到今天的多媒体消息；从早期的电子型文献到今天的网络文献，经过了 30 多年的发展，已成为现代社会重要的资源财富。目前，随着因特网的发展，越来越多的新出现的消息以数字形式创建，超过 90% 的信息采用数字方式存取。这些数字化信息资源部分脱胎于传统文献，如图书、期刊、报纸、音像资料的电子版，但更多的是各种类别的数据库和网络资源。

一、数字资源介绍

（一）数据库

数据库是计算机可读的、有组织的相关数据的集合。随着计算机应用而产生的信息存储、处理、包装、开发和利用的一种现代化形式。迄今为止，数据库已广泛地应用于各行各业，成为数字化资源的主体，其内容极其丰富，类型也很多。按数据库内容，总的可划分为文献型数据库与非文献型数据库。文献型数据库包括书目数据库、二次文献数据库、书目相关数据库与全文数据库等；非文献型数据库包括数值数据库、事实数据库、管理型数据库。依数据的媒体类型可划分为文字数据库、声音数据库、图像数据库、多媒体数据库等。

数据库的存储量很大，只有少数以光盘形式存在，大多数为联机数据库，尤其是因特网发展以后，各出版商或数据库生产商纷纷利用因特网发行文献信息数据库，用户通过因特网访问使用。目前，很多重要的数据库都已连入因特网，仅 DIALOG 就有 400 多个。这些数据库包括各个学科、各种文献的信息。在我国，进入 20 世纪 90 年代，出现了万方数据公司、北辰数据公司等专门从事数据库开发制作的商业公司。图书馆也积极投入数据库的建设，建设了一批高质量的数据库，如中国国家书目回溯数据库（1949—1987），中文科技期刊篇名数据库，中文社科报刊篇名数据库，中国企业、公司及产品数据库，中国学术期刊（光盘版）等。

（二）电子期刊

电子期刊包括以电子邮件等方式在网络上出版和发送的电子学术刊物和电子论坛，以及以磁盘、磁带、光盘等形式发行的电子刊物，包括印刷期刊的电子版。在形形色色的电子化出版物中发展最快的是电子期刊，参与电子期刊编辑和发行的有专业学会、社会团体、商业出版社、书刊发行商、联机数据库、因特网信息服务商等，形式上有一部分电子期刊沿袭印刷版的格式体例，而大部分采用自行创新的格式，与印刷版相差甚远。电子期刊的类型很多，大致可以分为联机服务型、CD-ROM 型、网络型等。从发展角度来说，今后电子期刊的真正发展应主要在于网络电子期刊的发展，网络电子期刊的种类很多，按是否收费阅读，可以分为免费访问型和收费订阅型；按期刊内容组织形式，可以分为集合型和发布型；目前最常用的分类是以是否有印刷版，分为期刊电子版和只在因特网上出版的纯电子期刊为标准。电子期刊具有许多印刷版期刊所无法比拟的优点，如价格低、出版周期短、期刊容量无限制，使用方便、灵活，具备检索功能、表现形式丰富、可充分利用多媒体技术、具备超文本（媒体）链接功能、内容修订方便、交互性强等优势。

（三）电子图书

电子图书的出现较电子期刊要晚，种类也比较少，有 CD-ROM 型、网络型和 E-BOOK 这 3 种形式。20 世纪 80 年代初，全文检索技术极大地促进了电子图书的发展，尤其是近年来多媒体技术和超文本技术广泛应用于电子信息的处理中，使电子图书中不仅可以增添图片、声音、动画、影像等多媒体功能，还可以附加字典、电子书签、查询记录表、文字处理等功能，这促使电子图书赢得了更多的读者，并获得了广泛的发展；网络电子图书更是如此。近年来，网络电子图书获得了大规模的发展，早些年电子图书主要以百科全书、词典这类参考工具书居多。现在网上有了大量的文学作品等，涉及的领域非常广泛，包括文学、艺术、科学、人文等各个领域，并且越来越多。网络出版的电子图书具有多媒体、信息量大、出版周期短、成本低、价格便宜、传送方便等优点，是发展前景很宽广的新媒体。

（四）电子报纸

电子报纸是通过计算机网络以联机方式或在因特网上直接进行传递的报纸，也有用光盘发行的报纸全文数据库。在最近几年，报纸上网成为一股潮流，世界上主要的报纸纷纷上网，如美国的《纽约时报》、英国的《泰晤士报》、德国的《世界报》、法国的《世界报》、日本的《朝日新闻》及我国的《人民日报》《光明日报》等，形成了一股强劲的上网热潮。我国至今已有 100 余家报纸上网，约占纸质报纸的 3%，这些上网的报纸大多是全国性的报纸和地方有影响的报纸。目前，网络电子报纸种类越来越多，内容也越来越丰富，检索和浏览技术也越来越成熟。这些电子报纸不完全等同于相应的印刷版报纸，在网上进行报纸阅读，需要根据设置要求进行操作。

（五）OPAC

OPAC（Online Public Access Catalogue）即联机公共检索目录，是一种在因特网上对馆藏信息资源进行远程检索的工具，通过它，读者可以不受时间、空间限制地从网上检索图书馆及情报机构的馆藏信息资源。20 世纪 70 年代，OPAC 起源于美国的一些大学图书馆和数字化图书馆，是传统的卡片式目录的计算机化，检索内容局限于图书馆的书刊目录。20 世纪 90 年代，随着计算机技术、网络技术、多媒体技术等的发展和应用，OPAC 不断改进，基于因特网，Web OPAC 的用户界面更加友好，检索范围更广泛，不再局限于图书馆的馆藏目录，还可检索各类数据库和图像、声音、视频、超文本等多媒体信息，检索功能更强，用户界面更加友好，非情报专业人员通过网络能方便地访问、检索，能实现全球范围的跨平台检索。目前，世界上传统文献信息收集服务单位，如各大中专院校的图书馆、数字化图书馆、政府机构所属的各种情报部门，绝大部分部门通过局域网将本单位的书目资源及联机查询目录接入因特网,而向全世界提供OPAC查询服务,这是利用因特网获取文献信息的最有效途径。

(六)网络信息资源

因特网通过几十年的发展,已经成为一个国际性的信息宝库。因特网上的信息浩如烟海,其表现形式多样,有文本、图像、表格、声音、超文本等;信息层次多,包括一次文献、二次文献、三次文献等。还有通过网上电子信件、电子公告、专题讨论栏目、新闻、通告等形式的信息发布活动产生的大量信息内容。从内容范围上还可以分为5个大类:学术信息、教育信息、政府信息、文化信息、有害和违法信息。从学术角度来看,因特网上有包括社会科学、人文科学、自然科学在内的大量学科信息,有关专家和用户或通过电子邮件发布最新的研究内容及方向,交流各自的观点,或通过兴趣小组进行讨论,也可以检索、浏览或下载各类信息源。巨大的信息量在一定程度上满足了用户的信息需求,然而,由于因特网上的大多数信息比较分散、无序,信息规范化程度不高等,因而用户或者不容易查找到自己所需的信息,或者查到的信息不完整。

(七)数字化图书馆信息资源的类型

数字化图书馆提供的信息资源非常丰富,从其来源看主要有两个方面:一方面是图书馆自建的,包括印刷型文献信息资源的数字化和图书馆自己开发的数据库或光盘;另一方面是从外界获取的,主要有购买、租用或交换,接受捐赠,从因特网上下载的信息资源等。

从存储的地理位置来看可以分为现实资源和虚拟资源。现实资源是图书馆所拥有的数字化文献资源,是置放于本地的信息资源;虚拟资源是指必须通过计算机通信网络才能获取的数字化文献信息资源,是置放于异地的信息资源。

从其信息源来看,可以分为数据库、电子图书、电子期刊、电子报纸、联机馆藏目录库(IPAC)、网络资源等。

不仅如此,数字化图书馆还能提供许多动态的信息和通告,并将传统出版物以多媒体和超文本方式进行组织来提供服务。

二、数字化图书馆信息资源的特点

数字化图书馆信息资源与传统图书馆的馆藏资源相比,有其自身的特点。

(一)信息资源数字化

数字化图书馆的信息资源是一种以机读型信息形式存储与检索的数字化信息

对象。图书、录音录像带、报纸、字画等各种文献都失去了原来的物理形态，转向数字化。信息资源是数字化图书馆的基础，数字化图书馆信息资源的其他特点是建立在信息资源数字化的基础上的，这也是数字化图书馆与传统图书馆信息资源建设最大的区别，数字是信息的载体，信息依附于数字而存在。

（二）信息形式多媒体化

数字化图书馆的信息资源在形式上包括文字、图像、音频、视频等，除了文字信息外，声音、图像、视频等类型的信息都成为其收藏对象。各种不同载体的信息经数字化存在于同一数字面，人们可以通过声音、数据、图像、影像来选取所要的信息。

（三）信息存取网络化

数字化图书馆依附于网络而存在，其对内的业务组织和对外的服务都是以网络为载体，数字化图书馆信息资源的利用是通过网络来实现的。

（四）信息组织分布式

信息的数字化需要投入巨大的工作，任何一个单位都难以单独承担，另外，信息以惊人的速度增长，任何一个单位也同样不能单独有效地处理高速增长的信息。因此，数字化图书馆的信息对象并不一定存储在同一个地方，而是可能分布在不同的数据服务器上，在遵循统一的访问协议之后，可以实现"联邦检索"。这种模式跨越了空间位置的限制，具有全球化的特征。

（五）信息提供知识化

数字化图书馆信息资源是不同于传统的图书馆自动化系统所加工的以书目为主的资源，是包括元数据在内的内容资源，它以动态分布式的方式为用户提供服务，能够为读者一次性地提供所需的某一主题的目录、论文和著作的全文、图片、图像、声音等各种知识信息。

（六）信息利用共享化

数字化图书馆信息资源内容的数字化，使其可以打破传统图书馆复本数量限制，可以不断地去复制，可以多个人同时去使用；数字化图书馆信息资源的网络化传递，使其可以消除传统图书馆的时间和空间包括国界和语言的限制，各地的读者可以不受限制地进入数字化图书馆，充分利用其资源。

第三节 数字化图书馆信息资源体系的构建

基于网络环境下现代图书馆信息资源建设的新变化，数字化图书馆应将其信息资源建设的主要目标定为建立起多层次的信息资源保障体系，从整体上保证信息资源质量的提高与规模的扩大。针对这一目标其研究内容主要应包括以下两方面。

一、设计和完善信息资源体系结构

信息资源体系结构是指信息资源体系各要素相互影响、相互作用与结合的构建方式。现代图书馆在设计各自的馆藏信息资源体系结构框架时，应根据自身机构性质、服务对象、原有收藏基础、硬件设施、软件配置、发展目标等因素，来选择并确定进行信息资源建设的原则、收藏范围、收藏重点和采集标准。以综合性大学的图书馆为例，因属于高校馆中的综合性图书馆，其服务对象以全校不同专业的师生为主，建设目标是为全校的教学、科研提供信息服务，进行设计时还要考虑本馆实现自动化程度、人员素质、经费投入等因素，最终建立一个科学合理的信息资源体系结构；同时设计当中还要充分考虑结构的实际可行性及学科配置等，从而形成最佳的结构体系。具体的结构要素可以从以下几方面考虑：学科内容、收藏水平级次、信息类型、语种、出版时间、载体形式等。

此外，由于信息资源体系结构是一个不断发展变化的动态有机体，在其形成和发展过程中，还要随着信息环境和信息用户地变化而不断进行调整完善，保证其最佳的结构状态。

（一）馆藏信息资源的补充与更新

现代图书馆在确定了信息资源体系结构模式之后，就要通过各种途径选择和采集所需信息，建立并丰富馆藏资源。信息资源建设实质是信息资源数量不断增加和质量不断提高的过程，因此要保持最佳的馆藏结构状态，还需不断对已入藏的信息进行补充和更新，保证信息资源体系的活力。

现代图书馆的信息资源是印刷型信息资源、光盘型信息资源、网络信息资源3种信息资源并存的格局，在对信息资源进行补充更新时应三者兼顾，在保证印刷型文献适当比例的同时加大对光盘数据库和网络出版物的引进，以实现信息资源结构的多元化组配，而且要将网络版数据库的引进作为现代图书馆信息资源建设的重要环节。引进过程中还应注意信息收藏的连续性与完整性。

（二）加强馆藏信息数字化，建设各类型数据库

网络环境下，现代图书馆的信息资源从某种意义上来说是数据库资源，信息资源的质量与规模实际上是数据库的质量与规模。因此现代图书馆面临的一个首要任务就是将馆藏信息数字化，即运用先进的技术手段，有计划地将本馆有独特价值的印刷型文献数字化，转化为数据库作为本馆的现实馆藏上挂到互联网上，以实现馆藏资源跨越时空的共享。

数据库建设是现代信息资源建设的核心。目前许多图书馆都在进行书目数据库的建设，例如上海图书馆的中央书目数据系统已形成 80 万条记录，并以每年约 7 万条记录的速度递增。但仅限于书目库的建设是远远不够的。现代图书馆今后建设的重点应放在充分利用自身特色馆藏资源上，建立有特色高质量的二次文献数据库、全文数据库及各种面向市场的专题数据库，为信息用户提供多元的信息服务。

（三）开发网络资源，建立虚拟馆藏

众所周知，因特网是世界上最大的信息资源库，包含很多有价值的信息，但网上信息分散无序，不利于人们充分利用。图书馆在传统文献信息的搜集、检索、加工、利用方面积累了许多宝贵的经验。现代图书馆应凭借先进的技术条件，吸收传统的信息处理经验，有目的地组织与自身馆藏相关的网络信息，构建起特色虚拟馆藏，作为图书馆的重要资源保障补充到馆藏资源当中。

构建虚拟馆藏实质上是对网上大量无序的原始信息进行组织整理，从逻辑意义上是一种重构和整合的过程。虚拟馆藏的构建扩展了图书馆的资源空间和服务范围，使其能够有效地为不同信息用户服务。目前构建虚拟馆藏的模式主要是站点推荐、建因特网专业信息指南系统和专业指引库 3 种。现在专业信息指引库的建设是研究热点，它不存储实际的信息资源，而是动态地指引用户到特定的地址获取所需信息，有些类似于传统检索工具中的索引。但构建虚拟馆藏仍处于获取主页的绝对地址阶段，随着技术手段的进步，今后应将重点转向网络信息内容的开发方面，这样才能建立起真正的虚拟馆藏。

（四）加强信息资源的组织与管理

信息资源的组织与管理是指在信息资源建设中，通过信息资源利用效果等信息反馈，控制和调节信息资源，从而保证信息资源的完好保存和充分利用。信息资源的组织与管理分为微观和宏观两部分。微观上，主要是指单个图书馆内部的

信息资源管理。宏观上，主要是指一个国家或一个地区的信息资源管理。对一个国家而言，宏观上的组织管理显得尤为重要。只有各地区、各系统、各类型图书馆间进行分工协作、统筹规划，从总体上协调信息资源布局，才能形成相互依存、相互联系且跨越空间范围的整体化、综合化的信息资源体系。

（五）加强信息资源建设基本理论与方法的研究

网络环境下，信息资源中心的资源建设类型与内容、方式与手段、服务对象都发生了深刻变化，必然要求研究新形势下信息资源建设的新理论、新方法和新技术，为信息资源建设工作提供理论指导。针对现阶段特点的理论与方法的研究可分为信息资源的形成与发展；信息资源建设的总体目标、结构、原则、重点；信息资源采集标准、评价、组织、管理、利用；信息用户需求、信息资源利用和信息技术应用等方面。

二、馆藏建设的基本原则

数字资源馆藏建设应该根据图书馆的性质与任务，发现、识别、评价、选择电子信息资源，融入图书馆的馆藏与服务体系之中，围绕图书馆的总体发展目标及用户的需求，较系统、完整地收藏各学科的中外文电子资源，建立起科学、合理、适用的数字资源体系，以满足图书馆读者现实与潜在的信息需求。

数字资源馆藏建设是一项长期的任务，图书馆应根据不同时期的发展需要，制定切合实际需求的数字资源发展规划，指导数字资源馆藏建设。经过较长时期的积淀，逐步形成具有本馆特色的馆藏体系。

为了更好地、高效地建设数字资源馆藏，需要有相应的配套政策来规范和指导数字资源的建设工作。明确数字资源馆藏的发展目标，提供资源选择和评估标准，规范工作流程，保障数字资源的购置经费。

图书馆应该围绕数字化图书馆的建设目标进行数字资源的建设，不求大而全、要求精，形成本馆的资源特色，在保障读者广泛需求的基础上，全面收藏特色学科资源，要做到人有我全、人无我有。对用户而言，信息的获取除了准确性、方便性外，更重要的是新颖性。图书馆应集中优势，重点建设特色资源，保证其系统性和新颖性，使自己在某类信息资源上占垄断地位，应根据本地区的特点和本馆的性质、任务与读者需求，围绕地区优势、资源优势、学科优势构思并收藏区别于其他单位的、独具特色的数字资源。

数字资源馆藏建设是一个持续发展的有机整体，要按照馆藏发展规划使各类型、各学科的资源增长在一定时期内保持相对稳定的结构比例，同时按学科发展同步发展。注意资源收集的连续性和完整性。要充分考虑各类型的资源，一次文献、二次文献的综合平衡，使读者能够最大限度地获取所需资源或资源线索。

建设本馆数字资源馆藏要注意与其他图书馆文献信息机构协调，将本馆馆藏纳入地区、高校、全国的各类文献资源保障体系中，实现资源的共建共享。在承担义务的同时，要充分利用外部的数字文献资源，通过文献传递等手段为本馆读者服务。

数字资源和纸质文献资源相比，有比较大的差异。对传统的印刷型文献资源而言，在不具备资源共享条件的情况下，图书馆为读者提供服务必须拥有资料，馆藏即为拥有。馆藏是图书馆开展服务工作的基础与前提。数字资源馆藏并非一定要存放在图书馆内部，是以是否可以通过各种途径获取利用为标志。

数字资源形式多样，按存储地点划分可分为虚拟和现实馆藏。虚拟馆藏是指资源存放在图书馆以外的地方，但读者可以通过网络登录的方式使用。现实馆藏是指数字资源以某种存储介质存放在图书馆内部供读者使用。

按使用权限划分可以分为拥有和获取两种方式。拥有方式指图书馆以买断形式将资源永久保留在馆内供读者使用，不管今后是否再次购买，图书馆对已购资源拥有保存权和使用权。获取方式指图书馆按年购买资源的使用权，在规定的时间内供用户使用，一旦超过签约时间，将自动停止服务，必须再次签约付费获得使用权。

按运行方式划分可分为镜像方式和链接方式。图书馆为了使用户更方便快捷地使用数字资源，一般将使用率高的资源在本馆做镜像站点，充分利用内部网络的带宽提高下载速度。链接方式是指通过互联网的超链接功能，将存放在任何地方的资源提供给用户使用。

数字资源的馆藏发展规划应该包括数字资源在图书馆文献采购经费中所占比例以及各类数字资源的构成成分和比例。构成比例具体应包括但不限于：

文种结构：应含中、外文，尤其是英文数字资源。

学科结构：与用户的知识结构相适应，数字化图书馆要与当地的社会经济发展相适应；大学图书馆应包含与本校学科专业设置一致的数字资源；要重点发展与学校特色专业相关的数字资源，在发展学校强势学科资源的同时要兼顾其他学科，做到各学科综合平衡，重点保证重点学科、特色学科需求，基本保证一般学科需求。

水平结构：学术性、资料性及部分学习娱乐性资源；在充分保障学术性、资料性资源的同时要不断向综合性内容上发展，为培养用户的人文素质，适当购置知识类的数字资源。

类型结构：应包括各种形式的电子出版物，如光盘、磁带、网络数据库、讨论站、电子期刊等，从以前的单纯全文数据库向事实型、二次文献、视频资料、图书、学位论文等多方向扩展，形成符合读者各种需要的多类型的数字文献保障体系。

级别结构：虚拟和现实、镜像和链接、拥有和获取并存。科学、合理、适用的电子信息体系应当是：电子信息资源的构成成分既丰富多彩又有层次，且各构成成分之间比例协调、平衡，可满足用户对各种数字资源的需求。

第五章　数字化图书馆文献资源建设与管理研究

第一节　信息时代图书馆文献资源建设探讨

在当前信息时代下，图书馆文献资源主要是馆内资源与馆际之间的共享资源。图书馆不仅要借助于馆内已有的文献资源为读者带来咨询服务，同时还可以依托互联网平台利用馆际共享文献资源开展读者服务，更好地满足广大读者的不同需求。另外，图书馆文献资源建设必须要尽快适应新时期的要求，进一步实现文献资源数字化、网络化、共享化，利用现代信息技术推动自身更快更好地发展。

一、信息时代图书馆文献资源的构成及价值体现

（一）信息时代图书馆文献资源的构成

图书馆馆藏文献资源丰富，读者来自各个领域和阶层，统计数据和文献数据较为丰富且集中。实际上，图书馆需要为各个行业服务，读者服务地有效开展必须以馆藏文献资源作为支撑。所以，新时期下图书馆应当充分认识到文献资源建设工作的重要性，努力开展好以下几方面的工作：一是自建文献资源，一般来说，自建文献资源往往是图书馆特色文献或重要文献；二是购买商业文献资源，在这一过程中图书馆会消耗较多购置成本，可能对预算资金带来影响，大部分图书馆的资金预算有限，所以需要合理规划采购商业文献资源；三是网络文献资源，这属于信息时代图书馆文献资源建设的关键，其具备学术性与免费性等优势。近年来，随着现代信息技术的发展，网络文献资源受到了越来越多的关注，被更多的读者接受和喜爱，逐渐成为图书馆主要文献资源的趋势，因此要引起重视。

（二）图书馆文献资源的价值体现

文献资源属于图书馆的核心资源，为科学研究工作和社会教育等各个行业领域提供了丰富的资料数据，对各行业地持续健康发展具有极大的积极影响。图书

馆文献资源的开发利用价值非常大，因此需要尽快推进落实文献资源建设，坚持以读者需求为出发点和落脚点。进入 21 世纪后，国内各个城市图书馆在文献资源建设方面进行了较为广泛而深入的探索，也积累了丰富的经验，取得了显著成绩。各图书馆应当相互学习借鉴，采取科学的策略对文献资源予以整合、归类、分析与编制，确保馆藏文献资源能够有效促进社会经济发展，助力科研创新活动的开展，满足更多读者的个性化需求，真正发挥出文献资源的价值。

二、信息时代图书馆文献资源建设的对策

（一）文献资源智慧化整合及利用

图书馆应对馆藏文献资源进行科学整合，包含各种数据、不同载体的文献，同时要选择统一标准为其登记"身份信息"；另外，还可以选择二维码、RFID 等物联网技术，让读者可以更加准确地"感知"不同的资源信息，更合理地使用文献资源。图书馆要推进智慧化文献资源的开发利用，加快对纸质文献资源实施数字化处理，例如期刊电子化、书籍数字化，并将数字化的文献资源以及目前已有的数字资源实施连接，建立完善系统的数字化文献资源库，使用户不仅能够跨区域搜索自己需要的文献，还能够实现跨平台和跨载体的检索，同时也可以借助于 PC、移动端来对图书馆内部文献资源进行读取和浏览。

（二）提供多种文献获取、检索途径

在推进探索"互联网＋读者"服务的过程中，图书馆应当建立统一的文献检索平台，以便于读者能够随时随地访问检索平台，并能快速、准确地获取所需的文献资料。另外，图书馆要积极加快 APP 应用程序的开发工作，以便于读者使用移动客户端就可以更加便捷地获得所需要的资源。对于文献资源的下载来说，图书馆应针对纸质文献尽快实施数字化处理，尽可能让馆藏文献都能够进入检索平台，供广大读者进行在线浏览或下载。RFID 等物联网技术的进一步普及应用，为依靠纸质资源的读者带来了更好的获取信息渠道，这部分读者能够自助查询文献，实现自助借还，部分不能亲自到图书馆的读者也能够通过物流途径来实现远程借阅。

（三）建设具有专业特色的数据库

图书馆特色数据库是按照图书馆的馆藏特色以及优势专业，结合广大读者的实际需求，对某一领域如体现地方经济、学科专业以及专题特色的信息展开收集、整理、评价等工作，同时依靠统一的标准和规范化的程序把文献资源数字化，进

而建立特色数据库。在开展好实体馆藏文献资源数字化的前提下，图书馆还应结合具体情况推进信息工程建设，坚持特色和专业规划原则，着重对相关电子文献予以收集，构建系统化、层次感强的特色资源库。因为数据库建设与维护需要投入较大成本，所以图书馆可以采取合作的办法，与当地政府部门、科研机构以及企业之间建立合作关系，依靠各方在人财物方面的优势互补，共同打造专业特色数据库，走出一条共建共享的道路，实现文献资源的优化配置。

（四）进一步拓宽文献来源渠道

图书馆要以现代信息技术为支撑，跨越边界，面向全社会扩展纸质、电子等文献资源的来源渠道。一是可以加强和国际、国内、省内的数字化图书馆、高校图书馆、科研机构图书馆等不同类型图书馆之间的沟通交流，提高文献资源的共享程度；二是积极主动和当地档案馆、博物馆、纪念馆等单位展开合作，互换文献资源的复制件；三是要利用好出版物缴存制度，开发缴存资产价值；四是通过命名、专藏或纪念活动来引导广大读者或社会组织机构捐赠文献资料；五是定期组织读者易书、互荐等活动。

（五）健全信息共建共享的运行机制

一是由当地政府部门带头组织，规划建设各级图书馆的网络资源与管理中心，坚持科学统筹，合理设计，开展现代化图书馆网络共建共享体系基础资源建设的宏观规划。另外，必须要尽快推进文献资源网络建设的政策支持，制定和文献资源共建共享体系相关的法律法规，保证此项工作有章可循、有法可依。二是要借助于相关政策法规来明确共享网络资源中的相关问题，在有效保护知识产权的基础上，为图书馆共建共享运行机制营造良好的政策环境。

（六）提升管理人员信息技术水平

图书馆文献资源建设工作不仅仅从思想观念上对图书馆管理人员提出了新的要求，更关键的是要让图书馆管理人员能够主动适应新时期下图书馆文献资源建设和社会化服务工作的实际需求，应当拥有开展此项工作所具备的信息技术知识，拥有互联网信息搜集获取能力，唯有如此才可以更好地为广大读者服务，真正推动图书馆的发展。所以，图书馆管理人员队伍建设工作的重点在于促进其科技应用能力的不断提升，同时强调针对现代化、信息化、智能化人才的培养工作。图书馆可定期组织开展培训教育活动，采取"引进来"和"走出去"的方式来提高图书馆管理人员的网络信息技术能力。

总而言之，信息时代的来临在很大程度上推动了图书馆运营管理模式的创新和变革，在带来发展机遇的同时也提出了新的挑战。图书馆必须要坚持与时俱进，利用互联网平台和信息技术，主动关注用户需求，实现信息时代的理念、技术创新，落实文献资源建设工作，为更多读者带来优质服务。

第二节　大数据时代图书馆文献资源建设
模式创新探究

信息技术的迅猛发展及大数据时代的到来，使图书馆在转型发展中也实现了文献资源建设模式的创新。基于大数据的时代背景，图书馆文献资源建设更侧重于大数据理念与技术的创新应用，借助大数据进一步优化读者服务体验。

一、大数据的基本特征

网络技术与大数据技术的迅猛发展，使海量的数据转化为无形的财富，为各行各业的发展提供信息及数据支持，成为行业决策的重要参考和依据。大数据倡导的是多维度的数据思考，以详细资料为基础进行真实的决策分析，提高信息回报率。当前，大数据理念逐渐深入人心，大数据应用的成功案例越来越多，大数据产业发展实现了规模化、集聚化，信息共享程度明显提升。

大数据具有以下4个特征：一是数据的海量化，类型多元化。大数据涉及的信息涵盖各个领域，数据种类繁多，音视频图文资料并存。二是数据体积庞大。例如，国际社交网络巨头 Facebook 平台每小时生成的日志数量在 300TB 以上，数据更新快、流动快。三是数据价值高。大数据技术使专业知识在专业领域内集聚，专家学者借助信息平台进行信息共享与沟通，在无形中提高了数据的价值。四是数据流动速度快。当今科技发展日新月异，大数据与时俱进，也具有动态变化性，信息处于不断更替与衍生的状态中。正是因为大数据具有的这些显著特征，其对传统的图书馆文献资源建设造成巨大冲击，所以，图书馆必须做好大数据时代下文献资源建设模式的创新工作。

二、大数据时代图书馆文献资源的基本构成

大数据资源既包括读者数据也涉及统计数据，更牵涉到图书馆核心数据资源。图书馆建设发展的落脚点是读者需求的满足和读者体验的优化，文献资源是一切服务与优化的基础，没有资源就没有价值可言。大数据时代，图书馆文献资源的构成更加多元：第一种是图书馆自建文献，即本馆的馆藏特色体现和特殊的

文献资源建设；第二种是受文献资源购置费的限制，无法大量建设的宝贵资源；第三种是免费而丰富的文献资源，其传播与分享不受时间和空间限制，也可以进行大量的传播和复制，丰富原有的馆藏资源，在经过一段时间后成为图书馆内在的文献资源。第三种文献资源往往与大数据技术联系在一起，在图书馆经费紧张的情况下可以丰富和补充文献资源，优化读者体验，这也是大数据时代图书馆文献资源建设的主导方向。

三、大数据时代图书馆文献资源建设价值

文献资源是图书馆建设发展的基础。无论教学科研还是社会发展都需要文献资源的指导，从本质上来说，文献资源能够推动人类社会的进步和发展。文献资源数据信息对科学研究成果和质量有着决定性的影响。文献资源建设的重点是发挥大数据的时代技术优势，推动图书馆文献资源建设模式的创新，着重点是文献资源库的建设和资源的更新。图书馆必须重视文献资源建设，在进一步汇集、筛选、验证、分类及重新编制文献资源后，助力科研、教学及用户服务。

四、大数据思维指导下的图书馆文献资源建设优化

（一）大数据为文献资源采购提供决策指导

图书馆的大数据来源渠道广、信息种类多，涉及图书馆业务数据、文献数据和用户数据等多种数据类型，用户使用数据是用户在使用图书馆信息资源或信息设施的过程中被计算机存储的行为数据。这些数据是用户偏好的反馈，也是用户阅读习惯、信息诉求的反馈，既有网络中的信息行为数据，也有物理空间中的信息行为数据。大数据技术将这些用户行为数据整合起来，通过优化分析，促进图书馆文献信息采购目标的明确，带动文献信息采购流程的优化，提供能够满足读者多元信息诉求的多样化信息资产。图书馆创新大数据应用，掌握读者使用资源的交互数据，如图书浏览量、数据库访问情况、下载量、检索偏好等，做好各种文献资源的读者利用评估，通过用户检索日志，了解当前图书馆馆藏资源的利用情况，进而指导文献资源采购。通过大数据，无论是图书馆文献资源的采购决策、资源的优化配置，还是数据库的资料调用都能获得科学的数据支持，为图书馆再造文献采购模式提供保障。

（二）大数据推动读者决策采购模式的发展

图书馆文化建设功能的发挥普遍面临经费紧缺的限制。相关调研发现，图书

馆外文纸质期刊和外文数据库购买力都出现不同程度的下降，传统图书馆采取的整库购买或者集团购买的模式已经明显不适用当今的社会发展。在经费紧缺的情况下，图书馆开始尝试按篇付费，这在期刊论文订购方面表现得最为明显，读者按需购买，避免经费及资源的浪费，同时也使读者决策采购的思路更加清晰。读者决策采购即 PDA 采购，其以读者的阅读需求量为分析指标，为图书馆文献资源建设提供决策支持。

（三）大数据创新图书馆资源动态管理机制

大数据实现了图书馆资源的动态管理。图书馆文献资源的建设离不开文献资源的科学组织与整合。以往的图书馆文献资源建设过度重视资源的购买，忽视资源的有效组织和整合，导致文献资源整体建设水平较低。互联网时代知识更新迅速，用户面对纷繁零散的知识点更希望获得完整的知识体系服务，而大数据技术为知识体系的动态建构和检索的有效呈现提供了技术支持。例如，谷歌知识图谱、百度知识图谱等系列搜索引擎的出现，使图书馆资源的动态管理落到实处，用户输入关键词进行检索，既能获得多形式、多知识点的关联结果，又能扩展用户的知识体系，丰富其知识认知。大数据环境下，单一媒体信息是很难吸引读者关注的，而借助移动终端实现图文融合信息资源的接收更受读者青睐。大数据技术与图书馆文献资源建设相融合，能够实现产品的开发、出版、传播和发行，促进音视频资源的整合，提升图书馆文献资源的吸引力。

五、大数据时代下图书馆文献资源建设的创新举措

（一）树立图书馆文献资源大数据思维

大数据时代，各领域对数据的要求逐步由随意向系统转变，对比传统的文献资源数据，大数据时代下的数据更加多样与复杂，而图书馆文献资源建设的优化要求其必须树立大数据思维，对不同用户行为要区别看待，了解用户不同需求，关注用户不同诉求，以大数据为主导，采取读者决策采购方式进行资源建设。同时，图书馆还应充分重视相关数据存储及管理，改变传统的图书馆管理模式。

（二）加强针对图书馆馆员的大数据培训

大数据技术在图书馆文献资源建设中能否得到应用，关键是做好针对图书馆馆员的大数据培训。面对纷繁复杂的信息，技术人员需要对这些信息进行统一集中处理，因此，图书馆应加强针对图书馆馆员的大数据技术培训，引导他们利用相关数据分析工具进行数据的分析预测，利用数据挖掘软件如 Citespace、Rapid

Miner 等实现科学知识图谱的可视化绘制。通过培训，图书馆馆员不仅能及时了解和预测科学发展前沿动态，而且能根据用户的不同需求，提供有针对性、个性化的推送服务。除加强专业培训外，图书馆还要加强对图书馆馆员服务技巧的指导和服务理念的创新宣传，使图书馆馆员意识到大数据的时代价值，积极主动地参与图书馆文献资源建设，实现大数据指导下的图书馆建设管理优化。

（三）做好自动化管理系统的优化升级

当前，图书馆馆藏占比较大的是人文和社科方面的书籍，受多种因素的影响，其质量较低，且馆藏保护不当，损毁严重，严重影响图书馆借阅量的提升。而多数图书馆忽视用户数据信息的收集，无法为用户提供更加全面的决策支持。加强图书馆自动化管理系统的创新升级，能够辅助图书馆馆员基于当前的数据信息反馈，制定图书馆文献资源建设策略。作者的简历、背景及作者在相关领域的著述成就，以及其发表的相关作品、被读者借阅的数量和检索频次等都可以通过大数据自动化管理系统获得。而新书目录被导入图书馆馆藏系统之后，能够实现相同作者不同作品的关联，减少图书馆馆员的工作量，扩大图书馆管理模式的使用范围，促进图书馆文献资源的建设和发展。

目前，大数据的发展是大势所趋，基于大数据时代的特征，发挥大数据技术的优势，做好图书馆的转型应对具有极大的现实必要性。不可否认，大数据技术对图书馆资源评价、选择、组织及服务等工作产生了重要影响，图书馆必须重视大数据技术，树立大数据思维，创新图书馆文献资源建设模式，科学有效地采集、存取及管理相关数据，在数据整合的基础上提炼有效信息，为图书馆管理决策提供数据支持，为读者服务优化奠定理论基础。同时，图书馆也应看到大数据的局限性，在图书馆文献资源建设模式创新中必须结合实际，量力而行。

第三节　基于互联网思维的数字化图书馆馆藏文献资源建设探讨

当前，以互联网为代表的新一代信息技术迅猛发展，深刻影响着数字化图书馆的馆藏文献资源建设工作。如何借鉴互联网思维以充分发挥规模庞大的数字化图书馆馆藏文献资源的社会效益，更好地服务于互联网时代读者日益凸显的个性化和差异化需求，关系到数字化图书馆事业的健康发展，意义重大。

一、互联网思维的基本理念

目前，国内外有关"互联网思维"的概念尚无明确定义，对其的关注和争议主要集中在 IT 界。马云认为，互联网不仅是一种技术和产业，而且还是一种思想和价值观。雷军认为，互联网不是技术，而是一种观念和方法论，其要义是"专注、极致、口碑、快"。有人将"互联网思维"归纳为用户、简约、极致、迭代、流量、社会化、大数据、平台、跨界九大思维；还有人将"互联网思维"提升到精神层面，认为它是充分利用互联网的精神、价值、技术、方法、规则、机会来指导、处理、创新工作的一种思想。由此可见，互联网让人们的思维方式发生了变化，人们希望通过总结和提升，从思想、理论和精神层面产生更有影响力的互联网思维，来改变互联网背景下社会的组织方式和生产方式，从而推动社会更高更快地发展。一般而言，"互联网思维"，是指运用互联网技术及其应用的特点，改善人与人、人与物、人与信息以及物与物之间关系的规律和方法。同时，"互联网思维"还应是一个动态的概念，随着互联网技术的更新和迭代，其内涵与外延还将不断深化和拓展。

二、互联网思维基本类型

（一）用户思维

用户思维是互联网思维的核心，强调组织要站在用户的角度思考问题，把产品、服务做到极致，以最大限度地吸引用户，创造价值。例如，知名的互联网企业——小米公司把满足用户的情感诉求作为服务标准的首位，3000 余人的客服团队通过线上论坛、微博、微信、热线、邮箱以及线下小米之家等渠道为 8 个国家和地区超过 3 亿人的用户提供 7 天 ×24 小时无间断服务，成功把用户转化为粉丝，并进一步把粉丝转化为免费的公司客服。目前，"米粉客服"数量已超过公司的客服员工，两者共同构建了公司的全民客服体系。这一体系不断激发用户自我表达的欲望，提升用户的参与感和黏性，鼓励用户随时随地自带设备参与产品的创意设计和品牌推广，依靠用户的热情、能力和时间碎片来助力小米公司实现超常规发展。数字化图书馆的用户是广大读者，馆藏文献资源的采购、流通等环节均可借鉴小米公司用户服务的成功经验，真正从读者需求的角度实施建设。

（二）平台思维

平台思维是组织基于开放、平等、协作、共享的互联网理念，构建多方互利共赢的生态系统的思维方式。在以互联网为技术支撑的平台上，组织可以对无数供应商、用户以及其他利益相关者进行协调，以实现资源的互联互通、共享共赢。作为公共文化设施，数字化图书馆连接着馆配商、出版社和广大读者乃至整个社会等诸多利益相关者。所以，着力打造以数字化图书馆为关键节点的公共文化服务平台，实现文献资源的互联互通和利益相关者的互利共赢，大有可为。

（三）跨界思维

跨界思维是互联网技术助力组织跨越产业、行业、部门等界限，面向社会调动各种资源，实现从有边界发展到无边界发展的思维方式。仍以小米公司为例，该企业并未设立自己的手机工厂，而是在全球范围内选择产品质量好、成本低的厂商来生产产品，并采取"互联网＋体验店"的新零售模式，针对不同用户需求开展 C2B（Customer to Business，即消费者到企业）定制。目前，小米生态链产品品类已经从智能手机发展为包括智能家居家电、智能健康娱乐等高科技产品以及行李箱等传统商品在内的商品生态圈。作为图书馆基础服务的主要承载者，文献资源如何实现跨界建设可以作为互联网时代数字化图书馆转型发展的重要突破口。

三、数字化图书馆馆藏文献资源建设的优化策略

（一）文献资源采购环节的优化

数字化图书馆文献资源的采购具有品种不确定、品种多复本少、时间分散等特点，主要由馆员依据馆配商 MARC 数据、出版社目录或通过参加订货会等方式进行，普遍存在周期长、效率低、成本高、质量不稳定等问题，较难满足读者日益增长的需求。以纸质图书为例，从采购开始，经过编目、典藏等环节到被读者借阅，一般需要两个月时间，且图书流通率平均仅为 40% 左右，读者不断流失，有限的经费未能充分利用，宝贵的馆藏空间被白白占用。面对这一困境，数字化图书馆可借鉴互联网思维从以下方面优化文献资源的采购工作。

1. 读者参与采购

数字化图书馆的用户是读者，如何了解、掌握读者的需求是文献资源采购工作的难题之一，而互联网无疑为其解决提供了新的思路。天津图书馆、首都图书馆积极利用网站、微信公众号、微博等渠道开展读者荐书活动，内蒙古图书馆、南京图书馆更是相继探索基于互联网的读者参与文献资源采购的实践项目。2014年 5 月，内蒙古图书馆依托自主开发的"借、采、藏"一体化文献资源管理平台，

率先推出名为"彩云服务"的读者参与采购项目。图书在书店被读者推荐后如经管理平台查重通过即进入馆藏，读者可以现场借阅，读完后还可以通过手机扫码直接把该书转借给其他读者。"彩云服务"使读者从采、验、编、藏、借的文献服务流程的最末端被提到了最前端，真正成为文献资源采购的决策者，一方面达成所见即所得的良好用户体验，满足读者的个性化阅读需求；另一方面，明显提高文献资源的采购及时性、针对性和流通率，实现了读者借阅与图书出版的同步，并有效降低了文献流通成本。2016 年 8 月，该项目荣获美国图书馆协会（ALA）"国际图书馆创新项目主席大奖"。而南京图书馆与南图惠风书堂等 3 家馆配商合作推出的"陶风采"读者荐书活动仅用 8 个月的时间就创造了 60218 位读者参与，147095 册图书采购量和 500 万元总码洋的采购佳绩。参与采购活动大大提高了读者的满意度和文献资源的流通率，降低了资产采购成本，为以图书馆为依托、文献资源为载体的读者生态圈的构建奠定了基础，充分发挥了数字化图书馆文献资源的社会效益。

2. 创设采购平台

平台是资源配置的架构。以互联网为技术支撑的平台可以帮助数字化图书馆实现文献资源的有效配置和相关信息的互联互通，与读者、馆配商、出版社、书店、技术运营商、物流服务商、社区等利益相关者乃至整个社会实现共享共赢。田田网是一个集图书馆的文献资源数据采购与 PDA 实体采购、出版社的版权控制与新书发布、读者的借阅与荐购等功能为一体的中文图书纸电同步平台。在此平台上，数字化图书馆可以利用互联网技术进行大数据分析，一站式挑选采购来自全国各地出版机构的文献资源，特别是纸电同步图书，接收并反馈读者的借阅、荐购等信息，实现图书馆文献资源与出版社、读者之间的直接联结，从而有效提高采购工作效率、降低采购成本。

3. 拓宽文献来源

政府财政拨付的数字化图书馆购书经费有限，读者阅读需求不断增长，两者之间始终存在着矛盾。为保证馆藏的系统性和完整性，数字化图书馆除了常规出版物和电子资源外，还需要采购一些发行量较小的地方文献、行业文献、会议文献、内部出版物等，从而更加剧了经费支出与读者需求之间的矛盾。因此，数字化图书馆应基于互联网技术的支持，跨越自身边界，面向社会全方位拓宽纸质、电子等多形态文献资源的来源渠道。具体方式包括：①扩大与国际、国内数字化图书馆、院校图书馆、科研机构图书馆以及其他类型图书馆的馆际交流，加大文献资源互换力度；②广泛与档案馆、博物馆、纪念馆等其他文化单位进行沟通，互换文献资源的重复件、复制件；③加强与馆配商、出版社、书店等上游供应商的合作，开发馆店合作、馆社合作的共享共赢采购模式；④充分利用出版物缴存制度，深入挖掘缴存资产价值；⑤以命名、专藏或纪念活动等多种方式引导读者或其他组织捐赠；⑥积极开展读者易书、互荐等活动，入藏其中有价值的文献资源等。

（二）文献资源流通环节的优化

流通是数字化图书馆读者服务的主要内容。图书馆不断提升读者流通服务水平，优化读者体验，需要依靠人力、物力、财力等资源的大量投入。近年来，数字化图书馆通过设立分馆、自助借还机、开展网上检索、预约、续借等方式努力打破时空限制，促进文献资源的流通，但限于馆舍、设备、经费及员工等条件，仍然不能很好满足读者的个性化需求。对读者而言，数字化图书馆的文献资源浩如烟海，而老年人、残障人士等特殊读者群要想得到心仪的文献更是难上加难。如何借力互联网创新流通服务内容和服务方式，助力读者便捷快速地得到所需文献资源是数字化图书馆要解决的另一难题，具体做法可从以下几方面入手。

1. 引导读者自服务

借鉴小米公司基于用户思维构建全民客服体系的经验，数字化图书馆可以采取积分制、读者分级等多种激励措施，充分发挥读者这一广袤蓝海资源的服务潜力，激发读者主动参与图书馆的流通工作，引导读者实现自服务。具体而言，读者自服务包括读者自我服务和为其他读者服务两个方面。其中，读者自我服务是读者利用数字化图书馆基于用户思维设计的网站、APP 或微信公众号等媒介，以文字、图片、语音、动画等形式实现文献资源的自助查询、精准搜索、定位导航、扫码借阅、评论分享、荐购荐读等功能，便捷获取文献的引文网络、参考引证图谱等详细描绘其相似文献、参考文献、引证文献、关联作者的信息，助力读者的自主深度阅读；为其他读者服务是通过积分、荣誉榜等多种形式鼓励读者为其他读者提供上门借书、还书、推荐导读、交流分享等服务。此外，还可以通过读者之间手机扫码等方式完成文献转借等，实现文献资源流通的去中心化，降低流通成本。

2. 搭建流通平台

一方面，图书馆可在馆内通过把所有的文献资源数据按规范的文献类型和统一的分类标准进行详细记录，构建在元数据仓储上的文献资源管理平台，打破纸质文献资源、数字文献资源与珍贵典藏等数据库之间的壁垒，以实现不同形态文献资源的有效流通；另一方面，图书馆可在馆外搭建以互联网为支撑，以数字化图书馆、博物馆、艺术馆、美术馆等文化单位为主体，政府、馆配商、读者、社区、其他文化单位等利益相关者广泛参与的公共文化服务平台，以更加充分地实现文献资源的顺畅流转。其具体方式有：①利用院校图书馆、科研单位图书馆、博物馆、艺术馆、社区文化中心、公司员工活动室等单位的场地和设备开展图书期刊的借还、数据库的查询访问等服务；②与高校、科研院所等单位加强合作，针对读者群的专业需求，不断完善馆际互借等合作项目，着力提高专业文献资源的流通率；③依托博物馆、艺术馆、美术馆、中小学及高校等单位举办的主题展览及各种活动，同步开展线上线下的图书荐读、专家导读、数据库推介、读者交流等项目。如天津市河西区少年儿童图书馆推出的藏书票活动，该活动联合学校、专家学者、媒体、社交平台等各方力量，通过举办讲座、实地参观和技术交流等形式吸引广大中小学生、读者参与，并与学校的美术课程相融合，取得了良好的社会效益。

3. 实现跨界流通

在互联网技术支持下，数字化图书馆除了与艺术馆、博物馆、美术馆等其他公共文化机构进行行业内合作，还可以与以下业态进行跨部门合作，打通读者到图书馆的"最后一公里"，实现文献资源的跨界流通。

① 与居家养老、老人食堂等社区服务融合，为老年读者和残障人士提供便捷的流通服务；

② 与本地生活服务平台、母婴健康医疗平台等联手，共同推出一体化上门服务；

③ 与物流公司等物流平台建立联结，为交通不便或时间不便的上班族、外地务工人员、学校学生等读者群服务；

④ 与乡村县域流通公共平台等对接，为广大农村读者服务；

⑤ 与地铁公司、公交公司、共享单车等公共交通业态实现贯通，在人流量大的应用场景设置便利借还点和数据库接口；

⑥ 在医院、中小学校、幼儿园等需求目标可区分的应用场景设计针对性较强的移动图书馆，为患者及家属、学生及家长等特定读者群服务等。

（三）文献资源处置环节的优化

文献资源的处置是在保存馆藏文献、发挥馆藏效益的前提下，数字化图书馆遵循相关的原则与标准，对占有、使用的文献资源进行产权转移或注销的行为。文献资源处置的对象包括书刊复本；内容陈旧或不健康的文献资源；遗失的文献资源；破损污损、书脊断裂、开胶开线、页码不全的纸质文献资源以及介质损坏、超期的数字文献资源等。借助互联网技术，数字化图书馆可以精确查找一段时期内从未流通过或极少流通的文献资源及其所在类目，分析各个文献资源甚至其每一件复本的流通数据和存在状态，为处置文献资源提供依据，并可相应调整该类目资产的采购策略。值得注意的是，数字化图书馆的文献资源属于国有文化资产，其处置需要严格遵循国有资产管理的相关规定。目前，数字化图书馆一般只对有确凿证据证明并且已完成处置过程的文献资源进行处置，如收到读者赔偿款并上缴国库的遗失书刊等，而对内容、品相无法使用的其他文献资源则下架封存，并在数据库中详细记录待处置资产的所有信息，待相关规定出台后再进行处理。

馆藏文献资源是数字化图书馆开展读者服务的重要载体。随着新兴技术的层出不穷，管理实践的发展亦永无止境。数字化图书馆应不断加强馆藏文献资源的建设，持续提升服务水平，真正做到"读者第一，服务至上"，在公共文化服务事业中发挥更加重要的作用。

第六章 数字化图书馆人力资源建设与管理研究

第一节 数字化图书馆人力资源开发与管理探讨

人力资源开发与管理，就是使用合格的人员对组织结构中的职位进行填充和不断填充的过程，它包括明确组织的人员需求，把握现有人力资源的状况，以及招募、选拔、安置、提拔、考评、奖酬、培训和培养等一系列活动。就图书馆物质资源和人力资源的关系而言，人始终处于主导地位，图书馆物质资源的有用性是通过人的作用才得以发挥出来的。由此可以看出，信息时代图书馆建设的最根本问题是人力资源开发与管理。

一、数字化图书馆人力资源的现状

在当今时代，科学技术突飞猛进，图书馆资源建设也面临着巨大挑战。在信息社会中，图书馆学界应改变过去旧的思维方式，努力跟上现代信息技术的发展步伐。图书馆作为知识信息的传播中心，发展的关键在于信息、知识和创造性，只有增强自己的硬实力，充分利用技术和信息才能更好地为社会服务，而这一切都要以优质的人力资源为支撑。

图书馆的资源包括场地、图书、人员、资金、设备、技术等，其中人力资源居于最为重要的地位。但从对当前图书馆从业人员的调查结果来看，我国很多图书馆都普遍面临人才匮乏的窘境，现有的部分从业人员知识老化，一些图书馆馆员不能熟练运用电脑和电子信息系统，缺乏创新观念，对于逐步走向网络化、数字化、智慧化的图书馆工作难以胜任。

21世纪是信息时代、知识经济时代，科学技术引领着时代的发展。然而，不可否认的是图书馆人力资源的思维理念、整体素质、知识结构等并不乐观。时代的发展对图书馆工作提出了更高的要求。从人力资源需求方面来看，图书馆的基本职能、服务社会都发生了改变，过去传统的工作方式与方法也要随之发生改变，而图书馆工作性质的改变、范围的拓展，要求图书馆必须培养大批具有更高素质、更高能力的新型人才，尤其是熟练运用电脑、网络系统的专业人才。

二、图书馆人力资源开发与管理的必要性

进入 21 世纪后，科技迅猛发展，图书馆工作需要高素质的人才来为用户提供更加高效的服务。在此背景下，图书馆人力资源开发与管理的重要性日益显现。图书馆人力资源的开发与管理工作的重心是最大限度地调动图书馆馆员的积极性、主动性和创造性，并充分发挥他们的最大潜能。

（一）人力资源开发与管理有助于发挥图书馆馆员的主动性和创造性

图书馆人力资源管理的核心在于重视人的因素，注重对人的培养、考评、合理使用及开发人的潜能，充分发挥图书馆人员的主观能动性与创造性。人力资源管理是以人为主的管理，是以提高工作绩效为目标的管理。工业社会的管理是以物为主的，信息社会的管理就是要通过开发人的潜能，全面激发人的活力，使图书馆馆员在工作中体现自身的素质和能力，切实体验到图书馆人的真正价值，真正成为读者的贴心朋友，在日常服务中体现出人性化与个性化。

（二）人力资源开发与管理有助于激发图书馆馆员的活力

一直以来，受传统观念的影响以及人事制度本身存在的问题，图书馆个别从业人员在服务中缺乏积极向上的工作主动性，难以发挥自身活力。人力资源管理强调人本原理，重视人的作用，就是要建立一种良性运转的工作机制，通过对员工的日常工作进行考核和评价，通过奖惩和激励，提倡优胜劣汰、竞争上岗。只有使图书馆馆员具有较强的自身素质、竞争意识、向上的活力，才能够将其个人的潜能和自身价值充分发挥，进而提高图书馆服务用户的能力。

（三）人力资源开发与管理有助于形成良好的工作环境

马斯洛的需求层次理论认为，人有不同层次的需求，由低级的需求开始逐渐向上发展到高级的需求，只有低层次需求得到充分满足后，高层次的需求才显现出其激励作用。图书馆优秀人才流失的一个重要原因就在于人的基本需求没有得到充分满足。所以，图书馆要让图书馆人员认识到自身价值，满足发展的需求，依靠图书馆的优良工作环境来吸引人才、留住人才。

（四）人力资源开发与管理有助于培养高素质的人才

图书馆工作要想实现预期目标，取得更大的发展，必须合理规划和利用现有的工作人员，发挥每名员工的能力和特长。图书馆的工作人员是图书馆的管理人员，应该主动发挥积极作用。人的觉悟、性格、能力、情绪等各有特点，互有差异。只有根据不同岗位的需要，合理安排相应的人员，才利于图书馆的工作持久开展。

（五）人力资源开发与管理有助于目标的实现

图书馆的目标是从自身实际出发，在未来一定时期所要达到的预期成果，它为图书馆管理工作指明了方向。人力资源开发与管理能够对图书馆馆员工形成凝聚力，极大地激发成员的工作热情。只有明确图书馆的工作目标，才能激励员工做好本职工作，创造最佳成绩。每一名员工的发展与图书馆的目标息息相关，图书馆的发展离不开个人的发展，人力资源管理应有效地将二者紧密联系起来，使组织目标与个人目标取得最大程度的和谐统一。

三、图书馆人力资源开发与管理的路径选择

（一）树立新型人力资源管理理念

根据经济学基本原理，在生产过程中，技术条件不变的情况下，其中某一要素在投入达到一定量的情况下，所得现收益会呈现递减的趋势。在此原理下，人力资源管理观念的更新至关重要。图书馆人员的选择和使用是一个自我强化的过程。随着新知识、新技术的发展，图书馆馆员的个人能力和个性完善会发生质的变化，人力资源的投入会带来更高的收益，是一种投入效益增加资本。所以，图书馆应树立新的人力资源管理理念，加强对高素质图书馆馆员的培养，用新型管理模式有效激励专业人才，充分发挥图书馆馆员的主动性和创造性。

（二）优化资源环境，增强凝聚力和向心力

目前，专业人才的缺乏和流失已经成为制约图书馆发展的瓶颈。人们的认识普遍存在误区，图书馆工作人员收入低，是一项不需要专业技术，谁都可以胜任的工作。受此观念的影响，高校图书专业的学生毕业后不愿意从事图书馆工作，有专业知识和技能的图书馆馆员感到自身价值没有得到体现，出现了图书馆馆员向其他部门转行的现象。因此，优化图书馆工作环境，增强图书馆馆员的归属感和自豪感，增强其学习的积极性和主动性，成为促进图书馆人力资源开发和管理的重要工作。要营造良好的工作环境，首先要严把人才引进关，专业人做专业事，使图书馆馆员的工作受到尊重，才能"人尽其才，人乐其岗"。其次，建立按劳

取酬的分配制度，个人收入与从事的岗位、责任和贡献的大小挂钩，增强其责任感和成就感。最后，加强图书馆馆员的学习交流，通过学习新知识、新技术，增强图书馆馆员队伍的凝聚力。

（三）加强图书馆馆员的专业培训

作为人力资源管理的重要组成部分，人员培训是图书馆高效运转的重要途径之一。对图书馆从业人员的培训，可以从以下两个方面着手：一是要明确培训目标。目标是管理的必要条件之一，人力资源管理以实现目标为行动指向。因此，为图书馆馆员设定明确、可考核的目标，成为提高图书馆从业人员培训效果的首要工作。二是要加强培训的针对性和灵活性。图书馆工作具有特殊性，对专业技术要求非常高。所以，在人员培训中必须具有针对性，要切实提高图书馆馆员的基本技能，注重培训的实用性、操作性。培训方式要灵活多样，避免"一言堂"和"满堂灌"，注意加强教学双方的相互交流和沟通，激发培训人员的学习热情。一般来说，参加培训的学员已经具备一定理论基础和实践经验，如果是单一的灌输，就可能造成知识灌输的重复和单调，使学员产生逆反心理，从而难以进行认真学习和探讨，也就失去了培训的意义。

（四）建立良好的激励机制，提高工作效率

图书馆人力资源开发和管理工作中的一个重要方面，就是要满足从业人员的基本需求，提高工作效率。所以，图书馆不仅要重视对员工物质方面的奖励，更应该注重精神方面的激励，通过提高从业人员满足度和归属感，促进图书馆工作的良性发展。图书馆可通过加强对图书馆馆员的职业道德教育，使员工提高自身素质，感受到关爱，在工作中乐于承担更多的责任。具体说来，图书馆应根据人员的不同需求，给予不同的激励方式，从而使图书馆馆员能够通过自身努力、团队协作，实现预期设定的目标，从而在工作中充满信心与活力，乐于为图书馆事业做出贡献。

综上所述，人类已经步入高科技、信息化时代，新时代带来更多的机遇，同时也会带来更加激烈的竞争，给我们的工作、学习和生活带来巨大的冲击和影响。面对新时代的挑战，图书馆要加强人力资源的开发与管理，提高图书馆馆员的专业知识和基本技能，这对图书馆具有极其重要的战略意义。只有重视人才、关心人才，树立新型人力资源管理的科学理念，创新图书馆的服务与管理，才能促使图书馆事业得到更快、更持久的发展。

第二节 基于内源发展的数字化图书馆人力资源制度探究

图书馆的内源发展模式是指图书馆依靠政府投入与政策保障，在保证运营的前提下，基于人力资源整体素质提高、加强精细化管理的自我发展与创新发展模式，它包括现有资源的组织与整合、业务模式的创新与实践、公共文化产品的开发与满足等。在数字化图书馆的发展过程中，除了需要政府在政策法制、资金等方面的保障外，还应建立起符合自身发展特点又契合事业发展需要的一支运营与管理数字化图书馆的团队。人才建设的关键在于制度创新，一方面是国家及政府相关的人事管理制度与环境的创新；另一方面是组织内部（图书馆）自身的人力资源管理制度的创新。本节讨论的重点就是图书馆自身的人力资源制度建设策略。

一、数字化图书馆人力资源制度的分类分析

图书馆的人力资源制度因各馆规模、等级、地域等有所差别，但基本可分为行政管理、业务管理、职业管理三类（见表6-1）。

表6-1 数字化图书馆人力资源制度分类表

类型	特征	内涵	例举
行政管理类	强制性	以政策法规为基础，基于员工的保障制度	劳动合同管理制度、薪酬制度、职业安全与保护制度、社会保障制度等
业务管理类	基础性	以图书馆行业为基础，立足于业务发展与进步的基础制度	员工手册、人力资源规划、岗位管理制度、定期考核制度、培训制度等
职业管理类	成长性	以现代人力资源管理为基础，强调人本主义，关注员工与事业共同成长的制度	新员工培训与见习制度、职业生涯发展规划、员工合理化建议制度、员工申诉制度、干部竞聘上岗制度、后备干部管理制度等

（一）行政管理类人力资源管理制度

此类制度以政策法规为基础，其主要功能是建立起从业人员的安全保障，包括劳动合同管理制度、薪酬制度、职业安全与保护制度、社会保障制度等。在我

国劳动法中明确规定，用人单位必须与员工签订劳动合同与社会保障，而在《事业单位人事管理条例》中也明确规定：事业单位与工作人员建立人事关系，应当订立书面聘用合同，并且对合同签订的内容与形式及合同的解除方式等都有明确的要求。这表明了国家法律对劳动者权益的保护与保障。劳动合同中通常规定了薪酬制度，薪酬必须符合最低工资保障的要求，而且社会保障制度一般也会在薪酬体系中体现，它主要包括如"五险一金"（基本养老保险、基本医疗保险、失业保险、工伤保险和生育保险以及住房公积金）等。在实际用工中，各数字化图书馆编制外用工还包括必须购买的社会保险。部分相对条件较好的数字化图书馆还可以建立起其他福利与保障制度，如员工比较关心的医疗保险制度、住房及其他福利与保障制度，等等。

职业安全与保护制度相对缺失与图书馆从业人员危险系数较小有关。事实上，每个数字化图书馆都为员工购买了工伤保险，这也是法规的强制性要求，但是数字化图书馆对员工其他方面的职业安全与保护还有待加强。如在一些地区，数字化图书馆按照有毒有害的从业人员，法律规定为图书馆从业人员增加了相应工资福利保障，还有些数字化图书馆建立了防暑防寒制度、发放劳动保护用品制度，等等，但此类制度实施的整体占比很小。

（二）业务管理类人力资源管理制度

员工手册、人力资源规划、岗位管理制度、定期考核制度、培训制度等是数字化图书馆人力资源制度建设的基础性内容，虽然不是强制性法规约束，但这些制度立足于图书馆行业发展的需要，以图书馆业务进步与业务提升为宗旨，也可以说是具备初步的人力资源管理观念的基础性制度。这些制度基本上都着眼于数字化图书馆人力资源管理制度的整体目标与发展，其作用主要体现在以下几方面。

1.提升精细化管理能力

员工手册是图书馆标准化服务与管理的一个重要工具，在大型的企业人力资源管理内容中，这是一项非常重要的制度建设。员工手册通常包括员工的服务标准、组织中的技术标准及培训标准等，也包括一些重要的仪式与程序的固化。如上海图书馆较早地建立了员工手册管理制度；安徽省图书馆引入ISO9000质量管理体系以强化规范图书馆的服务。定期考核制度是指数字化图书馆对员工的工作进行定期的考核与管理，以求纠正工作偏差，及时发现问题，总结经验，鼓励与鞭策员工实现工作目标。同时，定期考核制度也是实现工作业务精细管理的重要手段之一。过去，数字化图书馆的制度建设往往重视宏大的规划和战略管理等内容，对细致的流程控制、标准化服务的推进、集约化的管理模式等研究不够。近年来，业界对此越来越重视并形成共识。

2. 提升团队的整体素质和能力

数字化图书馆通过人力资源规划制度对人力资源工作进行管理和建设，使馆员在对业务模式的适应及对图书馆业务需求的契合上得到不断加强，达到建设"数量合理、结构优化、素质优良、有良好职业道德与服务能力的人才队伍"的目标。在规划编制中，各个图书馆都有专门的人力资源建设内容，这也是数字化图书馆人才素质得到不断提升的重要原因之一。

人员招聘与录用制度是较快提升数字化图书馆人力资源整体素质与适应性需要的重要手段之一。每年全国都有不少人员通过此类制度进入图书馆。图书馆招聘的人员一般包括专业技术人员和储备性人才，按照我国的人才建设整体环境与各数字化图书馆招聘思路，各数字化图书馆一般更注重储备性人才招聘，不过也存在少量高层次的人才招聘，如国家图书馆曾在全国范围内招聘首席专家等。

3. 提升人才队伍的专业技能

岗位管理制度既是事业单位人事制度改革的关键内容之一，也是当前人事制度改革的核心与基础。岗位管理的核心是因事设岗，按岗取人。国家有文件明确规定：事业单位全面实行聘用制，按岗聘用，所以岗位管理是核心与基础。通过聘用制度转换事业单位的用人机制，可以实现事业单位人事管理由身份管理向岗位管理转变，由单纯行政管理向法制管理转变，由行政依附关系向平等人事主体转变，由国家用人向单位用人转变。在岗位管理中，图书馆注重员工的培训，数字化图书馆对于员工的培训内容多种多样，有学历培训、专业培训、礼仪培训、体能培训等；培训的形式也多种多样，如在岗培训、脱产培训、交流培训、会议培训等。岗位管理制度与培训制度注重的是对现有人员的内部挖潜与提高，前者是通过内部流动与竞争机制来促进员工提升，后者是直接以再教育的方式提升员工的业务素养，这两类制度都可以实现提升人才队伍专业技能的目标。

（三）职业管理类人力资源管理制度

职业管理类的人力资源管理制度在管理中应体现发展性要求，关注员工的成长与人才队伍整体的提升。此类制度包括新员工培训与见习制度、职业生涯发展规划、员工合理化建议制度、员工申诉制度、干部竞聘上岗制度、后备干部管理制度。这6项制度是以现代人力资源管理为基础，强调人本主义，从个人成长角度关心图书馆馆员和图书馆事业共同进步与发展，强调组织能力与发展创新的内源发展模式。

1. 开展入职培训，提升团队凝聚力

新员工的入职培训以了解单位和基本业务为主要内容，这一培训对于推广组织文化，并让新员工尽快融入图书馆集体有着积极影响。目前，新员工的入职培训得到广泛认同，表明数字化图书馆人力资源管理中普遍重视图书馆的组织文化建设与业务建设。

2. 建立竞聘机制，培育中坚力量

干部管理制度包括干部竞聘制度和后备干部管理制度。干部竞聘在数字化图书馆中有两种情况：馆领导竞聘与中层干部竞聘。前者的竞聘组织程序一般来自数字化图书馆的主管机构，而非数字化图书馆本身，这也是当前我国事业单位干部的管理模式。中层干部的竞聘是由数字化图书馆组织与实施，在公开、公平、公正的竞聘原则下进行的。后备干部管理制度也是干部产生的一种有效的实施制度，根据党管干部的原则，后备干部的管理必不可少，这一制度可以让优秀干部的成长得到有力的政治保障，使其业务能力有较快的提升。

3. 规划职业生涯，契合个人与事业共发展

职业生涯发展规划是指组织依据员工的特点与组织的需要对员工的职业生涯给予规划与设计，给予员工展示自身才能的机会与平台的同时促进组织发展与进步。个体一旦进入组织中，个人的职业规划就必须与组织联系在一起。规划是管理的首要之义，其目的在于实现人们的预期目标。职业规划包括评估个人的能力兴趣，设计职业目标，发现并给予员工实现目标的职业机会等。管理制度是刚性的，需要在制度建设上进行柔性的制度设计与操作。程序的公正有时会比实体的公正更重要。哈耶克也曾说过："人类最深重的灾难，都是由好人以最正义的名义施行的。"笔者认为，让被约束和管理的对象可以表达其想法的制度设计很重要，建立员工申诉制度才能更有效地保障管理的效率与公平。

二、提升人力资源制度建设的策略分析

传统的人力资源管理通常致力于行政事务的处理，如薪资管理、日常考核、考勤、上传下达等，这些任务如果构成了人力资源管理部门的主要或全部工作，那么人力资源管理就会缺乏前瞻性和创新力。将人力资源制度纳入业务建设的内容中，将个人的成长与事业的发展紧密结合，充分发挥员工的创造力与活力，才是提升组织内源发展能力的基础。在数字化图书馆的发展制度建设上，我们需要坚持合理的策略，结合每项制度的特征和图书馆发展的要求，做好制度建设设计（见图6-1）。

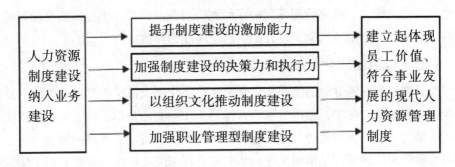

图6-1　人力资源制度建设策略分析图

（一）发挥制度建设的激励作用

建立合理激励制度是提升制度管理的关键所在。薪酬制度是激励的核心，同时也包括其他激励手段，如精神奖励与培训奖励等。以薪酬制度为例，数字化图书馆因为地区差异，各馆的财务收支、分配能力等不尽相同。近年来，随着各数字化图书馆岗位管理制度的推进及绩效工资的实施，从业人员的工资福利因岗位与职责不同而不同，原来平均的"大锅饭"现象越来越少。2011年以来，人社部关于事业单位分类改革的方案，以及配套建立起的工资制度改革，进一步完善了数字化图书馆薪酬体系。尽管其中有许多强制性的要求，但是各数字化图书馆关于绩效工资的分配仍然具备一定的自主性，各数字化图书馆可以结合实际，制定分配方案，报送相关部门审批后发放。数字化图书馆建立的薪酬激励制度，大大提高了员工的工作积极性、创新能力和自我发展能力。

数字化图书馆通过奖勤、奖优等制度建设引导员工成长，是一个灵活多样、积极有效的手段。数字化图书馆的奖励包括物质与精神奖励，如有关于业务完成的奖励，为数字化图书馆取得荣誉的奖励，学术与科研的奖励等。一般而言，数字化图书馆科学合理的奖励制度建设，可以极大激发员工的工作积极性。

（二）加强制度建设的决策力和执行力

决策力与执行力是管理制度得以实施的重要能力，它决定了制度与实践结合并统一。如果没有决策力与执行力，再完善的制度设计也必将成为空话。数字化图书馆实行馆长负责制度，馆领导是单位核心与关键政策和制度的制定者与推动者。对数字化图书馆而言，其发展的优劣直接受到馆领导的影响。所以各级政府与主管部门从法规与选任机制上，都非常重视馆领导的选任。执行力的核心在员工。执行力与管理能力息息相关，其中包括岗位管理制度能否做到选人适任、能上能下等。所以，加强制度建设的决策力和执行力，二者缺一不可。图书馆可以通过不同的岗位轮换，使管理部门与业务部门得到相互体验，提高业务部门的全局思维与协作能力，强化管理部门的保障意识与服务意识；也可以建立起如危机应对、突发事件的反应机制，提升团队的应对能力与执行能力。

（三）以组织文化推动制度建设

是否建立起积极健康的组织文化是衡量数字化图书馆是否具备活力的一项重要指标。在组织文化中，新进员工能否得到工作经验的分享、员工能否在工作上得到帮助与认同、上司是否对员工有着公正的评价、员工是否有归属感、是否对图书馆价值观认同等都是组织文化好坏的体现。组织文化的实施将有利于团队的凝聚力与对管理制度的认同。如果员工愿意付出本职工作以外的努力，则说明该员工有着较高的职业荣誉与使命感，在工作中能够发挥主观能动性，能够做出更大的贡献。

组织文化的建设需要长期的推动与引导，如果数字化图书馆推行的组织文化与其实际的组织文化之间存在差异，员工对单位倡导的组织文化与价值观认同度相对较低，那就可能造成潜规则盛行，将明显不利于图书馆人才团队的建设，不利于组织能力的提升。

（四）加强职业管理型制度建设

在当前数字化图书馆的人力资源管理制度建设中存在一个共同的弊端，即对于集体的发展与宏观的规划思考得多，对于员工的个人关怀不够。个人的成长其实是与图书馆的发展联系在一起的，图书馆的成长依赖于个人的进步。数字化图书馆建立起更多职业管理型的人力资源管理制度。数字化图书馆对员工的个人成长关注越多，员工对于组织的信任度与工作的投入度必将越高，员工的忠诚度也会随之提高，这是制度设计时必须要考虑到的一个环节。只有这样，数字化图书馆才能得到更多优秀员工的支持，促进更多优秀员工的成长，进而推动数字化图书馆事业的发展与进步。

人才是创新之本，创新的事业呼唤创新人才。现阶段，数字化图书馆的人力资源管理与制度建设的基本观念已经形成，并得到较好的实施。人力资源是数字化图书馆最重要的资产，也是其发展的根本。只有通过制度建设，实现精细化管理，才能促进员工进步，提升团队效能，推动图书馆创新发展。

第三节　马斯洛需求层次理论在图书馆
人力资源管理中的应用探究

在技术创新和信息化时代，图书馆的管理和服务面临转型升级，从传统以书为中心转向以人为中心，所以，图书馆必须建立"以人为本"的服务理念和管理机制。马斯洛需求层次理论是人力资源管理中的重要理论之一，要保证图书馆能够长期发展，把马斯洛需求层次理论运用到图书馆人力资源管理中是很好的举措之一。

一、用马斯洛的需求层次理论看图书馆"以人为本"的管理理念

在当前知识经济时代，人们自我意识觉醒，越来越关注自身精神方面的需求，因此，图书馆人力资源管理领导者必须意识到馆员的主体需求是图书馆发展的根本动力，要重视馆员的个人发展需求，进行和谐有序的人性化管理。图书馆目前倡导"以人为本"管理理念，强调"以读者为中心"，把读者放在第一位。其实在图书馆工作中，读者是服务客体，馆员是提供服务的主体，无论读者还是图书馆馆员，都是不可忽视的对象，以人为本的管理，服务上以读者为本，管理上则以馆员为本，因为馆员是直接提供服务的人。

"以人为本"指在管理过程中以员工为出发点和中心，围绕激发和调动人的主动性、积极性和创造性展开，实现员工与图书馆的共同发展，在管理上要体现出"人性、人文、人道"。"人性"就是以尊重员工为前提、爱护员工为基础，使员工在工作中能得到相当程度的心理满足；"人文"是把中国传统的人文精神融入管理，按照员工个体需求进行不同层次的管理，促进员工的全面发展，激发其积极性和创造性，创建企业的团队精神；"人道"是以员工为出发点，关注员工的价值，坚信个人自主性与社会责任感的和谐统一。

"以人为本"所体现的"人性、人文、人道"的管理思想，以满足人的多层次需求为出发点，这与马斯洛需求层次理论有着极大的契合之处。马斯洛理论把人的需求分成生理需求、安全需求、社交需求、尊重需求和自我实现需求五类，依次由较低层次到较高层次排列，前三类属于低一级的需求，这些需求通过外部条件就可以满足；尊重需求和自我实现需求是高级需求，它们是通过内部因素才

能满足，而且一个人对尊重和自我实现的需求是无止境的，是发自内心的、渴求发展和实现自身潜能的需求，尊重需求得到满足能使人对自己充满信心，对社会满腔热情，体验到自己的价值，自我实现需求可以使主体努力实现自己的潜力，越来越成为自己所期望的人。马斯洛的早期著作中还提及求知需要和审美需求，他认为二者应居于尊重需求与自我实现需求之间。

基于人类需求的人才管理，很大程度上就是满足员工的高层次需求，以科学的方法使人和事相配合，激发其行为动机，起到激励的效果，最大限度发挥人的潜能。

二、马斯洛需求层次理论在图书馆人力资源管理中的应用策略

图书馆人力资源管理应满足馆员的求知需求，建立科学合理的育人机制，以满足馆员的尊重需求和自我实现需求，实行人性化管理，完善考核评估制度、引入竞争上进的激励机制，使馆员个人规划与图书馆长远目标一致，达到共同发展。

（一）教育与培训满足馆员求知需求，应对时代发展角色需要

每一个想在图书馆有所作为、干一番事业的图书馆工作者，都会有求知需求、尊重需求和自我实现需求。求知需求是人类认识、理解、探索和新奇的需求，它包括好奇心、求知欲、探索心理及对事物的认知和理解。

在信息技术飞速发展的今天，图书馆馆员的求知需求会激发其学习动机，希望通过培训和教育开发新的工作技能、提高创新能力，因此，人才管理中应对馆员进行职业生涯管理，建立起人才培训机制，为馆员提供入职培训、在职培训、学历教育、职业发展等，以满足馆员的求知需求，这样既可以让馆员增长知识、更深刻地认识自己的工作，又有助于本人职业生涯的发展。对于图书馆来说，馆员的知识水平和素质直接关系到图书馆自身的发展潜力，有效的学习能增强图书馆的竞争力。

现阶段图书馆的服务模式趋向"一站式""超市化"，为读者提供全开放的藏、阅、借、询一体的管理模式，这样方便了读者的同时，也对馆员的素质和能力提出了更高要求。新的服务模式使读者与图书"零距离"，同时也拉近了读者与馆员之间的距离，如何与读者沟通、如何处理读者投诉、如何指引读者在"茫茫书海"中找到所需资料，都要求图书馆馆员具备相应的技巧和熟练的业务能力。所以，图书馆必须对馆员开展全方位的培训，如服务礼仪的培训，可以规范馆员的

着装、用语、仪容仪表、精神风貌；服务技能的培训，可以提高馆员处理投诉、与读者沟通的技巧；业务知识的培训，可以帮助馆员熟悉本岗位工作，更好地解答读者咨询、帮助读者准确快速查找到所需资料。

知识经济时代的图书馆服务向高深发展，为读者提供知识型服务，图书馆引进人才的同时，也要鼓励在职馆员继续深造，通过教育与培训满足馆员的求知需求。尊重馆员个人意愿，合理规划个人发展，开发个人潜能，应对时代发展的需要，与图书馆的长远发展目标相结合，才能在图书馆发展的每一个阶段，培养出适合不同岗位需求的人才，当图书馆开展一种新的管理模式时，馆员才能及时转换新角色，迎接新挑战。

（二）人性化管理满足员工尊重需求，构建高效的和谐型组织

尊重需求既包括对成就或自我价值的个人感觉，也包括他人对自己的认可与尊重。人人都希望个人能力和成就得到社会的认可，尊重需求得到满足，使他人对自己充满信心，对社会满腔热情，体验到自我价值。

图书馆工作繁杂且平凡，馆员内心有着强烈的尊重需求。因此，图书馆应进行人性化的人力资源管理，以尊重员工为前提，爱护员工为基础，充分考虑人性特点，关注馆员的价值，把员工当成图书馆真正重要的资源，尊重他们的人格，相信他们的能力，激发他们的主人翁意识，为他们提供理想的工作环境，营造平等和谐的文化氛围，让每一个员工努力工作的成果都能得到肯定和认同，从而对图书馆职业产生责任感、归属感和认同感。

图书馆人力资源管理中要对应馆员个体之间的差异，满足他们的不同需求，按照个体需求进行不同层次的管理，发挥人的自主性和主观能动性，使个人自主性与社会责任感和谐统一，创建出高效和谐型组织。如对实干型馆员让他们承担更多的责任，彰显领导的器重和信任，并经常表扬、肯定他们的工作；对知识型馆员，他们工作更多是追求成就感，工作中注重思考和分析，有很强的自主性，对此要给予肯定和尊重；对服务型馆员，在公共场合表扬他们对图书馆所做的贡献，让他们受到激励后更好地回报到图书馆工作中。管理中讲求平等，对待不同工作岗位的馆员，无论是采购、分编、信息咨询、自动化管理人员，还是书库、流通等工作人员，均应以礼相待，一视同仁。只有领导者尊重馆员，馆员才会更好地尊重上级，配合上级领导的工作。所以，图书馆领导者要加强民主管理与民主决策，增强馆员的主人翁意识，鼓励馆员积极参与管理，为图书馆发展出谋献策。馆员参与管理的过程，满足了员工的尊重需求，使其人格平等得到尊重，激发起内在潜力，使其为了进一步实现自我价值而努力工作。

管理中要注重沟通，领导者与馆员之间是扁平型关系。领导者应与馆员直接交流、沟通，通过良好沟通彼此交换信息、减少隔阂，学会用心倾听馆员的心声，关注他们的想法，协助其成长，鼓励其进取，了解他们的工作意向，帮助他们解决问题，并通过良好沟通化解冲突，消除误会等。领导者应在馆员之间、部门之间、上下级之间营建和谐、融洽的人际关系，使图书馆具有凝聚力和向心力，各成员在工作中只有身心愉悦，才能提升工作效率，构建高效的和谐型组织。

（三）激励机制满足员工自我实现需求，提升图书馆核心竞争力

自我实现需求是最高层次的需求，是努力发掘自身潜力，使自己越来越成为所期望的人。达到自我实现境界的人，接受自己也接受他人，解决问题的能力增强，自觉性提高，善于独立处事，完成与自己能力相称的一切事情的需要。也就是说，人必须干称职的工作，这样才会使他们感到最大的快乐。

马斯洛提出，为满足自我实现需要所采取的途径是因人而异的。人力资源管理中构建公平竞争、绩效考核、合理流动的激励机制，对个体而言，能起到"各尽所能""各取所需""多劳多得"等效用，满足馆员的自我实现需求；对图书馆而言，可增强馆员的责任感、自尊感和成就感，增强馆员竞争力和创新能力，让他们具备在灵活多变的信息技术服务环境中形成"人无我有、人有我优"的竞争优势。

人力资源管理中的激励机制主要是指依据与业绩相配套的奖罚制度、聘用晋升制度、任期制度和津贴制度等，措施包括竞争激励、物质激励、精神激励、能力培养激励等多种形式。

1. 建立公平竞争的激励机制

图书馆在引进人才、晋升干部、岗位用人等方面，应遵循"公平、公开、公正"的原则，采取公开招聘、公平竞争、公正处理的方式，发现、引进和提拔人才，不论资历，人尽其才、各取所用，"能者上、庸者下"，通过公平竞争的激励机制，使年轻人、有为者努力实现自己的潜能，走上适合自己的岗位，促进干部队伍和专业队伍的年轻化和知识化，提升图书馆的竞争优势。通过竞争，还可以使馆员产生危机感，更加努力提高自己的能力，挖掘自己的潜能，提升个人竞争力。

2. 建立按劳分配的激励机制

完善的绩效考核制度，应根据馆员的能力、岗位贡献分配薪酬和奖金，不同能力发挥的绩效对应不同的薪金津贴，多劳多得，能力与酬劳的匹配程度越高，馆员的工作绩效才会越好。

对表现出色、有特别贡献的馆员，应给予物质激励和精神激励，如设立服务

质量奖、科研成果奖、技能竞赛优胜奖、业务培训奖等，以激励员工再创佳绩。如广州大学图书馆每年度调拨一定数额的经费对有论文发表和课题研究的馆员给予科研成果奖励，激励馆员积极参与科研；对参与学校文娱体育技能竞赛取得名次的馆员，给予优胜奖，激励馆员积极参与集体活动，为图书馆争取荣誉；对服务态度好、表现出色的流通、书库、阅览室等一线岗位的馆员，设立馆内先进奖，在馆内会议上公开表扬，激发馆员更加努力地为读者服务。

通过薪资、福利形式的物质激励和表扬、评先进、光荣榜、晋升等形式的精神激励，肯定员工的杰出表现和贡献，让员工感受到工作所带来的成就和快乐，对本职工作产生热忱和自信，才能激发员工对职业的荣誉感和忠诚度。

3.建立岗位互动的激励机制

让馆员做自己称职的、满意的工作，才会使他们感受到最大的快乐。图书馆人力资源管理应做到能力与岗位相匹配，把合适的人放在合适的岗位上，以发挥馆员最佳绩效；实行动态管理，创造机会让馆员合理流动岗位，实行岗位互动、择优上岗，既能让馆员找到最满意、最适合自己的岗位，又能让馆员在岗位流动中熟悉、掌握多种业务技能，提高图书馆馆员整体水平，提升图书馆的竞争力。激励机制与人性化管理相结合，能增强图书馆的凝聚力和向心力，激发馆员的工作热情，达到人力资源利用的最大化;激励机制与教育培训相结合，能吸引人才、培养人才和稳定人才，完善人力资源优化配置。

总之，满足馆员不同层次的需求，才能激发其行为动机，最大限度地发挥其潜能，人力资源利用的最大化可促使图书馆绩效的最大化，促使图书馆整体能力增强，成为推动图书馆发展的重要力量。

第七章　数字化图书馆环境的建设

第一节　数字化图书馆的优化问题

随着先进的计算机技术、网络技术和通信技术在数字化图书馆应用中的逐渐普及，越来越多的数字化图书馆开始向读者提供网上服务，并通过因特网为读者提供服务。前者主要通过网络阅览室、检索中心等实现，而图书馆网站则是实现图书馆提供网上服务的手段。

一、数字化图书馆网站建设的内容

因为数字化图书馆的性质基本上是相同的，所以其网站所包含的内容也大部分相似。其包含的内容可概括为以下几种。

本馆简介及服务指南。主要内容包括本馆历史沿革、馆藏介绍、人员构成、机构设置、服务项目、开馆时间、规章制度及本馆动态、读者活动安排、各种联系方式等。各个网站大体相似，只是在细微方面有所不同。

书目检索。通常分为普通书目检索、特色馆藏检索。这是最简单的服务工作。建有网站的各数字化图书馆均已建成 MARC 格式的书目数据库，通常采用 SQL 查询语句来实现超文本与书目数据库的链接，检索途径以题名、责任者、分类号、主题词、ISBN 等为主，有的网站可用关键词进行题名检索。检索结果大致有馆藏地点、条码号、索书号、编目数据，有的则能够显示借阅状态乃至登记预约。

数据库检索。包括自建数据库和光盘数据库检索。除了一些大型的图书馆外，广东、江浙一带甚至连县级数字化图书馆都建有相当有特色的数据库供读者进行检索，这些数据库既是数字化图书馆最希望读者了解、利用的特色资源，又在相当程度上代表了本馆数据库的技术水平，所以在网站的内容编排上应给予相应的突出反映。至于光盘数据库，则以中国学术期刊光盘数据库以及各种科研成果和工商企业名录等光盘数据库为主。但因为提供光盘检索需要相应的硬件配置和网络带宽，所以到目前为止还没有一家数字化图书馆提供在线光盘检索服务。光盘检索存在一定的弊端，因为光盘本身价格不菲，况且能够有系统大量收藏的数字化图书馆也非常有限。

电子书刊。可分为两种类型，一种是本馆的电子化书刊，另一种是从网上下载的书刊甚至是其他电子书刊网站的链接。本馆电子化书刊以特色馆藏为主；从网上下载的书刊类型广泛，以名著和热门读物为主。

新书推荐、馆藏推荐等导读栏目。各网站的这类栏目基本上具有相似的内容。

网络导航。指各类站点的链接。主要链接的站点包括搜索引擎、综合网站、图书馆站点、网上书店、网上报刊、教育网站、本地主要网站乃至旅游、体育、游戏、金融等各类热门站点。读者通过图书馆网站就可以查询和使用各类网上信息资源。

读者论坛。较好的网站所应有的栏目，用于读者发表意见、交流读书心得等，是一个多向交流的园地。有的网站建有聊天室，可以实时进行在线交流，这是吸引读者的好办法。

二、数字化图书馆的具体对策

（一）明确网站建设的理念

数字化图书馆网站建设的理念，也可以说是指导思想，它回答的是为什么要建设网站的问题。每个数字化图书馆网站的建设，一定会有自己的特点。但从总体上来说，数字化图书馆网站建设的目的，一是宣传自身、树立形象，二是通过网络提供服务。而宣传自身、树立形象的目的也无非是为了让读者了解本馆情况，更好地利用本馆的服务。归根结底，数字化图书馆网站是为读者而建立的，包括已在使用本馆的读者和潜在的读者。数字化图书馆网站的建设，无论是内容的设置还是页面的设计，最重要的是从读者需要的角度出发来着手进行。读者需要对数字化图书馆网站建设来说既是出发点也是终结点。

（二）网站内容的取舍

数字化图书馆网站所包含的内容范围在上述内容中已有较为详尽的列举。但在不同的图书馆中，还要考虑到以下几方面的具体问题来进行内容的取舍。

1.图书馆的大小

这要从馆藏的多少、所处的级别（包括省馆、市馆、县馆、区馆等）、馆员配备情况、读者量的多少等多方面来衡量。综合来看，就是图书馆所拥有的资源和影响对图书馆网站的内容设置以及栏目下内容的丰富程度具有一定的限定作用。

2. 图书馆的服务手段和服务方式

也就是服务的自动化、电子化程度和提供服务的方式、服务项目的多寡。

3. 技术能力

既泛指整个图书馆的技术水平，也专指网站设计、维护人员的技术能力。在此，前者决定了图书馆能提供什么样的服务，后者则决定了哪些服务项目能恰当地在网站上进行宣传或提供给读者使用。

4. 图书馆的特色

如馆藏、服务、技术等方面的特色，都可以很明显地在网站上反映出来。总之，在网站的内容安排上，要做到充分、恰当地反映本馆的现状，通过网站为读者提供本馆的服务项目，对本馆特色要做重点反映；切忌不顾本馆实际情况，栏目设置不少，栏目下的内容却寥寥无几。

（三）网站设计的技巧

网站中有了内容，还需要有好的设计和布置，增强用户对网站的印象，让更多的用户乐于利用网站来享受图书馆提供的服务。一个好的图书馆网站，其设计至少要做到以下几点。

首页项目布局繁简得当，既有良好的意识，又突出本馆的标识（馆徽、馆名等），应该将首页作为一个整体来布置，而不是将所有内容一股脑儿地塞进页面。

整个页面的底色及文字、图片、动画等各个部分的色彩搭配协调，以淡雅为宜，这样既可以体现图书馆的文化、教育特性，又适宜用户浏览。

对图片和动画应以"只宜少用、不可多用、实在掌握不好宁可不用"为原则。安排适当的图片、动画能起到一定的点缀、装饰作用，使整个页面显得活泼而不呆板。但在使用图片、动画时应特别谨慎，一方面是这些内容多了就容易在页面上喧宾夺主，使整个页面显得杂乱无章；另一方面是现有网络带宽不够，图片、动画需占用太多资源，对传输速度有很大影响，而长时间等待传输将对读者利用网站服务产生直接的负面影响。

网站宜采用等级结构。为方便读者使用，无论进入哪一级页面，都应能直接回到首页，并能在各个栏目间自由跳转。有很多图书馆对此都有忽视。对需及时提醒读者注意或了解的本馆动态，应在首页采用滚动条显示或在打开首页时弹出显示。

页面内容所选用的措辞及字体应与整个网站的风格一致，不宜采用过于繁多的字体。特别应强调的是，网站对自己的情况包括建立时间、目的、责任者的情况，尤其是对内容的增删应该有简要的说明，方便读者了解网站的基本情况和发展动向。这看似简单，却体现了以读者为中心的建站理念，绝对是不应该被忽略的。

无论如何，对于网站中没有的内容则不应设置，而应将没有的内容或即将增加的内容用栏目预告的方式公布。对网页的维护不应间断，要根据不断变化的情况对网页进行持续更新。

随着互联网的日益普及，越来越多的数字化图书馆建设了自己的网站，而已建成的网站中有许多在进行不间断地更新和维护，从内容到形式都令人耳目一新，引起了人们广泛的注意，如最近就有电子商务公司对开展网上外借表示了强烈的兴趣，并主动与某数字化图书馆进行了联系。今天，随着更多的数字化图书馆对网站建设重视程度的增加，将真正把网站作为因用户需要而生的产物来进行建设，在不久的将来，数字化图书馆站无论是在数量上还是在质量上都会有一个较大的飞跃。

三、对图书馆的优化问题

在此，以高校图书馆为例。图书馆是人类思想、知识、智慧结晶荟萃的地方，它承载着传播和继承先进文化的历史责任，承担着教育读者、净化读者心灵的时代重任。图书馆，不仅可以使读者跨越时空，穿越屏障，遨游科学宫殿，探索未来知识世界，充分品尝人类文化知识硕果的甘美，拓展和丰富自己的知识面，培养自己的各种能力，而且还可以通过阅读图书馆书刊资料，聆听、感受、品味全世界伟人和名人的教诲，接受先进思想教育，在潜移默化中使心灵得到升华，形成正确的世界观、人生观、价值观，树立远大的理想和信念。

为了使图书馆的层次上升一个水平，党中央制定了推动社会主义文化大发展大繁荣的战略方针，提出了要在文化事业大发展的层面上提高综合国力。面对新形势、新任务，尤其是作为校园文化建设主阵地之一的图书馆，必须认清历史使命、理清工作思路、顺应学校、社会发展的要求，深入贯彻落实科学发展观，坚持"以人为本、服务至上"的办馆理念，紧密联系实际，从不断优化育人环境入手，积极营造浓厚的校园文化氛围，为创建良好的校风和学风做出积极的贡献。

（一）强化服务功能，拓展服务渠道，优化服务育人的环境

长期受图书馆健康文化环境熏陶的读者，能够养成良好的学习习惯和思维习

惯，能够掌握独立获取知识的能力，能够增强克服困难、探索真理的勇气。学校的图书馆要紧紧围绕学生成才，着力探索做好以下两个方面的工作。

1. 净化、精化图书、信息资源，优化馆藏育人环境

图书馆的藏书、信息资源，对校园文化具有一定的导向作用，净化、精化图书、信息资源是图书馆诸项业务中的首要关口，必须牢牢地把握好。在引进图书、期刊、中外数据库等各项信息资源时，必须把握三项原则：一是所引进的相关信息资源，必须内容健康向上，代表先进文化的方向，杜绝低级庸俗的书刊进入图书馆；二是所引进的相关信息资源必须符合读者学科、专业发展的需要，符合读者的心愿，重点满足新上学科、新上专业的信息资源需求；三是图书供应商实行招标确认，确保引进的图书物美价廉。

2. 拓展服务渠道、服务空间，优化服务育人环境

图书馆将始终坚持"以人为本、服务至上"的办馆理念，计划在原有的基础上，延长开放时间，加强读者导读工作，营造良好的人文环境，进一步改善办馆条件，努力创造优越的环境和条件，全方位地搞好读者服务工作，充分发挥服务育人的功能。

（1）密切与读者的联系，支持学生会、研究生会创办各类读书会、读书社等社团组织。图书馆将积极帮助各级学生会、研究生会组织策划成立各种形式的读书会、读书社，并在此类社团组织的筹建、运行、发展过程中发挥积极作用，提供必要的人力、物力支持，当好助手和参谋，确保此类社团组织健康成长。进一步做好读者的导读工作，引导读者多读书、读好书，确立正确的世界观、人生观、价值观。图书馆在原有工作基础上，编印发放《导读》之类的小报，开辟如"新书架""书评""阅读辅导""读书问答"等栏目；协同读书会、读书社等学生社团组织，不定期地举办新书好书推介活动、读书报告会、读书心得征文等活动，并争取校报的支持，开辟新书好书推荐栏目、读书心得交流栏目。

（2）营造良好的人文环境、育人环境，陶冶师生情操，净化读者心灵。馆舍外设立图书馆宣传栏，及时向读者发布新书信息，举办历史回顾展览、时事报道、名人介绍等，发挥德育阵地的作用；馆舍内增设名人大师的画像及名人名言，知名校友的图片及事迹介绍，以激励广大读者奋发有为、立志成才；争取学校支持，各校区图书馆门卫实行物业管理，提升图书馆的服务形象和馆舍的安全保卫档次。

（3）及时更新仪器设备，确保数字化图书馆、网上图书馆畅通无阻。网上学习、网上选课已经成为广大读者的新宠，读者对网络和计算机的依赖是前所未有

的。图书馆要努力争取学校财力支持，及时更新仪器设备，尤其要及时更新图书馆电子阅览室方便读者用计算机。

（二）加强制度建设，提高队伍素质，为优化育人环境提供条件和保障

系统、科学、规范的图书馆制度体系，是图书馆工作规范化、系统化和高效率的保障，是实现依法治馆、科学管理的依据，它明确了图书馆馆员、读者的责任权利，有利于增强业务工作的组织性、纪律性、系统性，保证图书馆活动的正常秩序，提高管理效能；有利于形成激励机制、自我约束机制等，促进图书馆的协调、可持续发展。图书馆将在认真总结自己制度建设传统经验的基础上，借鉴兄弟院校图书馆制度建设的成功经验，紧密结合学校发展和图书馆发展的实际，利用半年的时间，将图书馆的各项规章制度加以修订和完善，形成一整套科学的、符合实际的图书馆制度。

充满生机与活力的图书馆馆员队伍，是实现图书馆科学发展的首要条件。伴随着信息科学的发展，高校图书馆已经步入了数字化图书馆时代，它对馆员信息技术、网络技术、计算机技术等方面的素质提出了很高的要求，这就要求图书馆馆员队伍建设必须满足这方面的要求。对于图书馆馆员队伍年龄老化、知识老化的实际，图书馆正在着力加强馆员的业务培训工作，并准备常抓不懈。同时，在全馆上下营造学习风气，激励馆员自主学习、自主创新，跟上时代步伐，当好读者的"知识领航人"，为读者提供更富有个性化的优质服务，同时为读者的成才成长做出积极的贡献。

综上所述，图书馆要以自己的文化资源、文化氛围、文化设施、优质服务积极支持和推动校园文化建设，充分发挥自身优势，不断优化育人环境，不断提高校园文化建设的品位，使青年学生能够在一个积极向上的氛围中健康成长，有效地提高运用知识、创新知识的能力，使之成为全面发展的人才。

第二节　数字化图书馆的网络优化路径

一、网络优化的含义

网站优化可以分为两个方面，即从狭义和广义来说明，狭义的网站优化，即

搜索引擎优化，也就是让网站设计适合搜索引擎检索，满足搜索引擎排名的指标，从而在搜索引擎检索中获得排名靠前，增强搜索引擎营销的效果。广义的网站优化所考虑的因素不仅是搜索引擎，还包括充分满足用户的需求特征、清晰的网站导航、完善的在线帮助等，在此基础上使得网站功能和信息发挥效果。也就是以企业网站为基础，与网络服务商（如搜索引擎等）、合作伙伴、顾客、供应商、销售商等网络营销环境中各方面因素建立良好的关系。

网站优化的基本思想：通过对网站功能、结构、布局、内容等关键要素的合理设计，使得网站的功能和表现形式达到最优效果，可以充分表现出网站的网络营销功能。网站优化设计的含义具体表现在以下三个方面。

第一，从用户的角度来说，经过网站的优化设计，可以方便地浏览网站的信息、使用网站的服务。

第二，从基于搜索引擎的推广网站的角度来说，优化设计的网站使得搜索引擎可以顺利抓取网站的基本信息。当用户通过搜索引擎检索时，企业期望的网站摘要信息可以出现在理想的位置，使得用户能够发现有关信息等，从而点击搜索结果并达到网站获取进一步的信息，直至成为真正的顾客。

第三，从网站运营维护的角度来说，网站运营人员可以对网站方便地进行管理维护，有利于各种网络营销方法的应用，并且可以积累有价值的网络营销资源，因为只有经过网站优化设计的企业网站才能真正具有网络营销导向，才能与网络营销策略相一致。

由此可见，网站优化包括三个层面的含义：对用户优化、对网络环境（搜索引擎等）优化以及对网站运营维护的优化。

网站设计对用户优化具体表现为：以用户需求为导向，设计方便的网站导航，使网页下载时速度增快，网页布局合理并且适合保存、打印、转发，网站信息丰富、有效，有助于获得用户的信任。

网站设计对网络环境优化表现为：适合搜索引擎检索（搜索引擎优化），便于积累网络营销网站资源（如互换链接、互换广告等）。

网站设计对运营维护优化的含义是：充分体现网站的网络营销功能，使得各种网络营销方法可以发挥最大效果，网站便于日常信息更新、维护、改版升级，便于获得和管理注册用户资源等。

从上述对网站优化设计含义的理解也可以看出，网站优化设计并非只是搜索引擎优化，搜索引擎优化只是网站优化设计中的一部分，不过这部分内容对于网站推广的影响非常明显和直接，因此更容易引起重视。同时，我们可以看出，在有关网站设计的对网站推广优化的内容中，这里并没有特别强调搜索引擎优化的作用，因为真正的网站设计优化不仅仅是搜索引擎优化，而且应坚持用户导向而不是搜索引擎导向。

二、网络环境下数字化图书馆信息服务的新理念

数字化图书馆是 21 世纪图书馆发展的主要方向。

（一）数字化图书馆的特征与工作理念

数字化图书馆是传统图书馆在网络环境下的发展，但对于数字化图书馆的定义各不相同，差别也较大。从广义上分析，数字化图书馆可以描述为计算机可处理的信息的集合或贮藏这类信息的仓库。理想的数字化图书馆并非一个存贮信息的单个实体，它通过网络提供系列化的收藏和服务。尽管数字化图书馆的定义没有完全统一，但诸多定义中比较有共性的特征要素包括：数字化图书馆不是一个简单的实体；数字化图书馆需要多种技术连接多种资源；数字化图书馆和信息服务之间的连接对终端用户是透明的；数字化图书馆的目标是广泛地存取信息和提供针对性的信息服务；数字化图书馆的馆藏并不局限于文献替代品，已延伸到了不能以印刷形式表现或传递的数字化人工制品。

1. 数字化图书馆的特征

数字化图书馆与传统图书馆既有联系又有区别。从组织机构角度看，数字化图书馆全然不同于拥有物理空间的图书馆，数字化图书馆并没有太大的空间，其信息资源也不以占有空间大小作为图书馆规模大小的衡量标准；从资源建设角度看，传统图书馆拥有记载在多种媒体上的信息，这些资源是可视、可听、可触摸的，而数字化图书馆的信息资源是电子化、数字化信息，只有经过还原才可以为人们感知。数字化图书馆建设在工作原理上与传统图书馆仍有许多相同之处，同样需要对信息进行收集、加工、整理和保存，只是在具体操作上与传统图书馆全然不同。数字化图书馆是由建立在现代通信技术基础上的电子计算机技术、通信网络技术、信息处理技术共同构成的。如果仍以图书馆的概念来分析比较数字化图书馆的工作原理和工作理念，可以概括为以下几点。

（1）数字化图书馆仍然具有图书馆收集、加工、整理、保存信息和提供信息服务的基本功能。

（2）数字化图书馆以计算机可处理的数字化形式存贮信息，与传统图书馆的多载体文献形式完全不同。

（3）数字化图书馆的信息收藏在内容的广泛性和深入性上远远超过传统图书馆。它不仅收集本馆馆藏，而且还可以将全球网络上的信息资源经过筛选、处理

集中在一起，它的信息加工不局限于信息整体，而是深入信息内容。

（4）数字化图书馆提供更加广泛、迅速、便利和多形式的信息服务，它依托 Internet，利用先进的信息处理技术和计算机终端设备为全球用户提供远程服务。

（5）数字化图书馆与传统图书馆相互补充。

2. 基于数字化图书馆理念的图书馆发展

数字化图书馆在 20 世纪 90 年代末期得到迅速发展，电子出版物的出现和发展为数字化图书馆的产生创造了必要的条件。可见，电子出版物是数字化图书馆的物质基础，也是数字化图书馆的信息资源。

数字化图书馆的信息收集和传播渠道主要是网络通信，其中最主要的是 Internet。数字化图书馆依托 Internet 收集和处理信息，并向外界提供服务。在数字化图书馆的建设过程中，我们必须做好以下工作：①统一部署，打破部门界限。为建设好我国数字化图书馆体系，必须打破部门和地区界限，统一部署，统一规划，提高信息收集效率和综合利用水平，增强信息咨询服务能力，提高网络利用率，从而形成规模优势。②重视基础工作。即加强数字化图书馆的软硬件环境工程建设和我国的信息资源建设。在建设数字化图书馆之前，必须充分论证，慎重施工，以缩短调整和试用周期，更快实现目标。在研究与开发有关协议时，既要考虑与国际流行协议的兼容，又要结合我国国情，适应汉字系统的特点，制定标准和规范，设计有中国特色的数字化图书馆系统。③转变观念。在建设数字化图书馆系统时要从全局出发，合理建设和使用文献信息资源，合理配置计算机软硬件资源，避免资源的浪费；同时，要将硬件放在更重要的位置。④建设一支掌握信息技术的队伍。数字化图书馆需要一支既懂图书情报业务又掌握信息技术的专业队伍。为此，可以通过培训提高现有工作人员的业务素质；利用政策优势，吸引更多的信息技术人才加入数字化图书馆建设的行列。

（二）数字化图书馆信息服务的技术构成

与数字化图书馆所具有的各项功能密切相关，建设数字化图书馆必须有相应的技术手段。从数字化图书馆的物理结构来看，数字化图书馆必须具备以下设施。

1. 用户终端

即各种类型的个人计算机、工作站以及用户可以访问的联机查询系统。

2. 网络和通信系统

这是图书馆的重要基础设施，也是实现数字化图书馆服务的先决条件之一。

3. 信息资源

原有馆藏信息及其数字化转换形式可以成为数字化图书馆的重要资源，收集和提供图书馆以外的信息资源是数字化图书馆与传统图书馆的最大区别。通过联机信息检索系统，数字化图书馆能够提供外部各馆的书目服务、文摘检索和全文检索，以及电子杂志等多方面的信息。

4. 数据库管理与检索系统

数字化图书馆的管理与检索系统是其技术的关键部分，绝大部分业务活动需通过管理与联机检索系统来完成。

由于数字化图书馆信息庞杂，因而只有综合多个应用系统才能实现其功能。数字化图书馆的系统构成通常由以下几个部分组成：

①数据创建。将非数字化信息进行数字转换，如文本录入、图像扫描、声音的数字化等。

②数据描述。按照一定的语言对创建的数字化信息扫描，包括结构化与非结构化的声、像、图、全文数据扫描。

③全文检索。支持 SGML PDF、XML、HTML 等格式的全文检索。

④数据库技术。数字化图书馆所运用的数据库技术大体上可分为两大类：一类是应用数据库管理系统软件进行开发，建立数据库；另一类是带有管理软件的商品化数据库，如光盘、多媒体数据库等。

⑤网络通信技术。计算机通信技术是数字化图书馆的技术支撑，也是数字化图书馆实现高度开放和资源共享的基本条件。

⑥多媒体、超文本、超媒体技术。多媒体技术是指能够综合处理各种媒体信息，并使不同媒体信息发生联系，且有交互功能的信息处理技术。超文本技术可以将相关概念连贯起来，使用户非顺序地直接检索到相关信息。超媒体技术是对超文本技术的扩展，具有超文本技术的大部分特点，但其处理对象是多种媒体的信息资源。

⑦系统运行、维护、保障、开发技术。这是数字化图书馆运行与服务的支撑技术，为其硬件条件。

⑧版权保护。数字化图书馆为用户共享信息资源、获得信息服务提供了极大方便。同时，数字化图书馆的版权保护问题，尤其是网络信息的访问权限规定，也给我们提出了新的课题。目前访问权限问题已在利用原有计算机读取管理技术以及域名管理技术的基础上得到了较好的解决。

（三）数字化图书馆的信息资源建设

随着 Internet 的普及与发展，网上出版社日益增多。网上信息资源建设与传统藏书建设有着极为不同的特征。以期刊为例：电子期刊呈现出多种载体形式，有些期刊只有网上电子版；有些期刊有印刷版和光盘版两种出版形式；有些期刊既有印刷版、光盘版又有电子版。为此，图书馆必须对馆藏结构进行调整，做出相应的收藏计划。

数字化图书馆资源建设主要包括以下几个环节。

1. 数字化信息的生成

数字化图书馆的信息来源可分为内部信息和外部信息。内部信息包括图书馆所收藏的传统印刷型图书、期刊、缩微资料、唱片、胶卷等多种媒体出版物。数字化图书馆建设，则要对其中一部分进行数字化转换，使其成为电子馆藏存贮在计算机硬盘中，并以数据库形式放在网上供用户使用。未转换的传统馆藏可建立馆藏电子目录，加入公共联机查询系统，供用户进行书目查询。内部资源还包括本馆购买或开发的、以数据库形式存储的电子信息资源，如二次文献数据库、电子目次数据库、图像数据库、全文数据库以及本馆的 OPAC。本馆开发的数据库包括书目型、数值型、图像型、全文型等形式。所有数据库都应提供网络化联机存取功能。外部信息资源包括外界电子图书馆的资源、联机检索的资源以及书目服务机构的书目、文摘、全文信息、数值信息以及电子杂志和电子报刊等。

2. 数字化信息的存储

信息存储的实质是对庞大的信息进行管理。数字化图书馆需要大量的信息存储装置。在存储技术方面将涉及存储设备容量、硬件随机读取速度、数据集中与分布存储管理方法等问题。目前的研究热点集中在存储管理方式上。在 Internet 上大量服务器提供相关信息服务，但其相互间只能提供公共的服务接口。逻辑相关的信息可能集中在某地，也可能分布在不同地点。由于信息数量极大，不可能在存入后即固定其存储位置，加上信息的使用频率极不相同，因此必须具备按照使用频率调动存储位置的功能才能保证响应速度。对所存储的各种信息不能只用参数进行描述，因此，原有的参数描述方法以及单纯地对参数进行索引的方法，已无法满足用户的查询需要。正在研究的多媒体信息检索方法，也要求相应的存储技术相配合。

3. 数字化信息的检索

数字化图书馆建设应遵循两条原则：一是最大可能地存储信息，二是使用电子技术增加和管理信息资源。由于信息具有多样性特点，因而必须有与不同信息相匹配的检索方法，才能满足用户需要。目前文本文件检索技术正在向全面检索方向发展，并逐步达到不受语种限制的全文匹配检索。超文本检索技术除已实现的字符匹配外，概念匹配也已提上研究日程，其中的关键是将一些特定技术进行重新组装。目前，以图像为基本内容的信息查询技术正在研制过程中，如按照图像的颜色、灰度、纹理和位置进行信息查询，或按照音乐曲调、旋律查询信息的研究正取得进展。

4. 数字化信息的传播

数字化图书馆主要通过网络进行图像、音频和视频的信息传播。计算机通信网络是数字化图书馆的技术支持，也是实现其广泛可取性、高度开放性和资源共享的基本条件。在现有网络上进行信息传播已使网络不堪重负。音频和视频的实时传送不仅对网络的速度要求较高，同时对提供信息的相关服务器的共性有很高的要求。在这一方面，除需要改善网络协议、研制新的网络连接设备外，各种压缩技术的应用将起到提高网络传播速度的作用。

（四）数字化图书馆信息服务的组织管理

数字化图书馆的信息服务以网络为基础，属于开放性服务系统。数字化图书馆不仅为用户提供文献目录、文摘、题录等二次文献信息，还可以提供全文、声音、图形等多媒体信息。各地的数字化信息资源通过信息高速公路，以内容丰富、结构清晰、使用极为方便的目录引导形式出现在用户面前。友好而标准的用户界面，使分布在各地的用户不需要任何专门训练便可以检索到各种信息资源，获得各类信息。

1. 数字化图书馆的基本服务功能

数字化图书馆的基本服务功能包括：①查询功能。通过联机目录系统指引用户使用未实现数字转换的馆藏文献，查询结果是目录单。②电子信息服务功能。提供本馆电子出版物、传统馆藏的数字转换信息，连接外部信息源。③网络服务功能。用户通过图书馆的通信服务器和服务工作站与其他网络相互连接，除提供一般的通信服务外，还提供访问相关信息数据库的服务。此外，数字化图书馆还应具有以下功能：图书馆内部系统的高度集成化和多种信息源的深层次连接；迅速获取外部信息并向外界开放本地资源，使虚拟图书馆成为现实；友好的用户界面可以消除用户与信息之间的任何障碍；容纳多种信息类型的多媒体数据库。

在服务内容上，数字化图书馆可以提供电子出版物、数据库、Internet 上的各种信息。用户从数字化图书馆中不仅可以得到二次文献，还可以得到文献全文以及多媒体信息。在服务方式上，读者只要上网，不论什么时候、什么地方都能享受到图书馆服务，从而使图书馆的概念发生根本性的变化。全球性虚拟图书馆服务将打破地域限制，使全球人类连接成一个整体。

2.数字化图书馆服务的组织管理

数字化图书馆服务的组织管理可分为两个部分：一部分是传统图书馆服务的延续，即对各类信息的收集、加工、整理以及提供外借、阅览、参考咨询等信息服务；另一部分是图书馆自身的服务，包括对文献信息的数字化转换、数字信息的生成、远程网上服务等。二者相辅相成，前者是后者的基础，后者是前者的扩展与补充。

数字化图书馆的服务对象更多的是网上用户。为此，图书馆必须从根本上转变观念，以便在组织管理上保证数字化图书馆建设地顺利进行。图书馆必须重新考虑馆藏发展方针与政策，强调资源共享的区域性合作对策。对专题文献、不同版本的文献、专藏与特藏文献以及数字化信息的收集与跟踪，都必须重新加以审视。在网络环境下，图书馆的经费将不再局限于对文献实体的获取，更包括购买网上数字化信息的使用权、支付数字化信息的保存费，以及系统升级后的数据转换费。图书馆的形象不再局限于馆舍大楼内外，而是体现在网络信息服务形式和所能提供的服务手段上。传统图书馆的建设多局限于馆舍建设、文献购置、阅览提供、外借服务等活动范围内，而数字化图书馆建设意味着网络服务器建设、主页设计、数字化馆藏收集与存储、多种形式的远程服务组织等内容。

总之，作为传统图书馆在网络环境下的最新形式，数字化图书馆必须经过长期的建设才能成为理想的现代信息服务机构。

三、数字化图书馆文献信息环境的优化

（一）文献信息使用环境的优化

1.现代化设备及网络技术

网络环境下，硬件设备的现代化和软件管理的现代化，是图书馆提供信息服务的技术保障。数据库技术、多媒体技术、网络通信技术、虚拟现实及计算机网络等信息处理技术，是数字化图书馆中不可或缺的主要技术。这就要求图书馆必须明确信息服务的目的、服务对象的适应范围及基本需求，采用新技术、新设备，利用网络优势和人才优势，从专业的深度及特定的技能入手，利用图书馆现有条件，提高自动化水平，为用户建立和提供良好的网络使用环境。

2. 信息检索及信息过滤技术

数字化图书馆的用户期盼根据自己的需要，选择不同的信息资源，使图书馆成为自己的个人信息空间，他们面临的不是信息不足问题，而是信息海量、信息质量参差不齐问题，从而造成不易查全、不易查准的困境，所以读者更期望运用信息检索和信息过滤技术，根据自己的信息需求对动态信息进行鉴别、判断，剔除糟粕，消除不相关的信息，保留精华，使之无论从内容、形式，还是网站页面都显得多样化、新颖化。这样既要有检索鉴别方法，又要有灵活选择的自由度，这对信息检索者的知识和技能提出了更高的要求。

3. 加强信息资源建设

信息资源建设是数字化图书馆的重要内容，如果没有一个丰富的信息资源保障系统，那么信息服务就会变成无本之木、无源之水。图书馆不仅要加强传统馆藏建设，更要重视网络信息的建设，

从网上下载时效性强的信息资源，以便构建一个广阔的动态信息资源体系。图书馆应树立信息组织者、生产者的形象，有必要建立自己的网络参考信息数据库和重要网站镜像站点，或购买有关数据库的完全使用权，对重要内容进行下载存储，经过严格筛选及科学标引，进行信息资源的深度开发，合理组织、建立适合本馆咨询需求特点和方便适用的网络参考信息数据库。

（二）文献信息管理环境的优化

1. 创新的信息管理意识

未来网络用户将是数字化图书馆用户的主要组成部分，传统的坐等读者上门的被动服务方式已不适应网络时代的要求，更不能很好地对信息资料进行深层次的开发和研究，转变旧观念是数字化图书馆适应网络时代特点的关键，建立一套有效的信息管理模式和专业化信息管理队伍，是图书馆管理功能发挥的基本条件。作为信息服务业的图书馆，除发挥自己的优势外，唯有创新才能增强图书馆自身的活力。数字化图书馆的管理理念，不仅在现代技术上革新，同时强调观念的改变，从原来的守业观念向社会化观念、创新观念、科学管理观念、开放观念等现代化观念转变，强调以用户为中心，从以传统的文献服务为中心转变到以信息服务为中心。要走近用户，摸索出用户利用信息资源的行为变化，并根据其需求多样化的特点，为其提供有深度、高质量的信息服务。

2. 良好的职业道德素质

当今数字化高技术手段和动态性的信息资源，为图书馆的现代化服务提供了

强有力的技术保障和物质基础，图书馆的服务模式成为一种全新的服务模式。在这种新的服务模式中，图书馆的服务宗旨没变，只是服务重心发生了转变，从一般性服务向咨询性服务转移，图书馆馆员的角色由信息的管理者向信息处理者转换，工作重心从文献信息管理转向信息的有效服务，迅速建立高素质的图书馆馆员队伍才是信息服务的关键，具体表现在除过硬的专业知识外，还应有良好的职业素质，包括扎实的图书馆专业知识和计算机专业知识，必要的法律意识，较高的外语水平及现代化信息管理素养，这是图书馆优化馆员素质的重要内容，它直接决定着图书馆的服务水平和服务质量。

3. 出色的信息管理技能

在数字化图书馆这种新的服务模式中，馆员是图书馆管理的主体，他们既是图书馆信息库的建造者和使用者，又是信息资源与读者之间的桥梁和纽带；既是信息的导航者，又是信息的组织者和挖掘者。这就要求图书馆馆员除了具备良好的职业道德和信息素养外，还要了解计算机的基本知识和熟悉计算机操作，掌握信息检索技术、网络技术及系统维护等技能和具有较强的实际工作能力，包括有过硬的专业知识和有较强的决策判断力，有信息导航的能力和有博学的才能，真正具备精而博的知识结构和从网络上获取信息、处理信息和传递信息的能力，成为具有现代化信息服务意识、掌握现代化信息服务多种技能的管理行家。

（三）文献信息人才环境的优化

1. 数字化人才队伍建设

数字化图书馆自动化的程度再高，也离不开人才，从数字化图书馆的组织建设及其自身特点来看，这支人才队伍应该包括三种类型的人才：一是信息管理研究人才。他们应集信息技能、管理技能和相关行业专门知识于一身，能适应多种信息资源管理活动。二是信息技术开发人才。这类技术人员要有计算机自动化和网络方面的坚实基础，在数字资源开发、组织和提供利用方面具有丰富的经验。三是信息资源应用人才。这类人具有独立获取信息的能力和敏锐的信息意识；较高的外语水平和语言表达能力；计算机和网络运用能力；较强的专业基础知识和自学能力。图书馆应培养馆员高水平的专业技能，充分发挥他们的主动性和创造性，依靠他们的群体智慧和内在动力来实现数字化图书馆信息资源共享和信息服务现代化。

2. 培养智能型的复合人才

随着网络技术的快速发展，图书馆除引进计算机专业及外语专业人才外，尤其要培养一大批高素质人才。具体地说，数字化图书馆文献信息管理人员应具备这样的素质：既要掌握一定的图书馆学理论知识，又要具备现代化技术的操作技能；既要像熟悉馆藏一样熟悉网络信息资源的分布情况，又要掌握网络信息资源的获取途径。他们既要具有现代信息意识，精通信息理论，熟悉现代信息技术，掌握图书馆信息管理学等方面的知识，又能够提供全方位、深层次的具有较高科技含量的信息服务，既是信息专家、知识专家、网络专家，又是图书馆和现代技术应用智能型的复合人才。

3. 培养高素质的信息创新人才

随着信息化服务方式的改变和深化，图书馆工作人员素质的高低，是决定信息服务质量的关键，也关系到信息化建设的成效。图书馆管理者要有一个整体规划，重新定位、优化组合，制定出人才培养计划，使全馆人员都有更新知识、提高技能的机会，有目的地提高馆员的专业知识、计算机知识和外语水平，以利于图书馆信息服务从静态的印刷品仓库向动态的多功能网络化、数字化信息服务转变。此外，设法引进一些刻苦钻研、踏实肯干的高学历、高素质优秀人才，对一些基础较好、素质较高的中高级职称的馆员进行课题研究指导，逐步引导和鼓励年轻馆员向高学历、高职称方向发展，以适应图书馆现代化工作的需要，适应网络环境下文献信息开发的需要。

4. 培养深层次的信息管理人才

馆员是知识的载体，是信息专家和信息工程师，是信息系统的建设者，也是信息使用者的向导和顾问。数字化图书馆专业队伍的建设，除引进和补充人才外，还应对现有的文献信息管理人员进行培训，建立健全图书馆人才培养体系，提高图书馆工作人员的能力和素质，包括有独立获取信息的能力和敏锐的信息意识；较高的外语水平和语言表达能力；计算机操作和网络的运用能力；较强的专业基础和自学能力，成为高水平的信息管理人才。

（四）文献信息服务环境的优化

1. 参考咨询虚拟化

虚拟参考咨询服务，指图书馆利用馆藏数字化资源，面对虚拟用户提出的各种咨询问题，进行实时回答的咨询服务过程。数字参考咨询与传统参考咨询最根本的区别在于，它不再围绕图书馆的物理环境进行，而是以每一个用户当时所在的物理环境为中心，在网络环境下，逐渐用广、快、精、准、新的观念和要求改造传统的参考咨询工作，利用现代计算机网络手段，挖掘信息中蕴含的深层次知识内容，提供高质量的参考咨询创新服务，并体现出现代图书馆的深层次咨询服务职能。网络参考咨询服务与传统信息服务相比有着更大的发展潜力。

2. 网络资源导航化

互联网是一个巨大的信息库，信息资源共建共享都是在网上进行，上面的信息十分庞杂，有用的学术信息十分零乱，检索非常困难，所以开展以资源明确性、有序性、可利用性等为目的的网络导航服务显得特别重要。图书馆应充当读者网络信息导航员，通过对网上相应学科专题的资源进行识别、筛选、过滤、控制、描述、评价，向读者提供各种网上检索手段，发现满足用户需求的资源，并根据用户的实际需求和学术特点，有目的地开发和利用各种网络信息资源，节省读者的信息查询时间。

3. 信息需求个性化

数字化图书馆根据用户的需求，把自己的馆藏信息与开发的信息及时、源源不断地通过网络提供给用户，为用户创造符合个性需求的信息服务环境，提供定向化的预定信息与服务，在信息内容和传递方式上突出个性化，并随着需求的变化而变化，从而满足特定用户和特定任务的需要。它是向用户提供满足其个性化需求的信息内容和系统功能的一种服务，也是根据读者的个性特征、兴趣爱好、行为需求及知识含量，去粗取精、去伪存真，提升知识价值，收集、提供适应读者个性化需求的信息服务过程。

4. 服务技能现代化

在网络环境下，图书馆应对馆员进行各种技能的培训，使其成为具有现代化意识、掌握现代化服务多种技能的复合型人才。这表现在：一是能够熟练用微机进行操作，能够利用现代化信息技术，将分布在网络中的众多数字化信息有序地分类组合，并将有价值的信息筛选出来提供给需求者。二是要有识别信息真伪的能力，对有谬误的信息能够进行修正，为需求者提供有用、正确的信息。三是能指导信息用户更有效地进行网上检索，起到信息导航员作用。四是不仅要有专业知识，而且还应精通各学科理论，了解国内外大事，掌握当前研究领域的难点、热点和前沿问题。

数字技术和多媒体技术的发展，极大地提高了用户获取信息的效率和速度，扩大了信息的传播范围，满足了用户的信息需求。图书馆应充分利用强大的网络传播功能及多媒体处理功能，为读者提供正确、有用的网络信息资源，使文献信息的传播环境达到最优化。

第三节　数字化图书馆的资源优化路径

一、基于知识管理的数字化图书馆资源建设的优化路径

（一）知识管理与数字化图书馆资源建设的优化

在知识经济时代，经济的发展是以高新技术产业为支柱的，企业的发展日趋向高技术化、知识化转化，知识管理首先应适用于这些新兴的"知识型"企业。目前，以微软、英特尔、安达信等跨国公司为代表的"知识型"企业纷纷推出了各自的知识管理方案或行动计划，由此产生了相当可观的经济效益，这种模式被称为"微软管理模式"，被众多企业效仿。在数字化图书馆的建设中，知识起着重要的作用，图书馆如何运用知识管理的理念指导和优化数字化图书馆资源的开发建设，以提高图书馆在不断变化的数字环境下的应变能力，是图书馆在 21 世纪自我生存和发展的必然趋势。

1. 知识创新和知识重组——改变传统的"藏书建设"理念

传统图书馆的藏书建设侧重于表达知识的记录型信息，即侧重于显性知识的管理，而往往忽视隐性知识的管理，这里所指的隐性知识包括图书馆馆员或用户个人的知识、经历和工作技巧等。其实，隐性知识对于从事知识创新更为有效，它存在于人们的脑海里或者组织的结构和文化中，是工作中所取得的经验性知识，不易被他人获知。知识重组就是有效地组织隐性知识，精练、提取、发现隐含在信息中的有用知识，对其进行集合组织，设立一个包含信息使用者所需的相关知识信息的内容和地址的知识库，最终实现知识的转换和创新，因为只有这样才能实现知识的共享和交流。图书馆的知识管理属于公共知识的管理，其重点是：显性知识的有效开发、研究和应用，馆员或用户隐性知识的交流、共享和创新，加快隐性知识的显性化，实现显性和隐性知识的转化和共享。从事知识创新是图书馆馆员在数字化图书馆时代的重要使命，如图书馆的定题服务，就是把知识作为产品的一部分，要想使产品增值，这些知识就必须是最新的。图书馆馆员要利用知识的原材料，通过科学研究把握知识之间的关系，来生产、创造新的知识。

2. 知识仓库——数字化图书馆资源建设的核心内容

在数字化领域中，图书馆的工作重心开始移向网上信息的描述、管理和服务，

利用现代化技术将更多的特色资源和常用资源数字化，通过元数据的应用，对这些信息资源进行组织研究，最终形成知识仓库。知识仓库是一种特殊的信息库，库中的元数据有相关的语境和经验参考。知识仓库相对于数据库而言，拥有更多的实体，它不仅仅存储着知识的条目，还存储着与之相关的事件、知识的使用记录、来源线索等相关信息。知识仓库是一个有机体，其生命力在于不断地更新。不断地周期性地对知识仓库内的知识评价更新，才能提供全面、广泛和准确的信息源。

各种特色数据库是知识仓库的主要数字化资源。目前，我国众多的图书馆、信息服务机构和商业公司已经开发了许多数据库，其中包括馆藏书目数据库和馆藏期刊数据库及特色数据库、专业数据库和商品化数据库。网上中文数据库是数字化图书馆建设的重点，我国具有代表性的网上中文数据库有：中国期刊网、万方数据库资源系统、中国数据库和中国科学院科学数据库等。这些数字化学术资源，都可以进行面向内容的知识管理，基本能达到"为最需要的人，在最需要的时间，提供最需要的知识"的目的。

（二）知识管理和人力资源的开发与利用

知识管理理论的一个重要思想就是强调人在知识管理过程中的核心作用。人既是管理的主体，同时是管理的客体，人力资源是图书馆知识资源中最具创造力的资源，我们将其纳入整个资源体系中。这种资源体系主要由以下两部分构成。

1. 图书馆知识主管（CKO）体制——一种新的组织管理方式

现代信息技术已成为影响企事业单位竞争力的重要战略武器。信息就是财富，信息就是机遇，谁捕捉的信息越多，信息投入越大，所得的回报就越丰厚。要从混杂的信息中过滤出具有价值意义的信息，就需要有一双能够识别真假虚实信息的"神眼"。图书馆知识主管的职责是要建立一个知识积累、信息共享的环境，监督和保证知识仓库内容的质量、深度和广度，时时捕捉社会、图书馆本身和图书馆馆员的知识需求，为知识库不断注入新内容，使之及时更新，保障知识库设施的正常运行，促进知识集成、知识生产、知识转让和知识共享。这些知识不仅仅是数据，更重要的是深入人心并存储在大脑中和发表著作中的智力资本。

2. 图书馆的人才建设——数字化图书馆信息资源建设的关键

人在知识管理中处于核心地位，要建设一流的现代图书馆，就必须拥有一流的图书管理方面经验的人才。图书馆馆员应具备较高的信息素养和知识素养，使自己成为一个独立的终身学习者、知识的创造者、知识的中介者、信息的提供者。在网络环境下，用户要在海量信息中寻找自己所需的信息，很容易迷失方向，产生信息混乱。知识地图是利用现代技术制作的知识资源的总目录及各知识款目之间关系的综合体，实质上是知识目录的总览。图书馆馆员通过编制知识地图、培训用户等方式帮助人们识别、找到他们所需的知识。馆员也从图书保管员向知识导航员过渡。

知识信息咨询也是现代信息产业的重要组成部分，信息咨询水平的高低直接影响图书馆未来的社会地位及影响力。图书馆馆员依托于丰富的数字化图书馆信息资源、先进的信息咨询工具和 Internet 网，提供的服务范围包括定题服务、科研查新服务、读者培训服务等，并力图向全社会深入广泛地延伸，向全方位的服务模式转化。咨询馆员要根据馆藏特色和市场经济对信息的需求，与各级图书馆、科研机构、学术团体、金融、贸易等领域的咨询机构合作，扩大服务范围，提供人才、物资、市场、金融、法律等综合咨询服务，开展常年的信息代理、中介服务、技术咨询、专题资料的搜集和跟踪服务。

因此，图书馆要根据整体资源配置的需要，积极引进一些学有特长和特殊专业的人才；馆员应定期接受教育培训，积极参加各种会议及学术交流，不断更新自身知识，提高自身的竞争力。总之，图书馆馆员应立足于丰富多彩的图书馆实践，通过捕捉、发现实践中的问题，对其加以创造性的研究，为发展和完善图书馆理论体系增砖添瓦，成为发展和创新图书馆学的一支重要力量。

二、数字化图书馆中网络信息资源的优化整合

网络环境下图书馆信息资源的优化整合与开发利用，是国内外图书馆理论界探讨的重大课题之一。该成果通过对我国东、中、西部各行业有代表性的图书馆进行实地调研，在参考借鉴国外图书馆信息资源整合开发的实际操作模式和成功经验基础上，对我国图书馆信息资源优化整合与开发利用问题进行了系统研究，并提出了相关工作思路和应对措施。

（一）图书馆信息资源的优化整合

1.图书馆信息资源优化整合的原则性

具体有以下几种。

（1）科学性。信息是一种网状结构，由众多结点和结点间的联系组成。结点是组成信息的最细成分；信息关联是若干个信息因子间的联系。信息资源的优化整合针对的是信息因子的有序化和信息关联的网络化。

（2）系统性。网络环境下图书馆信息资源由实际馆藏和虚拟馆藏两部分组成。只有系统地、连续地从馆内与馆外、国内与国外收集和积累各种数字信息资源，

进行优化整合，才能不断充实和发展图书馆的实际馆藏和虚拟馆藏。

（3）标准化。传统图书馆在信息资源建设过程中采用的软件差异很大，各馆的数据库建设也各自为政，其标准和格式不一致，无法在网上共享。信息资源整合必须按标准进行。

（4）共享性。图书馆间只有通过协同发展，才能形成互为补充、利用、推动的文献信息资源保障体系，才能最终实现提供网上信息服务，发挥信息网络的作用。

（5）效益性。社会效益指数字化图书馆运行所产生的有益于社会进步的效果，给读者所带来的满意程度，对社会发展所起到的促进作用等。经济效益主要指图书馆对科技进步、宏观决策以及相关产业发展所起的作用。

（6）特色性。从网络整体出发，进行资源的合理配置，把图书馆网络建设纳入整个地区、国家和全球信息网络中，加强特色数字信息资源开发，建立特色数据库。

（7）安全性。采取必要措施，保证图书馆网络与信息资源的安全与正常运行。保护措施有：防火墙技术、VPN（虚拟专用网）技术、加密技术、网络病毒防治技术、跟踪检测技术等。

2. 图书馆信息资源优化整合的基础

信息资源网络建设是信息资源优化整合的基础，信息资源网是根据用户的不同信息需求，有针对性地进行有关信息的采集、加工、包装，形成信息产品提供给用户，在通信网和增值服务网上组织运行的信息应用系统。

3. 图书馆信息资源优化整合的重点

网络环境下图书馆数据库建设应走馆际联合协作的建设道路，同地区、同专业类型、同系统馆间应分工协调，尽可能地避免重复建设和人力物力的浪费。

4. 图书馆信息资源优化整合的目标

现代图书馆更加注重信息资源开发利用程度，最大限度地满足不同用户的需求。信息资源体系建设以网络为依托，将不同的馆藏资源共享，满足更大空间范围内用户的信息需求。

5. 图书馆信息资源优化整合的方式

具体的方式有以下几种。

（1）文件方式。文件是一个具有符号名的一组相关的逻辑记录的集合。网络条件下以文件方式整合信息资源有简单方便的优点，能存储非结构化信息。

（2）数据库方式。数据库是在存储设备上合理存放的相互关联的数据集合。信息能高速处理大量结构化和非结构化数据，以信息项作为数据的最小存取单位。

（3）主题树方式。主题树提供一种界面机制，用户通过界面与网络信息资源的主题目录交流，通过主题目录间接地连接多个实际的数据资源。信息检索由用户按规定的分类体系逐步查询，目的性强，查准率高，具有良好的可扩充性和严密的系统性。

（4）超媒体方式。超媒体技术将文字、声音、图像、视频等多媒体信息以超文本方式整合起来，用户通过高度链接的网络结构在各种信息库中自由航行，找到所需要的信息。超媒体方式具有联想式的信息整合方式，具有图、文、声并茂的信息服务功能。

（二）图书馆信息资源优化整合的工具

具体的工具可以分为以下两种。

1. 分类法

分类法把表示各学科的类目，按信息资源分类原理进行系统排列，并以代表类目的数字、分类号作为文献主题的标识。分类法主要按学科、专业集中文献，并从信息资源分类的角度，揭示各类文献在内容上的区别和联系，提供由分类检索文献的途径。

2. 主题法

主题法将自然语言的词语经过规范处理后直接作为文献主题标识，并按字顺排列，结合参照体系和其他方法间接地显示概念之间的关系，提供由事物名称检索文献的途径，包括标题法、单元词法、叙词法、关键词法、自由标引法及其他自然语言检索法。

（三）图书馆信息资源的开发利用

1. 确立战略目标

（1）主客观条件。客观条件包括信息源、资金、设备、人员以及政策、法规等。主观条件指从事信息资源开发人员的能力。信息资源开发利用的战略目标应为，符合我国图书馆事业发展的状况，遵循信息资源开发与利用的规律，不断提高图书馆信息资源开发与利用的程度。

（2）目标分解。近期目标在3—5年内实现，主要任务包括搞好信息资源的普查，制定信息资源开发与利用的相关政策与法规，开发一些信息资源加工的软件，构建大型常用数据库平台；中期目标在5—10年内实现，主要任务是不断开发出符合我国信息资源发展特点的软件，建成具有自己特色的大型数据库，实现国内信息资源的共享；远期目标在 10—20 年内实现，在完善信息资源网络和实现信息资源共享的基础上，积极参与国际信息资源建设的竞争，实现全球资源共享。

2. 应遵循的原则

（1）客观性。要客观冷静地分析经济实力及信息资源开发能力、加工速度、利用程度等，任何方案的制定都应符合客观实际。

（2）针对性。由于信息资源的多元化，不同时期的信息资源呈现出不同的特点，因此，信息资源的开发与利用应加强针对性。

（3）整体性。网络环境下的信息资源分两部分，一是印刷型，二是非印刷型，它们相互依存、相互补充，构成了网络环境下的信息资源体系。

（4）效益性。从管理学的角度看，人本原理、系统原理和效益原理是任何一种管理都必须遵循的三大原理。人本原理和系统原理是管理的保障，而效益原理是管理的出发点和归宿，提高效益是管理的根本目的。

3. 开发利用的形式

（1）多级开发与利用。根据原始信息资源编制有关书目、索引，为一级开发；根据信息资源编制文摘或资料，为二级开发；根据收集到的信息建立全文数据库或系统档，为三级开发；对信息资源进行专题分析、综述，为四级开发。

（2）系列开发与利用。信息资源的题名、责任者、国际标准书号、分类号、主题词等信息资源开发点和利用点，形成了信息资源开发与利用的多视角，成为从不同角度开发但又相互配套的系列研究产品。系列开发还应该包括对某一用户进行连续不断的信息服务。

（3）合作开发与利用。图书馆之间、科研机构之间、企业之间、图书馆与其他行业之间以及跨行业跨部门之间的合作，是确保信息资源开发工作向纵深方向发展的基本保证，也是提高信息资源利用率的前提。

（四）信息资源优化整合与开发利用的具体建议

1. 宏观调控，组织协调

建立一个全国性信息资源管理的职能机构，负责全国信息资源建设、布局、共享及优势互补的总体规划，组织实施全国各系统、各地区图书馆信息资源的合理配置、优化整合及开发利用，对信息化、自动化、网络化建设和发展等进行统一规划和指导。

2. 规划目标，分工协作

从全局出发，制订有关图书馆信息资源优化整合与开发使用、共建共享和发展方向的规划目标，用这一规划对信息资源建设进行统一管理、统一协调，最终建立起多级的信息资源保障体系。按照分工的原则，中央级组织机构负责全国的信息资源开发与利用，各省、市级负责本省、市信息资源的开发与利用。

3. 制定法规，规范标准

尽快颁布有关法规法令，把信息资源建设置于法律监管之下，制定有关的标准与规范，使信息资源建设大到知识产权、小到信息加工的标准都做到有章可循。

4. 多种渠道，增加投入

网络环境下图书馆数据库建设是首要任务，应更多地增加专项资金投入。在政府加大投入的同时，各馆可根据数据库类型和规模的不同，利用国家投资、社会集资或机构内部匹配资金，有计划地建设各种数据库。

5. 加强队伍建设，提高素质

必须造就一大批懂图书馆管理，掌握计算机技术的复合型人才：要系统学习图书馆学理论，运用理论指导实践；不仅能熟练使用计算机，掌握外语、网络、国内和国际联机检索及网络技术，还要有网络维护、开发软件的能力；同时，要进一步加强在职人员的业务培训，从整体上提高馆员的业务素质和工作能力。

6. 信息资源共建共享

图书馆信息资源的优化整合与开发利用必须走合作开发之路，走共建共享之路。利用整体的智慧、资金、人才，采取共建策略，是实现网络环境下图书馆信息资源优化整合与开发利用的唯一出路。

三、数字化图书馆资源积累模式优化策略

以高校数字化图书馆为例，在建设数字化图书馆的同时，提高网络信息资源服务水平，是当前高校图书馆发展的重要目标。重视资源积累工作、努力实现数字化资源的高效积累，成为高校数字化图书馆建设的一项重要任务。数字化资源积累方式有自建、购买、馆际共享等，各种积累方式又有其自身的优缺点与适用前提。通过发挥优势、弥补不足的方式来优化资源积累模式，是实现资源高效积累的有效措施。本书在对比分析各种资源积累方式特点的基础上，结合实际工作，对高校数字化图书馆资源积累模式的优化进行了具体的分析。

（一）资源积累模式

高校数字化图书馆资源积累方式，可分为自建数据库资源、商业化数据库资源、馆际共享数据库资源，互联网检索资源等。

自建数据库是工作人员将馆藏资源进行数字化处理，或馆藏数字化资源整理，并收录入数据管理系统而成的有形资源，包括随书光盘、学位论文、影音数据库等。

商业化数据库是数字化图书馆以试用或购买的方式从信息服务企业获得的资源。由于数字化图书馆只有商业化数据库的使用权而没有所有权，因此商业化数据库资源属于一种无形资源，如 CNKI、维普、超星、Elsevier 等。

馆际共享数据库是高校图书馆通过馆际合作、资源共享获得的数字化图书馆自建数据库资源。馆际共享形式一般有两种，一种是"自建—共享"，另一种是"共建—共享"。

互联网上存在大量免费资源，图书馆工作人员通过搜索、整理的方式进行资源获取，也是高校数字化图书馆资源积累的一种有效方式。

（二）资源积累方式特点

自建、购买、馆际共享、网络检索等方式都可以实现资源的有效积累，但各种资源积累方式又存在一定的优缺点与适用前提。通过对这些资源积累方式在人力投入、资金投入、数据可靠性与完整性、读者服务稳定性与网络环境方面的特点进行比较，可以发现，自建、购买、试用等资源积累方式都存在一定的缺点，馆际资源共享的方式又以馆际合作与自建数据库资源积累为前提条件，因此只有根据高校数字化图书馆的特点与实际情况，合理优化资源的积累模式，才能实现资源的高效积累。

（三）资源积累模式优化策略

1. 自建数据库

自建数据库资源既是高校数字化图书馆建设水平的标志，又是馆际合作、资源共享的基础，因此，自建数据库应作为高校数字化图书馆资源积累的首要方式。高校数字化图书馆在自建数据库过程中应做到以下几点。

（1）根据本校教学、科研特色及本馆馆藏特色，重点进行特色数据库建设。特色数据库资源既是区别于其他高校数字化图书馆的关键，也是吸引读者的关键所在。在工作人员精力有限的情况下，重点对适用于本校读者的特色数据库进行建设，既能更好地服务于读者，又避免了数据库重复建设问题。

（2）做好馆藏数字化资源的整理、入库工作，提高自建数据库积累的工作效率。随书光盘、学位论文、影音资源等不需要数字化处理，经过简单整理后就可纳入自建数据库，能够显著提高自建数据库积累的工作效率。

（3）重视互联网资源的搜集、整理，不断扩充自建数据库资源量。互联网上具有丰富的免费资源，工作人员通过搜集、整理的方式将有价值的内容纳入自建数据库，可进一步实现自建数据库资源量的扩充。

2. 购买数据库

商业化数据库以其内容丰富、服务稳定、数据完整可靠等优势，成为高校数字化图书馆资源积累的重要补充。对于高校图书馆这种非营利服务部门来说，如何做到在尽量满足读者需求的前提下，减少资金的投入，成为购买商业化数据库的根本原则。在进行商业化数据库购买时，应做到以下几点。

（1）读者调查、读者决策。高校数字化图书馆在购买商业化数据库时应按照先试用后购买的步骤进行。在试用过程中，通过读者调查方式对数据库内容的丰富性、服务的稳定性等指标进行评价，并根据评价的结果来决定是否购买该数据库，这既体现了数字化图书馆以人为本、读者至上的服务宗旨，又避免了盲目购买商业化数据库所造成的资金浪费。

（2）避免重复购买。当前同种类型的商业化数据库有很多，在选择购买时要本着数据库内容丰富、完整、服务稳定的原则，避免同种类型的数据库重复购买造成的资金浪费。

（3）合理决策并发读者数量。购买商业化数据库并发读者的数量与资金的投入成正比，因此对读者访问数据库情况进行记录、统计与分析，合理决策并发读者数量的大小，不仅可以提高所购商业化数据库的利用率，还节省了资金的投入。

3. 馆际共享数据库

馆际共享数据库作为一种高效的资源积累方式，符合了读者群的要求，是当前高校数字化图书馆资源积累应努力实现的目标。馆际合作与自建数据库资源积累作为实现资源共享的两个基本前提，在高校数字化图书馆建设过程中应受到广泛重视。为了更好地加强馆际交流合作、实现资源共享，应做到以下几点。

（1）加强高校数字化图书馆建设，提高特色数据库资源的积累量。高校数字化图书馆不仅要重视资源的积累，还要保证读者服务的稳定性。通过提高网络信息资源服务水平的方式来吸引其他数字化图书馆的交流与合作，进而实现数字化图书馆间的资源共享。

（2）加强高校图书馆之间的交流，在高校间树立良好的形象。馆际交流促成了馆际合作，高校数字化图书馆在建设过程中应重视与其他数字化图书馆之间的信息交流，并在其中树立良好的形象，为以后的馆际合作奠定基础。

（3）积极联合其他高校数字化图书馆进行特色数据库的共建与共享。一所高校建设特色数据库的能力毕竟有限，因此，通过积极组织、联合其他高校的方式进行特色数据库共建与共享，既减少了人力资源的投入，又可实现资源积累。

4.整合互联网资源

互联网资源的检索费时费力影响读者获取信息资源，因此，高校数字化图书馆应重视网络导航系统的建设。图书馆工作人员通过积极的网络探索，发现有利用价值的免费资源，并将这些资源整合后以网络导航的形式呈现给读者，也是高校数字化图书馆资源积累的有效方式。

数字化资源的高效积累是提高数字化图书馆网络信息资源服务水平的前提。数字化图书馆在加强特色数据库建设、提高自建数据库效率的同时，应积极通过馆际合作寻求高校间数据库共建与资源共享，并严格遵循商业化数据库采购流程，提高商业化数据库的利用率、减少资金投入，最终在优化积累模式的基础上实现资源的高效积累。

第四节　网络环境下的安全优化路径

当前，随着信息时代的迅速发展，互联网已成为社会上信息资源传播的重要渠道。图书馆是人类社会各种知识信息的载体，它为人类保存着"我们这个世界的绝对价值"——知识和思想。与此同时，用户对图书馆的信息服务提出了更高的要求，所以，图书馆的信息服务工作必须与时俱进，跟上时代的潮流，寻求新的发展思路和突破。其中，电子阅览室成为读者的有效辅助设施，随着信息网络化的发展，读者使用电子阅览室的频率也越来越高，所以加强电子阅览室管理，优化学习环境，是提高电子阅览室使用效益的有效途径。另外，随着计算机和网络技术的发展，数字化文献资源建设已不再局限于传统的文本图片等类型的媒体资源，音视频等多媒体数字信息资源的数字化加工、存储和传播及应用也日益成为图书馆数字化服务和建设工作中的一个重要组成部分。流媒体技术的出现，使多媒体信息资源在互联网上的通畅传输成为可能，也为图书馆的服务创新带来了一些思考。

一、在网络环境下的图书馆信息服务工作

（一）网络环境下图书馆开展信息服务工作的重要性

1. 图书馆信息服务范围和信息服务方式的变化

图书馆的信息服务不仅要服务于本馆的工作人员，还要面向社会大众。随着信息服务范围的变化，信息服务方式也发生了改变，当今是电子计算机、因特网被广泛应用的时代，现代化的图书馆必须彻底打破传统图书馆手工借阅的方式，使用户不受时间和空间的限制，通过计算机终端随时随地获得所需的文献信息。

2. 信息服务内容和信息服务质量的变化

电子出版物的出现和国际互联网的迅速发展，极大地丰富了图书馆信息资源服务基础，使总资源结构发生了重要的变化，对用户来说获取某些需要的信息，无论是通过本馆收藏，还是通过网络存取，信息质量并没有区别。而图书馆也越来越重视信息资源的信息浓度，以便在信息内容上满足用户的需求。随着信息内容的不断增加，信息服务质量在发生变化。在网络环境下的信息服务工作必须具有较高的品质，具体可表现为快、新、全、精。"快"就是提供信息服务的速度快；"新"就是指信息内容新；"全"就是指信息资源共享材料全；"精"就是指信息内容精确。由于科研人员水平的逐步提高，其信息需求也向高层次方向发展，因此这就要求图书向有特色的信息内容方向转化。这些都是传统的图书馆信息服务无法实现的。

3. 读者需求的变化

要求图书在收藏对象和整序方法等方面做出相应的改变。从收藏对象方面来看，在网络环境中，传统图书馆以纸质文献为主的馆藏体系，将成为图书馆迈向现代化——实现电子图书馆的障碍，因为后者是利用计算机即无纸化来处理信息，而我们所使用的计算机不能直接识别和处理纸质文献信息。传统图书馆向电子图书馆的发展演变的过程，也就是图书馆收藏从纸质文献为主向电子文献为主转变的过程，在未来相当长的一段时间内，文献收藏类型将会出现两种类型并存的局面。但从发展趋势来看，电子图书必将逐步成为图书馆的收藏对象。从整序方面来看，对文献资源进行整序是图书馆馆员最基本的职能之一，网络环境下，因为"馆"的概念既包含本馆馆藏资源，又包括网络上的"虚拟馆藏"，所以文献资源共享源的整序就必须包括馆内的文献资料的整序和网络信息资源的整序。它们的根本区别在于，传统的文献资源整序的对象是静态的纸张型的信息，而网

络信息资源整序的对象是动态的电子型的信息。为了适应以上新的情况，图书的信息服务项目工作应有新的思路。

（二）在网络环境下图书馆开展信息服务工作的若干思路

在网络环境下，用户对信息的需求不再是书目信息，而是希望得到更多的全文本或多媒体信息，即用户对图书馆的服务项目已从单一的文献信息服务转向全文献信息的集合、联机检索、信息查询等为一体的服务方式。这样，就必须开创网络环境下的图书馆信息服务的新格局。

1. 要树立"以人为本"的服务观念和方式

在网络环境下，首先要转变图书馆信息工作的服务和观念，树立"以人为本"的服务方式和宗旨，开展图书馆个性化和人性化的服务项目方式，在跟踪服务、定期服务的基础上，结合网络信息资源的特点，针对每个用户的不同特点和需求进行有针对性的服务，并通过查询用户利用信息资源的档案记录或进行问卷调查的方式来掌握用户真正的信息需求，有针对性地进行挖掘、筛选，并通过电子邮件等方式给特定的用户，使用户感觉到图书馆信息服务的主动性和科学性。

2. 各图书馆要建立特色数据库，实现资源共享

建立图书馆特色数据库是实现计算机管理的前提条件，是图书馆现代化发展的基础。随着经济的发展，信息资源的丰富，除了建立文献数据库、索引数据库、书目数据库以外，还要建立有特色的数据库和专题数据库；另外，还应根据自身文献资源优势和自身图书馆馆藏的特色有针对性地开发特色数据库。如以图书馆重点收藏的核心文献——马列著作、毛泽东思想和邓小平理论的著作、文献和各级机关的决策性信息及各种资源为重点建立图书馆特色数据库和专题数据库，为用户的参考咨询工作提供丰富的信息资源。而一般性的文献可以用文摘、题录等形式建立数据库。在网络环境下，图书馆还应进行图书馆联合作业。首先是联合编目分类。其特点为"好、快、省、多"，这样提高编目分类的效率。其次是馆际间联机检索。馆际间联机检索就意味着各成员馆可以根据网上提供的各种动态，反映文献状况的信息，了解网上的文献资源，获取所需要的文献资料。最后是实现馆际间的互借与资源共享，各成员馆可以通过网上预约功能，实现馆际互借，从而提高馆藏的使用率。

3. 必须加强图书馆信息服务工作的广度和浓度

在网络环境下，随着信息数据数量地剧增，在大量的信息海洋中寻找有价值的文献信息精品会越来越难，这样就会形成一个"信息孤岛"。所以图书馆要学会在大量的信息中挖掘精品信息，并将其收集；通过分析、研究撰写二次、三次

文献，把有用的高质量的信息提供给用户，图书馆不仅要建好自己的网站，还要不断拓展信息服务工作的范围和深度。如在网络环境下开展自己的信息导航、信息检索、信息传递以及参考咨询等信息服务工作。建好自己的网络体系，拥有提高数据信息服务的专用服务器，在教育科研网上拥有自己的独立的网络窗口，从而提高本馆的知名度。

4. 各图书馆馆员要注意吸收先进的网络技术为用户服务

图书馆应该利用因特网上现有的搜索引擎，把用户研究的课题等资料整序情况提供给用户，指引用户正确使用检索系统，并建立专业的（或专题）的信息资源导航库。这样可以有效为用户提供方便快捷的信息服务工作。

5. 图书馆必须培养一支高素质的专业人才团队

在网络环境下，图书馆馆员所面临的挑战是前所未有的，从馆藏文献到网上信息的有效组织再到信息服务，都需要一支高素质的、能胜任文献信息资源组织的专业队伍。图书馆要想在未来的信息服务中发挥作用，图书馆馆员必须在业务知识和操作技能上加强自我学习。在学习的过程中，不仅要使自己成为图书馆的业务员和计算机网络的维护员，还要使自己成为未来信息服务中的文献信息管理者、网络导航员等新角色。

6. 加强图书馆用户使用文献信息的能力

因为每个图书馆都有其特定的读者群，特定的读者群自然有其特定的信息需求和特定的信息服务，所以图书馆的任务不仅是向用户提供文献信息，还在于教会用户如何利用先进技术获取所需的信息，因此，图书馆应培养用户识别信息、查找信息和利用信息的能力，还应有针对性地为用户提供信息资源方面的服务。

二、网络环境下电子阅览室的管理与建设

当前，传统的图书馆信息服务已经无法满足用户的需求，而电子阅览室将发挥更大的作用，因此，加强电子阅览室的管理，优化学习环境，是提高电子阅览室使用效益的有效途径。

（一）提高阅览室工作人员的业务能力，优化学习环境

电子阅览室是指图书馆管理员在一定的环境中使用一定的媒介和方法，有计划、有目的地进行素质教育和培养的过程。在这一过程中，电子阅览室工作人员的工作有着不可忽视的促进作用。电子阅览室工作除了要求电子阅览室工作人员培养强烈的责任心和良好的职业道德外，还要求他们成为一支胜任其职的专职管

理队伍，提高他们履行岗位职责所应具有的业务能力。从这方面来看，电子阅览室工作人员必须具备如下条件：对用户的需求情况有所了解；具备一定的专业计算机技术和操作技能，能迅速地判断一般性的故障，并熟练地将其排除。

（二）明确阅览室工作人员的工作职责，是优化学习环境的关键

电子阅览室出现故障的主要原因是使用率高，对其重复使用不便管理。当前，电子阅览室学习设备不能满足用户的需求，经常处于超负荷运行，是造成设备完好率差的主要原因，但更主要的原因是维护人员缺乏设备使用和设备维护方面的知识。在电子阅览室，用户以设备为手段来完成学习，一流的学习质量需要一流的学习设备和管理来保证。有了先进的学习设备而无人管理或管理不善，先进的设备也会闲置或不能发挥其应有的作用。电子阅览室应建立和健全制度，加强对于使用者（包括学生和老师）的管理。就这一方面而言，明确阅览室工作人员的岗位职责，是优化学习环境的关键。阅览室工作人员的基本职责应该包括以下几个方面：熟悉和掌握设备的性能、操作规程和使用状态，做到心中有数、操作自如。在用户初次使用前，阅览室工作人员应向他们着重说明各种规章制度和纪律处罚原则；要建立学习设备的检查制度，包括日常检查和定期检查。日常检查是经常性的维护保养措施，主要放在每次使用前后进行，重点检查易损部件和设备的运行状态；每一段时间至少进行一次检查调试，通过检查调试发现设备潜在的问题及保养情况，及时进行维修，使设备处于良好状态，这样既能保证用户的需要，又能使设备得到有效的保护，延长其使用寿命。

（三）提高管理员的技术，是提高电子阅览室的使用效益的有效途径

加强对设备的管理，使学习设备经常保持完好，是用户能在电子阅览室中顺利完成学习的保证。目前电子阅览室设备发展很快，从简单的听音、对讲到多媒体，设备越来越复杂，功能越来越齐全。但是有些功能的使用率却极低，很多用户往往是将功能电子阅览室当作单一的"网吧"使用，没有充分发挥先进设备的使用效益。要提高电子阅览室的使用价值，管理员起着主导作用。提高管理员的技术，是提高电子阅览室使用效益的有效途径。

因为每个用户的需求有所不同，且他们没有经过专业知识的培训，对于掌握设备的性能有一定的困难，很难去研究设备的性能及操作程序。所以，用户在操作使用设备过程中难免会出现问题，并影响学习效果，也就更谈不上进一步开发利用设备的功能。要提高管理员的技术水平，应对管理员经常进行操作培训，特别是对新电子阅览室的管理员更要进行系统的培训，使他们到电子阅览室上课时

能正确、熟练地使用设备，并对所使用的电子阅览室的主要技术性能，包括主控台的配置方法都要有一定程度的了解。目前，大部分管理员仅能进行简单操作，要改善这样一种状况，就要有针对性地加强图书馆管理员的计算机能力训练和培训，使他们能充分地利用和开发设备功能，提高电子阅览室的使用效益。

（四）加强卫生管理，优化学习环境，是调适用户心理的客观因素

在学习过程中，很容易被人们忽视的因素就是用户的心理状态及调适工作。用户的心理状态如何对于获取知识的效果事实上有直接的影响。其中，图书馆电子阅览室的室内环境对于用户的心理状态有不可忽视的影响。如果图书馆电子阅览室的室内环境遭到污染，包括地面上的泥土、灰尘，或是纸屑（更不用说桌面上的涂鸦了），都会影响用户的心理状态、注意力及情感，这是一个最棘手最难管理的问题。因此，加强实验室的卫生管理，优化用户的学习环境，是调适他们学习心态，推动和激励他们学习兴趣、学习情感有效的客观因素。

（五）加强交流与协作，是提高电子阅览室使用效益的保证

加强语言实验室管理，优化用户的学习环境，有效地发挥图书馆电子阅览室的特有优势，是现代化教学的现实要求。当前，电子阅览室被广泛应用于大学图书馆，图书馆工作人员应积极学习和掌握新的技术和设备管理方法，熟悉教学状况，以便更好地为获取信息资源进行服务。加强各方之间的交流与协作，是提高电子阅览室使用效益的保证。我们可以采取"请进来、走出去"的方式，加强与语言设备生产厂家（商家）、使用同一设备用户的联系，积极交流开发设备功能方面的经验，提高设备的利用率。

（六）加强信息资源建设，实现电子资源共享

随着计算机技术的普及和网络化的实施，电子文献、网上信息、光盘库、镜像站、电子图书馆等多媒体的文献资源结构正逐渐代替传统的图书、杂志和报纸等文献资源结构。为此，图书馆应立足自身的优势，从以馆藏文献服务为主转为以信息服务为主，建立全新的开放体系；同时图书馆还应加强电子文件的采购，调整传统的出版文献与电子出版物的比例，更为重要的是，图书馆的管理员应熟悉收藏检索工具和全文电子文献的检索工作。也就是说，图书馆在加快其数字化、电子化建设的同时，必须拥有一批具有较高信息素质的、承担电子文献与学生互动交流任务的管理员队伍，培养出能掌握新的信息和电子技术的人才队伍，以满足用户电子资源共享的要求和需要。

在现代社会中，互联网的互动式传播，为人们提供了符合人类联想思维特点的大规模的知识库和信息库，为人们主动地学习新知识，认识新世界，实现自我

发展提供了技术配备和传输方式，图书馆作为公共信息流通的优势不复存在。我们必须有针对性地选择各种电子文献、各种数据库和网络信息源，同时图书馆管理人员应善于利用计算机网络优势，通过网络下载、组织和整理网络信息资源，对网上资源进行评价和选择，以优化图书馆的管理。

三、流媒体技术在数字化图书馆中的应用分析

在今天的网络技术发展下，数字化文献资源建设已经由传统的文本图片转化为音视频等多媒体数字信息资源的数字化加工、存储和传播及应用，流媒体技术的出现，使多媒体信息资源在互联网上的通畅传输成为可能，但也为图书馆的服务创新带来了新的问题。

（一）对流媒体的认识

1.流媒体

流媒体（Streaming Media）是 Internet 网络中使用流式传输技术的连续时基媒体（如音频、视频或多媒体文件）。这些基媒体先经过特殊的压缩，然后分成一个一个压缩包，由服务器向客户机连续、实时地传送，用户不必等到整个文件全部下载，只需经过几秒或十几秒的启动延时即可对其进行查阅，而文件的剩余部分将会在后台从服务器继续下载。流媒体技术包括流媒体数据采集、视/音频编解码、存储、传输、播放等领域。

这里主要有网上电影点播、歌曲点播、电台电视台的网上直播等。我们把流媒体技术引入图书馆的多媒体信息资源管理，正是基于易于管理、使用方便的原则。简单来说就是：把现有多媒体信息资源进行编码后，变成体积相对较小的流媒体文件并放到网络服务器上，有了流媒体技术，读者想观看或收听图书馆提供的多媒体资源的内容，通过网络即可实现，而不用亲自到图书馆中来，也不受图书馆开馆时间的限制，真正实现了打破地域、时空的限制。

2.流媒体的优点

多媒体信息被转换成适合网络传输的特定的数据格式后，没有传统播放系统搜索和更换碟片的现象；支持多点并发，具有一对多、多对多的特性，可满足多人同时在线播放同一个或多个不同的音视频信息资料；采用先进的数据转换压缩技术，支持多种压缩格式，图像清晰，音质优美，即使反复使用，音质和图像也不会受磨损；用户可根据自己的兴趣和需要随时播放多媒体信息，不受时间、空间和地域的限制；流媒体技术边传输边播放，不会在用户端留下任何多媒体资料

的拷贝，对作者的知识产权有了较有效的保护作用；采用流媒体压缩编码技术，文件压缩率高，节省存储空间，传输时对带宽资源消耗低，还不容易造成网络的堵塞。

（二）流媒体在数字化图书馆中运用存在的问题与解决方法

流媒体数字信息资源在图书馆的使用还不是非常成熟，还存在着一些不足，具体表现为以下三个方面。

1. 内容缺乏，更新速度慢

目前，各图书馆的流媒体服务质量参差不齐，普遍存在功能不完整、性能和扩展性较差等缺陷。由于用户资源相对独立，因而导致开发周期较长，业务提供慢，服务模式单一，不能有效地满足需求的变化，缺乏灵活性，而且有很多图书馆自建的流媒体数字信息资源多以娱乐为主，缺乏学术性，缺乏馆藏特色。流媒体的播放方式以点播为主，对直播和广播的运用还不够。数字化图书馆普遍采用了北京爱迪科森技术有限公司的产品——网上报告厅。虽然网上报告厅实现了内容提供和技术支持一体化，但是其内容提供商数量较少，信息种类单一，其合作单位也仅仅是局限在中央党校、中央电台、清华大学、中华医学会、中国医学会、中国经济 50 人论坛等部分权威学术机构专家报告资源。作为图书馆不仅要加强自身的服务内容提供，而且还应积极扩大内容提供商的范围，保证内容提供的可持续，更新的快速化发展。

2. 检索能力尚未实现突破

传统流媒体信息检索除了文本方式以外，就是通过快进快退等简单枯燥手段实现的人工检索，现代的流媒体信息检索希望通过画面、声音、图形活动帧、视频情节等来检索到想要的视频文件或者影像片段，即基于内容的视频检索。例如在电影中检索喜欢的情节，在学术报告中检索感兴趣的话题，在体育节目中检索喜爱的体育活动。基于内容的视频检索，根据视频的内容和上下文关系，对大规模视频数据库进行检索。它提供这样一种算法，在没有人工参与的情况下，自动提取并描述视频的特征和内容。这是一门交叉的学科，它涉及多媒体处理、人工智能、数据库、人机交互界面设计、快速索引等问题。目前国内外已经开发出了多种视频数据检索系统，但技术还不是很成熟。

3. 缺乏资源共享

任何一个图书馆都不可能将多媒体数字信息资源搜集齐全，在实际工作中，各图书馆往往有不同的信息资源，再加上各自为政，因此存在部分资源重复，而一些重要资源却严重匮乏的状况，对此，各图书馆则可以根据自己馆的特点来建立特色多媒体数字信息资源，然后实现共享。

数字化图书馆基于流媒体技术信息共享中可能遇到一些的问题：流媒体技术种类繁多，需要决定以哪一种为处理的范本和提供的形式，版本不同会导致播放过程中的不兼容，影响用户使用，高版本播放工具是可以播放低版本文件的，反之则有；参数设置的不同导致文件大小和文件质量的不同。在数据采集和数据转换的过程中，参数设置的不同会使馆藏文件出现优劣不一致的情形，不利于多媒体文件整体保存，也给用户的选择带来困难。可以采用某种参数作为行业标准，以此为基础提供多形式和样本的服务。转换工具的不同也会导致文件的大小及质量不一致。这是因为在不同的工具环境下，采用的算法是不同的。最好在这种转换过程中使用特定的工具，它不一定是技术最好的，但可以是市场应用最广的，有利于用户使用。

正如盖茨所指出的，流媒体的出现和广泛应用将节省大量的资金，将流媒体与微软的 Office 软件结合在一起，必定为人们的工作带来一场革命。我们同样有理由相信，随着流媒体服务的发展，对流媒体的处理和大量应用，将为数字化图书馆和用户之间的关系带来一场革命，成为图书馆的一大特色服务。

第八章　图书馆阅读服务的理论

第一节　图书馆阅读服务的内涵

一、阅读服务的概念

本书中图书馆阅读服务是指图书馆利用馆藏资源、空间资源、人力资源等向社会公众提供与阅读相关的服务。如阅读推广活动服务、数字阅读服务、阅读空间打造、新书推荐、阅读指导……直接或间接促进国民阅读的服务。信息载体形式多样化带来阅读方式、阅读内容、阅读目的的连锁反应，信息载体有传统、数字、多媒体等多种形式，阅读方式从传统阅读方式到移动阅读、滑频阅读、交互阅读和体验阅读等多元阅读方式共存。

赵俊玲在其著作中指出，虽然阅读是一种个性化体验，但是许多人片面地认为阅读是一种个体行为。她还指出，一个合格的阅读主体不仅应该具有阅读意识，而且还应该具有一定的阅读能力。阅读能力包括选择文献的能力、理解内容的能力、阐释能力与批判分析创新的能力。阅读不仅仅是指个体、单向的行为，同时指一种双向互动的社会活动。激发国民阅读兴趣、帮助国民培养阅读习惯、提高国民阅读能力是图书馆提供阅读服务的出发点和目的。涉及阅读研究的学科十分广泛，如教育学、心理学、社会学、图书馆学等多个学科。

二、阅读服务的特点

图书馆阅读服务是图书馆利用自身资源开展与阅读相关的一系列活动的服务，"以人为本"的服务理念贯穿整个阅读服务。图书馆阅读服务具有以下特点：

（一）坚持以人为本

阅读服务一直坚持"以人为本"理念。随着社会发展，"人"的需求发生改变，阅读方式也发生改变。图书馆阅读服务"以人为本"看似不变但一直随着"人"的需求与时俱进。传统阅读方式主要提供传统阅读服务，数字阅读方式则开展移动阅读服务等数字阅读服务，从安静阅览空间到分享交流、热闹非凡的阅读活动服务，从信息中心角色到创造、分享、休闲娱乐的第三空间转变，"以人为本"理念一直贯穿在阅读服务每一个时期当中，是与时俱进的具体表现。"以人为本"是以满足"人"的需求为出发点，根据"人"的需求变化改变图书馆阅读服务方式和服务内容，是指导实践活动的指南针。

（二）阅读资源多元化

图书馆多元化资源建设，不再局限于传统资源。虽然图书馆传统资源是资源建设的重要组成部分，但是目前图书馆资源形式多种多样，包括纸质资源、数字资源、多媒体资源、三维信息资源和其他形式资源。多元化资源建设为提供高质量、优质化服务奠定了坚实基础。

（三）阅读服务方式多样化

阅读服务有阵地服务、流动服务、阅读空间打造、数字阅读服务、虚拟阅读体验服务、阅读推广等多样化服务。阅读服务已经融入读者生活、工作、学习等各方面，图书馆向集学习、休闲、娱乐、交流、创造于一体的多功能"第三空间"转型。

（四）服务手段智能化

图书馆借信息技术创新之风推动服务智能化发展。大数据、云计算、智能感应技术、智能导航技术和增强现实技术及虚拟现实技术、人工智能、5G等各种新技术逐渐应用于阅读服务，促进了图书馆阅读服务智能化。新技术发展创新引领阅读服务发展。

（五）服务人员专业化

图书馆服务人员专业化是提高服务质量和水平的基本要求，图书馆越来越重视馆员知识结构层次化和专业化。图书馆追求服务专业和服务深度，阅读服务是图书馆服务的核心工作。阅读服务专业化和深度化是图书馆服务的基本要求，因此，馆员专业素养提升十分重要。目前社会各界对于阅读推广人才培养十分关注，图书馆界关于阅读推广人才培养和培训已经开展，对阅读推广人才培养给予高度重视。

第二节 图书馆阅读服务发展演进

长期以来，人们是通过纸本等传统文献载体进行阅读。图书馆提供的服务都是传统模式、被动服务。20世纪初，受人们对图书馆的需求和社会发展对图书馆服务的影响，图书馆出现"开放藏书，启迪民智"的思想转变，使图书馆服务理念发生从"重藏轻用"到"以用为藏"和"以人为本"的转变。这一时期的阅读服务主要以馆藏图书资源外借、阅览为主。从古代藏书楼"藏"的主要社会职能到"开启民智"的公共文化服务设施，图书馆阅读服务处于传统服务时期。

一、传统阅读服务

图书馆传统阅读服务时期的主要内容是文献外借、阅览服务、参考咨询服务以及传统阅读宣传等。

（一）服务内容

1.文献外借

传统阅读服务时期的主要服务是文献外借。文献外借从闭架服务到开架借阅服务，既节省读者时间，也便于读者选择图书。文献外借服务在这个时期主要有传统手工借阅、馆际互借以及流动图书馆借阅方式。

2.阅览室开放

传统阅读服务时期图书馆空间主要作为藏书空间、流通空间和阅览空间。随着开架服务的发展，藏书空间和阅览空间逐渐合一，并且趋向于借、阅、检、询统一服务。阅览室作为图书馆传统阅读服务的实体空间，利用图书馆空间资源为读者提供服务，是阅读空间打造的最早体现。这个时期的阅读空间打造主要为读者营造安静优雅的阅读环境以及阅读氛围。

3.传统阅读活动

图书馆从"为书找人"的角度出发，开展阅读推荐、阅读指导、交流会、培训班、图书展览等形式多样的阅读活动，不仅向广大民众宣传图书馆，而且让更多的人认识图书馆、了解图书馆并走进图书馆和利用图书馆，同时也为阅读服务打开服务新视角。

（二）服务特点

传统阅读服务受到古代藏书楼"重藏轻用""重管轻用"思想和现实条件的制约，图书馆服务工作常常被忽视。这个时期的阅读服务在服务模式、服务观念、服务方式和服务重点等方面具有特定特点。

1. 服务理念被动

传统阅读服务过程中主要围绕"书"和"馆内"开展服务，重心在"藏书"和"管书"方面，因而不能根据读者需求主动提供服务，只能等待读者走进图书馆才提供服务。虽然开展流动服务，但是并未针对读者需求提供，服务被动性较强。

2. 服务内容单一

传统阅读服务时期有图书借还服务、实体阅览空间服务、书目推荐、传统阅读指导、读书交流会、培训班及图书展览等阅读服务，阅读活动存在形式化，读者参与活动较少，对读者活动满意度调查回访等问题也未引起重视。

3. 服务范围局限

传统阅读服务的局限性制约读者对图书馆的认识和利用。服务局限性表现在空间距离、开放时间、管理制度方面。首先，空间距离是指读者与图书馆的距离。空间距离的远近是影响读者需求行为转变为利用行为的直接因素之一。其次，在过去很长一段时间里图书馆的开放时间与读者的工作时间基本一致，导致读者利用图书馆受到了限制。再者，这个时期对图书管理有着严格的借阅、阅览和检索制度，这些管理制度对读者进行限制，甚至有些书库不开放，导致服务的局限性和封闭性。

二、数字阅读服务

随着信息技术的发展，进入到信息化、数据化时期。人们获取信息的方式和手段发生变化。图书馆资源建设出现纸质馆藏和数字馆藏"两条腿"并行的情况，因此图书馆阅读服务也不能停留于传统阅读服务层面。另外，人们对电子书、阅读 APP 等数字阅读媒介的选择也促使图书馆改变阅读服务模式。此外，阅读方式也出现传统阅读、互联网阅读和移动阅读方式共存，国民阅读方式也会改变图书馆阅读服务模式，同时数字化图书馆建设提上日程，图书馆资源建设、管理、服务方式等多方面发生巨大变革。图书馆意识到阅读方式改变，数字阅读对传统阅读的冲击，读图、滑频阅读、听书等成为人们喜爱的阅读方式。图书馆顺应时代发展，阅读服务从传统服务时期进入数字阅读服务时期。

（一）服务内容

1. 阅读导航

阅读导航是图书馆数字阅读服务的第一步。阅读导航指深层次、多角度地组织和揭示信息内容，以读者容易使用的方式展示馆藏，让用户轻松发现所需内容，即帮助读者更有效地找到所需资源。图书馆网站栏目设计和布局体现阅读导航功能，为用户发现馆藏和检索资源提供导向服务。

2. 阅读提供

阅读导航是帮助用户快速寻找资源的服务，而阅读提供则是为用户解决"如何读"的问题。传统阅读载体是纸质文献，数字阅读载体则是数字化资源，图书馆数字阅读提供在线阅读、资源下载和数字阅读器借阅等阅读资源提供服务。

3. 阅读互动

图书馆阅读互动服务是指读者参与到图书馆开展的活动中，实现读者与图书馆馆员、读者与读者之间互动交流。图书馆论坛是读者与图书馆馆员进行交流、评书荐书的平台，论坛是一种随意性较强的虚拟空间，读者可以自由地在论坛上发表自己的想法和建议，而图书馆馆员则需要做好管理和引导工作，保障论坛"杂而不乱"，为读者创建一个良好的阅读交流空间。

4. 移动阅读服务

移动阅读方式兴起，给图书馆的发展带来新机遇和挑战。移动阅读服务是指图书馆针对移动终端推出数字化图书馆 APP 软件或者数字阅读平台，读者在移动终端上可以利用图书馆资源，了解图书馆动态等。移动阅读服务具有移动性与即时性。数字阅读平台在资源整合和共享方面具有优势。虽然目前国内数字阅读平台建设面临很多问题，但是上海市民数字阅读平台和南京图书馆移动阅读平台的典型案例为数字阅读平台建设提供了借鉴经验。即使目前国内图书馆数字阅读平台服务无法像国外一样拥有成熟的电子书平台——Over Drive，但是通过元数据整合数字阅读平台一样可以满足用户的阅读需求。

5. "微"服务。"微"服务是指图书馆利用"微博"和"微信"平台提供阅读服务。"微"服务不仅在宣传推广图书馆方面具有优势，而且在与读者互动、提供咨询服务方面也具有优势。"微服务"是数字阅读推广活动宣传的有效方式，结合线上线下宣传，引导更多读者学会阅读、利用图书馆资源学习，提升个人素养和能力。

6.数字阅读推广活动

图书馆数字阅读推广是利用网络平台提供阅读活动服务，解决了传统阅读服务时期服务受众、服务时间受限的问题，使不能到馆的读者可以通过数字阅读推广活动享受图书馆阅读服务。数字阅读推广活动已经由"网络书香"主题活动发展到了视频、讲座、征文比赛、信息检索等内容丰富的服务。

（二）数字阅读服务特点

1.服务模式主动化

数字阅读服务时期图书馆服务由被动向主动转变。图书馆根据读者阅读方式改变资源建设类型和内容，从传统资源到数字资源等的体系化、特色化建设，为数字阅读服务奠定资源基础。通过网络媒体、新媒体等新媒介向读者推送图书馆相关信息。阅读服务从等待读者走进图书馆到为读者推送信息，主动服务。

2.服务方式多样化

图书馆利用互联网、新媒体开展阅读服务，如电子阅读器外借，数字阅读APP资源、扫码阅读、阅读平台资源整合、数字阅读推广活动等。数字阅读服务方式多样化，在服务中应用新技术，不断提高服务效率，提高服务水平和读者满意度。

3.服务平台在线化

数字阅读服务时期的在线是指在网络平台上开展服务工作，数字阅读服务从实体空间走向网络空间，阅读资源数字化推动图书馆服务空间的拓展和延伸，从服务进馆读者到通过互联网、新媒体等方式服务馆外读者，不仅扩大了服务受众范围，而且还可以将潜在读者转变为现实读者，拉近图书馆阅读服务与读者的距离，同时能够引导读者走进图书馆，利用图书馆的各种资源，进而实现图书馆社会价值。

三、智能阅读服务

随着智慧城市的建设与发展，智慧图书馆研究与实践也提上了建设日程，图书馆阅读服务迎来新的时期——智能阅读服务时期。大数据、数据挖掘技术、物联网技术、情景化技术、RFID技术、3D/AR/VR技术、人工智能等技术的成熟与广泛应用为图书馆带来新机遇。新技术应用目的是提高服务质量和满足用户需求，并非以"技术至上"作为目标。智慧图书馆建设不仅需要人工智能技术的支撑，而且更需要智慧图书馆馆员。智慧馆员是智慧服务、智能服务的核心，技术是辅助手段。

（一）服务内容

1. 智能机器人

智能科技的成熟与应用对于智慧图书馆建设十分重要，图书馆智能机器人服务在阅读服务中发挥着很大作用。智能机器人通过交互系统、语音系统等与读者进行交流，为读者提供图书定位和智能导航，给出最便捷的取书引导路线，这样不仅给读者带来新颖体验，同时能够节省查找资源的时间，提高服务效率。智能机器人还可以提供读报、读书以及分享其他读者读书感悟等服务。

2. 虚拟阅读体验

虚拟现实技术（VR）应用于读者阅读体验，通过穿戴式设备提供虚拟场景体验服务。虚拟体验服务有虚拟+阅读、虚拟+检索、虚拟+查询等。虚拟阅读体验让读者阅读更加轻松、愉快，并且更沉浸于阅读之中。场景式阅读体验是智能阅读服务方式之一，为读者打造了一个全景化阅读空间。现实增强技术（AR）也带来阅读新体验，通过扫描二维码，就可以体验到不同于传统方式的阅读乐趣。如武汉市档案馆联合武汉广播电视台、武汉市文化与旅游局共同出版了全国首部非遗口述AR影像图书——《了不起的非遗》，通过AR技术让阅读与视听完美结合，读者在阅读文本的同时，通过扫码便能观看相关高清视频，将珍贵的非遗口述和影像档案连续呈现。

3. 品牌阅读活动

智能阅读服务时期的阅读推广活动致力于打造品牌化阅读推广活动，通过打造品牌阅读推广活动，形成具有特定目标人群、活动名称、活动标识、活动方案、活动宣传等一系列完整品牌活动规划。这个时期的阅读推广活动从专业上进行深度挖掘，注重活动分级细化，针对更多的群体开展活动，服务辐射面广。

4. 城市公共阅读空间

城市公共阅读空间是图书馆打通"最后一公里"的阅读服务，而且城市公共阅读空间是自助、智能化管理，为人们提供自助办证、自助借还等服务。这个空间从绿色、智能、便民、地域文化的角度进行设计，不仅在地理位置上充分考虑便民，而且还具有地域文化特色。亲民、便民服务方式让更多的人享受到图书馆的阅读服务。

（二）服务特点

1.服务场所泛在化

智能阅读服务场所已经不限于馆内，城市公共阅读空间打造及人工智能技术的应用，使图书馆阅读服务已经渗透到读者日常生活的每一个角落。24小时自助图书馆、城市书房、地铁图书馆等各种服务形式弥补了图书馆阵地服务的不足，同时拉近了人们与图书馆、与阅读的距离。

2.服务融入高新科技

阅读服务应用技术越来越多，新技术的应用使服务高效化、智能化和人性化。3D技术、虚拟现实技术、智能定位和物联网、人工智能等新技术的应用对馆员的专业需求更加严格，馆员的知识素养需要不断提高。

3.服务推送智能化

大数据、数据挖掘、用户画像等新技术的应用是图书馆实现智能化推送的技术支撑。读者阅读信息和行为可以通过图书馆借阅系统和读者信息管理系统进行分析统计，从而对每一位用户的阅读行为进行标签化处理，形成读者的用户"画像"，针对读者的阅读习惯和兴趣进行精准化、个性化推送。智能化推送服务在馆内活动、馆藏结构、馆内导航方面也有所体现，根据读者在馆内位置，通过定位系统进行馆内信息推送，让读者随时了解馆内动态以便及时参与感兴趣的活动。

4.阅读推广品牌化

智能阅读服务时期要求提供优质化服务，阅读推广活动品牌化是图书馆阅读服务主流形式，阅读推广活动针对目标人群策划品牌活动已经成为图书馆界的共识。阅读推广品牌化离不开阅读推广人才培养，因此人才培养成为图书馆服务工作的重中之重。

第三节　图书馆阅读服务持续发展的策略

一、改善数字化图书馆阅读环境

（一）改善馆舍环境

在空间布局上，要让读者有开阔的视野，当他们进入馆内，可以对所藏图书一览无余。这就需要采用藏、借、阅一体的空间布局，建筑设计上采用大开间的布局，开放性的模式首先给读者带来视觉上的冲击。所有的文献资料都全天候开架阅览，使读者更加全面、立体地置身于书海中。传统的封闭模式有高大的墙壁阻隔，查找多个文献资料还需要穿梭于各个不同分类的借阅室中；同时，这种传统的模式对于员工数量上有更高的要求，使馆员不能优化配置。而这种开放式的布局则不仅使读者视野开阔，为读者带来便利，而且还能提高图书馆馆员的工作效率，形成管理开明的高度开放局面。

在条件允许的情况下，数字化图书馆建筑方面可以兼顾艺术与实用。在建筑外观上，设计得更加美观，以达到吸引读者的功能。在室内设计上，数字化图书馆可以使用明亮颜色的壁纸与地板，书架、桌椅美观、大方，使馆内读者轻松、愉悦，以激发读者的阅读热情。数字化图书馆内外环境应宁静优雅、温馨惬意。重视馆内外的美化及绿化工作，为馆内读者创造良好的阅读氛围。

（二）提供无障碍阅读

数字化图书馆设计人员要有无障碍设计的思想，设身处地地为残疾读者着想，从其角度出发，根据残疾读者的个人具体需求进行设计，要做到投有所用。需要建立专门的轮椅通道、标记特殊的触摸符号以及设置专用厕所等无障碍设施，以更好地为残疾人读者提供优质服务。当然，安全问题更是在建设中需要重点考虑的因素，要设计适合残疾读者逃生的设施。同时，在建设过程中，功能划分要明确，根据残疾读者的个人需求，各功能区要尽量避免相互交错，给残疾读者的阅读活动带来负担。

在内部空间的设计上，要具有全面性。设计人员要充分考虑未来的发展趋势，以便日后的翻新及改造；同时无障碍设计要具有前瞻性，能够在相当长的时间内为残疾人读者提供服务，满足用户的需求，以减少对资源的浪费。要固定时间清洁及维护残疾人专用设施，以保证设施可以正常使用；设有专人负责清理通道处的杂物，以免妨碍残疾人读者的出入；对于垃圾要及时清理，以免影响残疾人读者的正常活动；对残疾人读者要采取优先策略；为方便残疾人读者的借阅活动，应为其提供推车等工具；针对占用残疾人专用设施的普通读者，进行提醒及劝阻。

（三）提高馆员素质

数字化图书馆的馆员素质也是影响数字化图书馆环境的重要因素之一，优质的服务可以为数字化图书馆创造一个良好的阅读环境，一个轻松愉悦的阅读氛围。因此，提高馆员的素质相当重要。首先，图书馆要积极组织对馆员的培训工作，使其在业务水平以及个人素质上都能有一定程度的提高。其次，实行奖惩措施，使馆员具有一定的紧迫感，从而激发馆员的工作热情，使其更加尽心尽力地为读者服务。最后，要培养馆员的服务意识，贯彻落实无障碍服务观念，加强残疾人的服务措施。全心全意为读者解决在借阅过程中遇到的各种困难。

当前，数字化阅读日益受到追捧，数字化阅读同样受到关注，数字化图书馆需要引进既懂计算机又精通图书馆学的人才，同时加紧进行馆员知识结构的调整，以适应不断发展的时代需求。而对于数字化图书馆的既有馆员，也应定期组织他们学习计算机知识。

二、开展阅读推广活动

（一）主题阅读

我国数字化图书馆并不受普通大众的追捧，在图书馆建设与服务各方面尚不够完善，另外，对数字化图书馆的宣传工作不到位，这些都制约着阅读推广活动的开展。其中，主题阅读是数字化图书馆阅读推广活动的重要手段。主题阅读活动是阅读推广活动的一个重要举措，它对于阅读推广活动的顺利开展起着至关重要的作用。

首先，数字化图书馆应抓住社会热点，了解大众的兴趣点，相应地开展阅读活动，提高读者参与的热情。举办针对热点问题的主题征文及竞猜活动，为优胜者提供奖品，从而吸引更多的读者参与其中。比如为促进公民的思想道德建设，而开展"公民道德实施纲要"读书专题活动。许多这样的活动，不仅增长了读者的知识，而且还宣传了图书馆的功能，取得了很好的社会效益。数字化图书馆要抓住社会热点，激发国民阅读的热情，开展不同主题的读书活动。

其次，数字化图书馆可以利用节日举行主题活动。利用包括"世界读书日""全民读书月"等特殊的读书节日进行主题阅读活动，以宣传推广图书馆。这些读书节日与数字化图书馆起到相辅相成的作用，一方面，读书日对数字化图书馆起到了宣传推广作用，激发了国民的读书热情；另一方面，数字化图书馆也使这些节日变得更有意义，使越来越多的读者参与其中。比如唐山图书馆就举行了一系列的主题活动，该图书馆使用传统媒介与新型媒介相结合的方式，对主题活动进行宣传推广。大众通过主题活动对数字化图书馆进行了重新定位，拉近了彼此的距离，更是在一定程度上对国民阅读进行了引导，吸引市民充分利用图书馆，以形成全社会的阅读氛围。

（二）读者俱乐部

设立读者俱乐部，是数字化图书馆阅读推广活动的重要方式，它具有公益性和服务性。它在一定程度上不仅可以使越来越多的读者参与其中，更多地利用数字化图书馆，而且也会吸引更多的人主动走进数字化图书馆。俱乐部的活动氛围较为轻松，读者可以共同讨论有关事项，积极听取各方意见、建议，确定活动主题。

读者俱乐部可以拉近读者之间的距离，使读者之间更加亲近，便于彼此的沟通学习。俱乐部根据不同的标准分类，成立不同的部门机构，以更好地聚集同一标准的读者，他们组成联盟，更有针对性地进行活动。这种服务形式具有显著优势。一方面，它是以共同的兴趣爱好为单位，组成各个不同的部门，它的分类标准较为鲜明。会员之间交流频繁，联系较为紧密，使活动可以高效率开展；另一方面，由于活动氛围较为轻松愉快，每次制订主题，都可以相互商讨拟定，不存在一家独大的现象，迎合多数人的趣味，充分体现了民主原则，能激发读者阅读热情。

（三）名家讲座

名家讲座的形式得到了原国家图书馆馆长詹福瑞的充分肯定。他认为，在科学技术高速发展的今天，人们对知识文化的需求越来越大。名家讲座的阅读推广模式，可以为人们获取专业知识，提升自我修养提供更多的可能性。这种模式逐渐成为数字化图书馆进行阅读推广活动的主要方式，并在发展过程中去粗取精，日趋完善，正逐渐改变数字化图书馆被动的状态。

数字化图书馆的名家讲座活动是阅读推广活动重要的途径之一，是各个数字化图书馆的热门选择。比如，长春市图书馆就开展了一系列的名家讲座活动，吸引了一大批读者前去参加。其中包括"国学大讲堂""时尚话题""健康驿站"等一系列大众关心、关注的问题，具有一定的实用性，受到大众的竞相追捧，一时间成为人们津津乐道的话题。淮安市图书馆则立足于高质量讲座，举办"城市教室"等活动，在社会上产生了广泛的影响，越来越多的市民选择在周末去听讲座，而不是进行其他的娱乐活动，这就在一定程度上为数字化图书馆起到推广作用，吸引了大量读者。

名家讲座是重要阅读推广形式。主要原因在于：第一，名家讲座具有公益性。所涉及的读者范围较为广泛，它的免费性为各个阶层、各文化程度等的读者接受。第二，讲座的老师通常具有一定的威望，实力不容小觑，具有较高的影响力。这个特性足够吸引更多的读者参与。第三，名家讲座的内容也多是公众较为感兴趣，与人们的学习、生活等息息相关，这也是它能吸引人们参与的重要原因。第四，讲座定期举办。提前公布每期的主题，使读者有所准备。

名家讲座模式，一方面使数字化图书馆主动走进读者，拉近与读者的距离，能使读者真正认识数字化图书馆；另一方面也吸引人们主动走进数字化图书馆进行阅读，加强了图书馆与读者的联系，成为二者连接的纽带。同时，名人效应发挥重大效力，对读者的阅读活动有一定的指导作用，逐渐成为数字化图书馆优先选择的阅读推广方式。

（四）阅读竞赛

数字化图书馆号召读者参加阅读竞赛，读者在竞赛中获得肯定，激发其阅读热情。作为赞助奖品的各个商家都与图书馆有着密切的合作，图书馆在比赛宣传及广告语中，会对赞助商家进行广泛的宣传，会加大赞助商的曝光度。在一定程度上，广告商、数字化图书馆以及参与者个人都从阅读竞赛中获得了效益，从而达到了一种共赢的局面。阅读竞赛活动可以激发读者阅读的热情，吸引更多读者到数字化图书馆阅读。

三、完善数字化图书馆数字阅读服务

（一）加快数字阅读服务进程

数字化图书馆面对迅猛发展的信息技术和国民阅读的"数字化"，应制定相应的措施，以顺应时代的发展趋势。首先，要制定数字化建设方案。图书馆主管部门应当根据读者阅读需求的变化，着眼于图书馆数字化建设的长远规划，数字化图书馆要有合理的目标建设，科学的目标可以使图书馆数字化建设顺利实施。其次，要坚持技术创新，努力研发数字化应用软件。应用软件的研发，在注重科学技术水平的同时，还需要着重考虑读者需求，要实现实用性最优。在信息化建设的今天，计算机网络、通信设备等科学技术的飞速发展使图书馆数字化建设成为现实。数字化图书馆在建设过程中要选择合适的网络传输系统，如移动、联通、电信等相对独立且封闭传输系统就非常适合数字化资源平台的搭建，应在尽可能加快网络速度的同时，采取多元化的网络传播方式，促进数字资源的传播，以加快数字化图书馆的资源共享的步伐。

国家在信息化建设中明确标注，图书馆的数字化建设应得到重视，不断提高数字化水平。数字化图书馆建设，技术手段的选择与信息的应用，都应当符合国家信息化的要求。与传统图书馆相比，数字化图书馆更重要的是强调信息资源的开发与利用，二者在信息的提供方式、资源的容量方面都有很大的不同。数字化图书馆的顺利建设，将使图书馆资源更加全面、系统，会不断满足社会各阶层不同用户的图书需求。在对数字化图书馆进行规划时，读者需求是不可忽略的，要适时追踪读者的阅读偏好，这是数字化图书馆建设中重要的一环。为更好地了解国民阅读的发展趋势，图书馆要定期对到访读者进行需求分析，同时要与其他图书馆进行交流、探讨、考察，以制定适合自身发展的运行图书馆数字化的总体方案。

就当前发展情况来看，我国图书馆数字化建设仍然是初期阶段，基础比较薄弱，整体发展还不均衡。针对这种情况，图书馆在数字化建设中应该采取针对性的措施，不同情况不同对待，以更好地适应其建设发展。对于规模较小、处于萌芽阶段，人力、物力匮乏的数字化图书馆，首先要解决的并不是图书馆如何进行数字化建设，而是图书馆自身自动化建设的问题。对于规模较大、有丰富的资源，人力、物力比较充足的数字化图书馆来说，应当着重考虑馆藏资源数字化建设问题。对于国家级规模以上图书馆来说，图书馆内部要主要考虑信息技术、转换技术、信息存储、嵌入技术、标准化规则等如何使用问题。图书馆要想顺利地进行数字化图书馆建设，加快数字化图书馆的数字化进程，就必须充分利用现代化科技技能，灵活地运用联机检索、主题检索等方式，对大量低效、杂乱的文献信息资源进行分类，将其加工成有序的、高效的信息资源，方便读者使用，为读者"数字化"阅读创造良好的环境氛围。

（二）完善网络阅读导读服务

网络在线阅读是当今国民选择的主要数字化阅读方式。网络上丰富的资源能够满足读者不断扩大的阅读需求，使读者的阅读空间增大，拉近读者之间的距离。然而，任何事物都具有两面性，网络在线阅读方式当然也不例外。正因为其信息资源极其丰富，所以读者在选择上就存在一定的困难。有些信息资源良莠不齐，读者不能准确分辨，这就需要数字化图书馆在这方面进行引导，提供网络导读服务。例如澳大利亚成年人文学委员会在这方面工作就很突出，他们在网站上发布有关电子新闻、新书快报、畅销书排行榜以及不同领域的特色文献等相关信息并建立相关链接，从而引起大众关注，以增加网络的阅读量。

数字化图书馆可以从中借鉴经验、吸取教训，具体可以通过以下几点操作。

1. 丰富完善网络在线阅读服务，正确引导读者。首先，详细介绍馆藏资源标明可用资源；其次，加强数字资源建设，将随时收集整理的文献资源存储备用，优化其性能。

2. 首页导航页面要根据实际需求及时更新，各个导航要详细描述各结构的内容特色、使用规范等。

（三）优化移动阅读服务

针对当前国民阅读趋于数字化的现状，数字化图书馆应该重视移动阅读服务。首先应该整合各种阅读资源，搭建阅读服务云平台。当前，读者对便捷性的追求到达一个前所未有的高度，阅读同样需要便捷性。读者需要能够聚集各种阅读资源的网络服务云平台，包括网络文学、图书、报纸、杂志、文章、漫画、图片、有声读物、音乐、视频等。基于云平台，数字化图书馆可以更智能、更个性化地向读者推荐阅读内容。其次，根据读者阅读需求，数字化图书馆积极开发新阅读应用，真正解决用户在信息海洋中的阅读需求。数字化图书馆要以馆藏的文献信息资源为核心内容，还要注意各文献间的内容联系。在应用中形成社交关系链，让读者之间、内容之间、数字化图书馆与读者之间产生互动，从而形成良好的阅读关系，吸引更多的人选择阅读，选择数字化图书馆进行阅读活动。

四、建立基层图书馆阅读服务体系

（一）社区图书馆

为了吸引更多的读者，拉近读者与图书馆的关系，创造良好的阅读环境，在各个社区建立社区图书馆是其中一个最行之有效的对策。这种图书馆模式为广大社区居民就近阅读提供了便利，吸引读者进行阅读。目前我国的社区图书馆的建设尚不成熟，距离形成完善的服务体系还有很长的路要走，此类图书馆的建设在我国尚处于起步阶段。而国外的社区图书馆却历史悠久，有许多成功经验可以汲取。社区图书馆面对不同的读者提供具有针对性的服务。各个数字化图书馆应该建立市级图书馆同社区图书馆相结合的模式，一方面使数字化图书馆与读者之间的联系更加紧密；另一方面为社区读者阅读提供方便。在社区图书馆建设方面，深圳市图书馆取得的成绩较为显著，它以市、区、街道、社区为核心，设立数字化图书馆服务体系，不仅拓宽了图书馆的服务范围，增大了服务对象的覆盖面，而且也扩大了数字化图书馆的读者群体。

社区图书馆的建立，使图书进入社区居民的生活。图书馆的服务做到真正地深入到读者身边，让读者深切地感受阅读活动的便利。安阳市图书馆作为社区图书馆的成功范例，有许多经验值得借鉴。该馆在安阳市创建"文明社区"，联合民政局等其他单位，在多个社区组建了社区图书馆，为社区居民阅读带来福音。为满足国民的阅读需求，扩大读者队伍，各个数字化图书馆积极创建社区图书馆、为社区图书馆捐献图书、捐建"爱心图书馆"等。社区图书馆之间加强沟通与交流，使彼此之间联系更加紧密，同时向居民免费提供各方面的服务。数字化图书馆与社区联合，对于想要在社区内设立图书馆的会提供帮助，调拨一部分人员进行组织建设。在此基础上，数字化图书馆还重视培养管理人员，提高其管理水平，同时利用资源优势，提供技术及资金支持，以更好地加强社区图书馆的建设。

社区图书馆深入城市社区，主动出现在读者身边，这本身对读者的阅读活动就是极大的鼓励。社区图书馆不仅使社区居民的生活变得更加丰富多彩，而且还可以促进居民之间的文化交流，同时在一定程度上提高了社区居民的素质，对社区和谐生活起着积极的作用。

（二）农村图书馆

在城市文化生活日益丰富的同时，我国偏远地区的文化基础设施仍非常落后，同城市的文化基础设施有较大的差距，具体表现在公共文化产品的极端缺乏。数字化图书馆作为其中的重要服务单位，发展状况自然不佳，许多农村图书馆严重匮乏。农民缺少可以阅读的图书，没有可以选择的图书馆。而数字化图书馆所体现的精神正是：公平、公正、平等和开放。建立农村图书馆，满足农民的阅读需求，是当前亟待解决的问题。农民读者的阅读活动由于地域的局限性，因而在很大程度上会受到阻碍，这是数字化图书馆阅读服务中薄弱的一环。在我国这个农民人口众多的国家，我国数字化图书馆要正视这个问题，逐渐重视农村的阅读服务，加快农村图书馆的建设进程。广袤的农村地区缺少真正意义的图书馆，数量众多的农村读者应该与城市居民一样同等地享有数字化图书馆所提供的服务。新农村的发展，需要人们素质的提高以及科学文化的汲取。农村图书馆的建设，不仅从整体上提升了国民阅读水平，而且也在一定程度上缓解了城乡文化权利不均等的矛盾。

由于基础设施薄弱、地方财政投入不足、农民文化水平较低，因而欠发达地区的广大农村可以先建设本村的农村图书室，以基本满足当地群众文化需求。数字化图书馆应充分利用自身资源，积极投身到数字化图书馆的建设中，发展壮大农村图书馆，同时，要了解农村读者的阅读兴趣，输入适合的、具有针对性的图书，从而使阅读活动正面地影响农民读者。比如，通过阅读有关养殖牲畜、种植农作物等方面的图书而得到的知识，农民们提高了收益，这就使他们更有热情进行阅读。当然，农村图书馆的建设在人员与财力上需要很大的支持，而数字化图书馆的能力是有限的，这就需要政府在财政和政策上的支持，而社会捐赠也是数字化图书馆获得资金的重要方式。同时，根据农民的具体特点，提供相关文献资源，传播农业知识，提供针对性的服务，从根本上加强数字化图书馆的阅读服务，从而真正做到提升国民阅读水平。

（三）流动图书馆

通常认为，流动图书馆是利用运输工具，定期给读者送去图书，进而开展借阅工作、举办阅读活动的流动形式的图书馆。流动图书馆的形式有多种，其中包括为读者上门送图书、在较为闭塞的地方建造图书流动站，或者利用交通工具定期为居民运送图书。流动图书馆可以选择使用交通工具如大型的汽车，或者选择在某地点设立固定的图书借阅处，这些都是流动图书馆可以选择的方式。这种流动的服务方式所涉及的地域较广，人群具有多样性，充分体现了数字化图书馆平等、开放的精神。流动图书馆的设立，给国民提供了主动进入图书馆阅读的途径，在时间、空间上给予读者便利。在这个流动图书馆中，不同身份角色的阅读主体都可以找到自己喜欢或需要的书籍来阅读，这种形式让图书主动走入人们的生活中，使阅读成为国民的一种习惯，一种生活方式。

流动图书馆的设立，有许多教训可以汲取。首先，要对图书进行标准化分类，培训提升管理人员的管理水平。其次，在自动化建设方面要得到加强，以节省人力、物力，提高工作效率，为读者阅读提供便利。提升图书馆的数字化水平，在一定程度上提升服务的质量。在这点上，广东流动图书馆的模式可以借鉴。它的自动化管理系统能够进行各分馆业务自动化管理，实现相关业务管理系统的现代化。流动站点可以作为所属图书馆的一个书库，数字化图书馆进行相关权限的设置，使资源进行共享。

在服务管理方面，数字化图书馆要根据各个流动图书馆所面向的读者特点以及他们的生活作息习惯，来确定各流动图书馆的服务时间。在对流动图书馆的设置中，要有完善的借阅制度等来保证流动图书馆的功能得到最大限度发挥，优势得到最大限度运用。工作人员的责任要明确，固守个人岗位。对每个流动站点，数字化图书馆与各个站点之间要确立责任义务。数字化图书馆、流动图书馆以及图书馆馆员都要对各个环节认真负责，防止图书馆流动图书流失。同时，数字化图书馆要对馆内的文献资源进行归纳整理，从中精心挑选出一部分图书建立流动书库，供读者挑选借阅。这些挑选出的图书要迎合读者的需要，要定期有计划地组织图书馆的人员进行调查研究，然后针对调查结果外购一些受欢迎的图书种类，以吸引更多的读者。在流动图书馆运营期间，定期与所属图书馆或者其他流动图书馆交换书籍，不仅可以节约资源、丰富流动图书馆图书资源，而且也可以使图书流动起来发挥其最大的作用。

在场地选择上，数字化图书馆既可以选择偏远农村、城市社区，也可以选择人口聚集的公园、广场等地方。在这些地方设立流动站点，将数字化图书馆为后盾，提供人力、物力的支持。当然，也可以同其他单位、部门共同协作，以便更好地为读者提供服务，还可以在医院、公交站、火车站等地方设立流动图书站点，这些场所人流量较大，人们等待的时间较长，流动图书馆的出现不仅可以使人们打发无聊时间，同时能提高他们的阅读热情。国民的阅读习惯是可以渐渐养成的，国民阅读的兴趣也是可以培养的，流动图书馆正是利用它的流动性与便捷性，时刻督促国民进行阅读，激发国民的阅读兴趣，从而为国民阅读创造良好的氛围。

第九章 泛在知识环境的数字化图书馆阅读社区建设路径

第一节 国内外的阅读社区实践现状分析

阅读社区在国内外种类繁多，呈星星之火可以燎原之势。从总体上看，现存的阅读社区中，大致可分为两类，一类是数据商、运营商、公益组织等建立的不以数字化图书馆为依托的阅读社区；另一类是以数字化图书馆为依托的阅读社区。对国内外数字化图书馆阅读社区和非数字化图书馆阅读社区的实践情况进行总结与分析，对本书规划和构建贯穿读者阅读流程的数字图书阅读社区具有重要直接参照和借鉴意义。在数字化图书馆建设和服务方面，我国在阅读社区构建上，有必要在全面调查的基础上，借鉴国内外的成功经验，推动我国数字化图书馆阅读社区建设。在这里，由于条件有限，笔者采取远程访问网页的方法调研国内外阅读社区情况。

一、国内外数字化图书馆阅读社区实践

（一）国内外数字化图书馆阅读社区调研对象取样标准

首先，国外调查对象主要选取美国、加拿大、英国、新加坡四大英语系国家；第二，各国调研对象数量应与各国图书馆基数大体一致，美国数字化图书馆最多，则选取的调研对象数量相对较多；第三，选取对象为各国的数字化图书馆和高校图书馆。为了让调研对象尽可能全面，在数字化图书馆和高校图书馆选取上注意覆盖各级实力的学校。美国高校数字化图书馆根据《美国新闻和世界导报》在每年8月发布的美国大学排名。英国数字化图书馆近年来发展不好，有不少倒闭的，无法获得排名，直接选取大英图书馆、伯明翰数字化图书馆、罗斯柴尔德图书馆，大学图书馆排名参照《泰晤士报》（Times）公布排名结果。新加坡因为不存在排名，所以选取新加坡国家图书馆、淡滨尼区域图书馆、南洋理工大学图书馆。中

国高校图书馆排名参照艾瑞深中国校友会网编制完成的《2015 中国大学评价研究报告》星级排名，根据实力强弱最高为 6 星，最低为 1 星。在取样时，各星级兼顾。而数字化图书馆没有综合的绩效评估指标排名，此处选取典型案例。

（二）国内外数字化图书馆阅读社区实践特征

目前，国内外数字化图书馆阅读社区处于发展阶段，国内外依托数字化图书馆而建的阅读社区总体情况总结如下。

1.阅读资源丰富，形式多样。有数字化图书馆作为支撑，资源更为准确、丰富、权威，并且注重馆藏资源导航，大多数图书馆都用射频识别技术（RFID）实现对资源的搜寻。杨百翰大学图书馆甚至用在线游戏对馆藏资源进行导航。

2.功能多样。例如，对异构资源的融合，构建异构资源检索平台；利用馆员优势开展了信息素质教育；利用空间资源打造信息共享空间等。

3.服务模式方面，可以在不是图书馆的地盘以及不需要登录图书馆移动平台的情况下推出服务。大多数的图书馆都构建了移动平台，可以让读者通过扫描二维码或直接下载客户端获得不局限于图书馆领域的服务。

4.注重图书馆网站建设，大多数数字化图书馆都建设了图书馆移动平台。读者可通过各种移动设备登录图书馆账号。

5.工作人员，角色多样。不仅有读者还有馆员，部分还有专家学者咨询平台，甚至还有 IT 技术人员。

二、国内外非数字化图书馆阅读社区实践

（一）国内外非数字化图书馆阅读社区调研对象取样标准

非数字化图书馆阅读社区是指那些不以数字化图书馆为依托，而是由数据商、运营商或者公益组织等构建的一类阅读社区。这类阅读社区亦可以为本书的数字化图书馆阅读社区提供借鉴。为尽可能反映国内外虚拟阅读社区构建的情况，鉴于本人的外语能力，国外调研对象选取美国、加拿大、英国和新加坡四国英语系国家，此处在调研对象的选取上尽可能覆盖市面上仍然活跃的阅读社区。

（二）国内外非数字化图书馆阅读社区实践特征

在对美国、加拿大、英国、新加坡和中国五国的非数字化图书馆阅读社区进行网络调研后，发现国内外的发展不分伯仲，整体趋势趋平。将掌握的第一手资料进行归类整理、分析研究后，国内外非数字化图书馆阅读社区实践情况概括如下。

1. 阅读资源形式多样。不仅有电子书资源，还提供各种音视频资源。阅读社区注重用户生成内容，即用户原创内容，用户可自己创建、编辑电子书或录制书的音频。

2. 功能丰富，运用多样化的技术支持。用户阅读体验多样化、阅读多元化。用到了数据挖掘分析、阅读情况监测、阅读测试等。

3. 服务模式方面，很多阅读社区懂得主动出击，突破服务领地的限制，可以让读者不用登录网站或进入 APP 客户端，就可以用短信或邮件以及提醒方式推出服务。

4. 网站或移动平台设计界面灵活生动美观，时尚感强，图形化设计多，并且 APP 类型的阅读社区可以适应多移动终端，真正满足读者随时随地阅读需求。

5. 大多数非数字化图书馆阅读社区都非常注重读者之间进行沟通交流，并竭尽所能给读者提供交流互动的平台，让大家可以聚在一起随意讨论某个主题、某位作者、某篇文章。

三、数字化图书馆阅读社区发展可借鉴经验分析

通过对非数字化图书馆阅读社区和数字化图书馆阅读社区的分析总结，现归纳出数字化图书馆阅读社区发展趋势。

（一）发挥资源优势

数字化图书馆自身有着不可磨灭的优势，例如馆藏资源丰富，资源质量高。资源种类多样，不仅包括图书、报纸、期刊、图片，还有光盘、缩微胶卷等。数字化图书馆可汇集照片、文字、音视频，全方位给读者展示阅读资源，让读者在视觉及听觉感官上受到触动，激发其阅读兴趣，进而促进其阅读。

（二）丰富功能设置

总结上面的案例，走在功能设置领先地位的非数字化图书馆阅读社区，多是商业性质的非数字化图书馆阅读社区。数字化图书馆阅读社区可结合非数字化图书馆阅读社区在功能上领先的地方，丰富功能设置。非数字化图书馆阅读社区更注重用户体验，追求精益求精的阅读体验效果。因为商业性，非数字化图书馆阅读社区可以有硬广展示、电商合作、电商促销、品牌植入等，各商家受利益驱使，会运用多种先进技术，这就促使阅读社区在功能上更加丰富多样，所以数字化图书馆阅读社区除了保持自身构建上的领先功能外，还可以学习商业性非数字化图书馆阅读社区的功能建设。

（三）网站和移动平台更灵活生动

数字化图书馆的不少读者，其阅读趋势为由纸质书阅读变为读"屏"。要吸引更多人使用图书馆网站和移动平台就需要更加注重网站和移动平台的建设。摒弃"老学究"形象，将信息可视化，增添图形化设计。

（四）改进服务模式

对比得出，非数字化图书馆阅读社区相较于数字化图书馆阅读社区最大的差异是会更多地采取主动出击的服务模式。这显然是因为非数字化图书馆阅读社区为了追求经济效益，要更多地吸引用户，所以采用更主动的服务，以求随时随地可以满足读者需求，让用户产生依赖性。那么数字化图书馆阅读社区的服务模式要多借鉴非数字化图书馆阅读社区的做法，由被动式的服务改为主动出击的服务。

（五）调动更多的人参与

因为馆员人手欠缺，而数字化图书馆要服务的人数又众多，所以馆员不可能随时为每位读者服务，那么数字化图书馆可以调动鼓励更多的人参与，同读者进行交流，为读者服务。

第二节　泛在知识环境下数字化图书馆阅读社区的构建内容

一、数字化图书馆阅读社区的构建环境：泛在知识环境

泛在的知识环境可以理解为"信息的广泛存在，无所不在"，任何人在任何时间都能可以获取所需要的资源。泛在知识环境是由网络设施、硬件、软件、信息资源、人等有机组成的新一代知识基础设施。新的知识设施为知识的创造者和知识的使用者提供了全新的多样化知识传播渠道和获取渠道，从而为学术研究和学术交流构建了泛在的知识环境。泛在知识环境，要求人们可以在任何时间、任何地点、简便快捷地获取数字化图书馆拥有的任何信息资源。首先，泛在智能环境要求数字化图书馆进一步突破时空限制，提供真正的 7×24 小时连续服务，为用户在任何需要的时间、场所提供高质量知识信息。其次，数字化图书馆应能够动态地、无缝地提供异质信息。无论是文本、图像、音频或视频，都要在第一时间为用户提供。再次，泛在智能为图书馆充分、准确、及时地了解用户需求，便

捷地进行信息推送提供了良好的技术保障。数字化图书馆需要及时掌握用户需求动向，主动提供服务，甚至预判用户需求，提前做出响应。

二、数字化图书馆阅读社区的构建依据

（一）理论依据

第一，基于知识链理论。美国学者霍尔斯和辛格提出了一个系统的知识链模型概念，该知识链模型由主要活动功能和辅助活动功能两部分组成。主要活动功能又由五个阶段组成：知识获得、知识选择、知识生成、知识内化、知识外化；辅助活动功能由四个层次组成：领导、合作、控制、测量，即知识链的五阶段四层次结构。该知识链模型表明了知识链的"产出"是各个阶段知识"学习"活动的结果。

第二，信息行为学理论。信息行为是指主体为了满足某一特定的信息需求，在外部作用刺激下表现出的获取、查询、交流、传播、吸收、加工和利用信息的行为。不仅包括主体有目的、有意识的主观行为，还包括了主体在无意识、被动状态下受信息流影响的行为。阅读社区的构建不仅促进读者个人内部知识消化吸收，而且还会注意外部因素构建去熏陶、引领读者阅读。

第三，认知负荷理论。知识认知负荷是表示处理具体任务时加在学习者认知系统上的负荷的多维结构。这个结构由反映任务与学习者特征之间交互的原因维度和反映心理负荷、心理努力和绩效等可测性概念的评估维度所组成。阅读社区构建要注意读者心理负荷承受力，用生动有趣的方式让读者产生阅读的意愿并持续阅读。

第四，知识势能理论。知识势能是指不同的主体因为学科背景、学习理解力、知识积累程度不同，造成的差异。借助物理学中"物体由于某一个位置而必然具有一定的势能"的理论，可认为，集群环境下进行阅读活动的人员共同组成一个知识场，处于其中的人，每个成为一个知识主体，知识势能高的主体向知识势能低的主体转移知识。

（二）现实依据

根据前文第二章对数字化图书馆用户的阅读调查以及第三章对国内外阅读社区的调研发现，数字化图书馆用户的阅读需求有很多地方尚未得到满足，而现存的数字化图书馆阅读社区存在很多不尽如人意的地方，却也有部分领先的阅读社区昭示了阅读社区的发展方向。这些调研结果便成为数字化图书馆阅读社区构建

的现实依据。从这些角度出发可以促进数字化图书馆阅读社区构建的发展完善。

（三）行为动态依据

读者是因为兴趣和需求的驱动参与到数字化图书馆阅读社区中的，读者可以走入图书馆搜寻可能的目标资源，或者通过在网站或移动客户端，注册加入、登录后，查看自己需要的资源，当然，读者也可以根据阅读社区依据"阅读大数据"的推送系统推荐激发阅读兴致。经过判断筛选确定阅读目标后，可到实地选取纸本资源或者在网上寻找电子资源，然后可经由个人阅读活动或者交互活动进行阅读。个人阅读活动有在线上的收藏资源、发布博客微信、寻找读友和圈子、上传资源、浏览慕课平台资源、参与阅读小游戏，还有在线下的听讲座演讲报告、参观主题情景式图书馆。交互活动有在线上的了解读友信息、评论博客和微信、下载社区资源、写书评，还有在线下的参与学术群组。所有服务都根据读者自身具体需求情况，在阅读遇到困难时进行选择参与。

总之，读者是在兴趣或者需求的驱动力下参与阅读社区，在社区中阅读活动由读者的个人阅读活动和交互活动组成。根据读者的阅读特点和方式，笔者为读者设计了阅读行为动态模型，明确了读者的行为动态后，可由此设计构建阅读社区时要支持的读者的活动。

三、数字化图书馆阅读社区的内容

数字化图书馆阅读社区包含资源、功能、网站和移动平台、服务模式、人员五个方面的内容，据此笔者提出了"五位一体"的结构模型。

该模型即为泛在知识环境下的数字化图书馆阅读社区结构模型，简称 RC 模型。整个模型被淡蓝色的云笼罩，代表泛在知识环境的大背景，给阅读社区提供了无所不在的服务。读者处于模型的最中央位置，代表数字化图书馆阅读社区的构建出发点是以读者为中心的。由资源、功能、服务、网站及移动平台、人员这五大要素环绕支撑。五个花瓣状要素跨越两个圆圈之上，两个圆圈分别代表物理层和虚拟层，表明这五要素分布、运用于虚拟层和物理层中，两个层次间有"曲别针"，揭示了虚拟层和物理层不是孤立、绝缘的关系，而是线上线下紧密联系、积极互动的关系，存在物质、能量和信息的交换。

五要素主体本身又有要素围绕着，类似花瓣围绕在花蕊周围，说明每个要素主题又由各小的要素成分组成，共同组合才挥发出"清香"。这五要素中，资源是读者阅读的素材，功能是阅读社区发挥的工具，网站和移动平台是展示平台，服务是保障，人是阅读活动主体。

这"五位一体"的结构模型恰如其分地归纳涵盖了数字化图书馆阅读社区的所有内容。

四、数字化图书馆阅读社区的构建目标：泛在服务

数字化图书馆阅读社区构建的目标是为了达到泛在服务，具体来讲体现在以下几方面。

泛在性，数字化图书馆突破围墙和地域的限制，将服务的触角延伸到一切有用户存在的地方，从而真正体现图书馆服务本质和社会使命（因为移动图书馆技术已经出现，并一点一滴浸润着人们的阅读方式。数字化图书馆可以和数字出版公司合作，采用合适的移动服务系统软件。让读者可以随时随地通过各类手持终端设备及无线网络访问数字化图书馆资源并进行下载）。

立体性，数字化图书馆必须调动一切服务手段，倾其所有、用其所能，从网上到网下，从台前到幕后，架构起立体服务空间，为用户提供全方位、全天候、周到、便捷的知识信息服务和知识信息环境。

互动性，数字化图书馆与用户之间搭建起相互交流的平台，以保证每时每刻接受用户咨询和意见。

相融性，数字化图书馆工作人员深入用户中间，为用户提供及时、对口的信息服务，并通过这种扎根式、动态式、连续式、渗透式的知识信息服务，让用户切切实实感受到图书馆不可替代的重要作用。

五、数字化图书馆阅读社区的作用

（一）泛在的获取帮助

获取帮助指阅读社区在读者通过各种方式从各种信息源处寻找、挑选相关的信息加以收集的过程中提供帮助。泛在的获取帮助将从两方面开展，一是资源上，二是功能上。阅读资源方面可以进行异构资源的融合，以此进行资源的扩充和对所有资源进行一站式检索，无缝对接。功能上可以实现阅读资源的定位查找、24小时借阅。

（二）泛在的判断筛选帮助

判断筛选帮助指在读者对从各信息源获得的信息进行相关性、可靠性、先进性和适用性判断，初步筛选出有价值的信息过程中提供帮助。阅读社区对阅读者施予积极有益的指点和辅导，它是培养阅读技能、提高阅读效率的必要手段。阅

读社区可从功能和网站、移动平台两个层面上着手泛在的判断筛选帮助。功能上进行信息素质教育、数据挖掘与分析推荐资源。网站和移动平台上可以采用信息构建技术、构建页面层次清晰、导航明确的网站以及移动平台。

（三）泛在的分析评价帮助

分析评价帮助指阅读社区在读者判断筛选过程后进一步筛选，并在厘清信息价值的过程中提供帮助（分析与评价信息不能截然分开，分析过程与结果既是对信息做出评价的依据，也常常是形成评价信息的方法）。泛在的分析评价帮助可从功能层面着手。功能上运用信息共享空间技术打造用途各异的阅读交流场所。

（四）泛在的反馈帮助

反馈帮助指对读者所获得的信息进行梳理、序化重组，对偏离阅读目标的读者进行帮助。反馈需要对阅读效果进行检验，泛在的反馈帮助可从功能层面着手，采用用户识别、数据挖掘进行阅读情况跟踪。在线游戏也不失为一种有趣的采纳用户阅读情况的方式。

（五）泛在的吸收帮助

吸收帮助指帮助读者在基础阅读活动中对信息资源进行深刻牢固的掌握，促进其阅读内容的升华。泛在的吸收可主要从功能层入手，构建主题情景式图书馆。

综上，数字化图书馆阅读社区的最根本作用是，要促进阅读推广，减少读者在阅读时面临的障碍，极尽所能地提供便利条件，促使越来越多的人因阅读社区提供的阅读服务而受益，并形成归属感，愿意参与到阅读中来。

第三节　泛在知识环境下数字化图书馆阅读社区的构建路径

一、借鉴慕课平台实现资源层面的构建

数字化图书馆阅读社区的资源优势得天独厚，可凭借数字化图书馆博大精深的资源做依托，除实体馆藏资源外，还有丰富的数字化资源。但是这些数字资源格式各异，光文档就有 PDF、CAJ、CEB、PDG 等格式，音频、视频、图像等资源包含的格式更多，并且这些内容往往由不同的数字商、厂家提供。另外，由于数字化图书馆阅读社区本身会产生大量原生资源，这些资源来源于对读者的阅读进度、阅读过程中的表现、阅读后完成的作业、阅读结果、阅读总结等的记录。

因此要想提高这些资源的利用效率，数字化图书馆的互操作性提高、异构资源融合成为必然。

慕课平台是指"大规模在线开放课程"。慕课平台的兴起和兴盛代表它有很多优点值得借鉴。除了形式新颖，教师引领翻转课堂、方便受众学习理解外，它在资源融合方面也下足了功夫。杨劲松、谢双媛等人指出，慕课平台的资源平台结构不仅能够以精悍的微视频、电子书及多种超媒体形式发布资源，彰显慕课平台的自身优势，而且还可以发起学术研讨活动或发布研究主题，通过社会性交互工具聚集原本分布在全球的不同背景的专业的研究人员参与到知识交流、分享中来，并且保存知识笔记以形成不断有新鲜血液注入的新知识体系。

本书借鉴慕课平台的资源平台结构，在其基础上提出了数字化图书馆阅读社区的资源平台结构。其由表示层、业务逻辑层和数据访问层三层架构组成。表示层兼容 PC、PAD、smart phone、cable TV，以 web、浏览器插件、APP 等方式呈现有统一特征的知识资源平台门户，实现泛在知识环中用户无所不在的访问可能性，方便读者个性化定制读书工具、加入协作阅读群组、建立社会网络。业务逻辑层主要是实现读者使用开放性工具实现对知识资源的浏览、学习、交互和评价，实现读者之间的多种角色活动和信息沟通交互。数据访问层主要是对资源库的操作，提供本地馆藏资源、阅读社区原生信息资源、数字化资源、网络数字资源链接等服务，实现基于海量记录的数据挖掘、知识重构与创新。

这样的阅读社区平台互操作性强，资源整合程度高，可以解决读者在面对庞杂资源时的茫然无措之感。从一个检索入口就能实时搜到所需的方方面面的资源（不仅包括传统资源还包括新兴数据源），并且具有相应的信息转换能力，然后根据具体条件进行筛选。

二、功能层面的构建

（一）功能模型构建

笔者提出数字化图书馆阅读社区的功能模型。此模型明确了阅读社区在用户阅读各阶段提供的帮助、实现的措施、数字化图书馆扮演的角色。

1. 当用户开始阅读流程，获取资源时，阅读社区可以采取 RFID、GIS 对阅读资源进行搜寻，并借鉴慕课平台整合异构资源的三层架构的平台方式对异构资源进行整合。此时，数字化图书馆扮演的角色为领航者，在茫然的知识海洋中给船只上的读者们指明方向。

2. 当用户要对获取到手的资源进行判断筛选时，阅读社区可运用信息检索教育对读者进行阅读技能指导、数据挖掘与分析、书目推荐，运用信息构建技术构建阅读网站帮助读者判断筛选，此时数字化图书馆扮演法官的角色，公平严厉地评判出阅读资源的特点、适应性。

3. 当用户要对初步筛选后的资源进行进一步筛选并判断出价值时，阅读社区可提供信息共享空间技术，打造小组学习室、打造多样化互动组织进行帮助，此时，数字化图书馆扮演社评员的角色。

4. 当用户进入反馈阶段，对阅读获得信息进行梳理、重组时，阅读社区以数据挖掘进行阅读情况跟踪、多样化互动组织、教育游戏的方式提供帮助，此时数字化图书馆充当检验员的角色，验收读者初步阅读效果，以及是否偏离阅读目标。

5. 当用户进入吸收阶段时，阅读社区采用开展主题情景式阅读，实现阅读新途径结合教育游戏的方式进行帮助吸收。此时，数字化图书馆充当智叟的角色。智叟即有智慧的老者。智叟所言之语，字字珠玑，发人深省，让人有醍醐灌顶之感。恰恰与阅读社区发挥的功能相匹配。但要注意阅读流程是一个整体，各环节有相互促进作用，且阅读社区的实现措施多样，某一项措施可发挥不同功能，不一定局限于某一环节。

（二）线上功能的构建

根据上面的功能模型，可在已有的构建轮廓下接着开展具体的措施，以进行功能构建。

1. 信息素质教育实现即时的阅读技能指导

读者面临数字化图书馆不断采纳新技术，资源不断更新的挑战，即使读者的信息技能和检索技能也在一定程度上更新，但其更新步伐难免落后于数字化图书馆运用。事实上，这一问题已经被关注，为了更好地培养用户的信息意识，掌握运用计算机在数据库中获取资源的能力，所有高校和部分图书馆已开展了文献检索课。但在现阶段，在数字化图书馆中的开展率并不高，因此，数字化图书馆阅读社区应注意把开设文献检索课程或者定期进行信息检索技术的讲座并且保持内容的动态增长作为常态，以供有需求的读者自由选择。

除文献检索课外，阅读社区可提供的信息素质教育内容包括：数字化图书馆网上导航、数字化图书馆信息资源介绍、馆藏目录的使用方法、重要数据库的详细使用说明、检索工具的使用、学科信息门户等信息增值服务的使用等。另外，可以建立专门的网页公布有关信息素质教育方面的课程计划、目标、讲稿、PowerPoint 演示文件、讲课视频录像等。

这样做，可以加强对读者的帮助、指导和培训，完善数字化图书馆信息服务的工作内容。阅读社区经过精心设计、规划读者信息素质教育的方向与内容，让读者了解数字化图书馆，培养读者的信息素养，即获取信息、判断筛选信息、分析评价信息，以及吸收信息解决问题的能力。具体在读者阅读流程中获取资源及判断筛选环节中发挥作用。

2. 数据挖掘分析实现即时的判断筛选帮助

数字化图书馆阅读社区中，"学习对象"的概念被全面、自觉地运用。读者借过的每一本书、浏览过的每一篇电子文献、每一个参与讨论的话题，都被视作一个独立的可观测的对象。这样汇集了数以百万计的读者的相关数据后，可形成庞大的"阅读大数据"。通过数据挖掘分析，将用户在虚拟环境下的信息行为和在数字化图书馆现实环境下的信息行为相结合，以及将馆藏文献基本信息与用户档案信息结合起来，从而全面跟踪和获取用户的个性化信息，构筑能全面、真实地反映用户个性特征和需求特征的读者模型，为读者提供真正的、全方位的、立体化的个性化服务，有利于针对读者个人情况帮助读者进行判断筛选。例如，通过关联规则挖掘出哪些相近内容的书目、文献、音视频资源读者将会一起访问。通过聚类规则挖掘出哪些是具有相同阅读爱好的人和组织，读者组成小组进行阅读。通过分类算法锁定那些阅读完成情况不好的读者，并找出补救措施促进其阅读。还要关注隐形关联和弱信号的机会发现，避免小众需求的弱信号被忽视。

有了技术外，具体实施起来，还需要平台。首先，数字化图书馆阅读社区可使用流行的平台开展信息推荐服务。例如开通用户系统与手机短信、电子邮箱绑定的服务，用户不登录图书馆系统也可以收到图书馆关于图书超期、预约的提醒，得到系统推荐图书、热门图书等推荐服务。其次，个人管理空间是接收推荐信息的主要场所，登录账户后，就可以确定读者本人，结合 Cookies 对其进行针对性服务。最后，微博和微信也是信息发布、关注实时动态、提供基于情境的推荐信息的良好平台，最重要的是它广泛流行，实时交互能力强，影响范围大。

3. 线上小组学习室促进阅读分析评价

信息共享空间在结构上由物理空间（Physical Commons）和虚拟空间（Virtual Commons）共同构成。虚拟空间主要由数字资源和信息服务构成，而物理空间是读者进行学习交流、互动合作、研究创新和社交的最佳场所。

虚拟空间上可在网站和移动平台上打造小组学习室，即在线上促进读者间的交流互动，可以融合 QQ、MSN、ICQ、web 聊天室等形式。这种线上讨论的小组学习室，互动性、即时性强，可增强阅读社区的活跃程度。

4. 教育游戏促进阅读反馈、吸收

教育游戏，与普通游戏不同，体现的是寓教于乐的功能。数字化图书馆阅读社区可在严肃的教育范畴内增添娱乐色彩，数字化图书馆主张通过生动有趣、形式多样的阅读推广活动，引导人们感受阅读的魅力，在生活中享受阅读的乐趣，并逐步养成阅读的习惯，直至形成阅读的饥饿感。那么引入在线教育游戏，与此理论本质上是契合的。国外已经有堪萨斯州（Kansas）州立图书馆、伯明翰大学图书馆等在虚拟世界中建立对应的虚拟图书馆。其使用 SDSMAX、Virtools 和 Photoshop 技术打造游戏场景，让读者以虚拟身份登录，参加任务驱动设计的情景体验活动。

数字化图书馆阅读社区可设置单人脱机游戏、双人游戏和团体游戏。单人脱机游戏中读者可根据阅读目标，自行设置游戏中给出的问题难度、问题数量。例如，若读者选择研读，则游戏自动匹配问题难度大的多个问题在其中。双人游戏，读者可在游戏中互相出题、互相破解，通过解题数量获得游戏通关的优势。团体游戏，每个读者发挥自己擅长的领域帮助团队实现战略计划，找到解决方案。

综上，因为教育游戏能够唤起读者的挑战欲、好奇心以及合作、竞争、认同感的交际动机，所以因势利导，把教育游戏引入数字化图书馆阅读社区可以检验读者的阅读效果，促进读者阅读吸收。

（三）线下辅助功能构建

1. 基于 RFID、GIS 实现阅读资源快速获取

读者查询书目通常会进入 OPAC 系统。OPAC 是图书馆自动化系统的重要组成部分。当读者输入想要查询的字段后，绝大多数的 OPAC 系统只可以显示图书的索书号和馆藏地名称。然后读者凭借文字和索引信息去取书，因为这种方式并不直观，读者需要在目标馆藏地根据索书号进行地毯式搜索寻找，况且大部分读者并不清楚图书分类法和馆员排架方法，这就给读者查找书目造成了一定困扰，所以 OPAC 系统的检索功能和界面设计的合理与否，直接关系到用户对于馆藏文献资源的利用效率高低。若能够构建一个立体、可视化的资源导航系统这个问题便迎刃而解。

RFID（Radio Frequency Identification）也就是无线射频识别，又称电子标签，在现代快速发展的物联网技术中处于核心地位，它是一项非接触的通过无线射频信号实现自动识别的通信技术。通过前面第三章的案例调研情况可看出很多数字化图书馆已经运用此项技术。

GIS（Geographic Information System）即地理信息系统，它是对空间中的地理

分布数据采集、储存、操作管理、显示描述的计算机系统。由于有现成的、成熟的、开放的 GIS，如 google maps、百度地图、高德地图等的存在，考虑数字化图书馆实际的人力财力情况，可在开放的 GIS 基础上进行二次开发，再添加 Image Mapster 这种 jQuery 应用插件，可一改原本沉闷的在线地图展现方式，使其披上生动有趣的外衣。Image Mapster 插件具有交互性强的特点，通过 tooltip 提示跟用户进行交互，并且由于有多种内置，可以改变选中区域的边框颜色，高亮显示，更有漂亮的淡入淡出的动画效果。这样数字化图书馆就能借用"他山之石"，达到馆内地图和馆外地图整体无缝查看，并能清晰地展示书架书目导航信息的"攻玉"的效果。

综上，将 RFID、GIS 运用到 OPAC 检索系统中的优势如下。

（1）可以直接资源定位，交互式动态地图使寻找过程形象化、简便化，从而方便读者获取信息资源，节省大量时间。读者若要查找莎士比亚全集，输入检索字段后，不仅可看到文字描述，还有动态的地图导航，并且提供最佳线路。

（2）为后续的阅读社区服务提供便捷，利用 RFID 电子标签在标识方面的领先性，实现用户阅读习惯跟踪，再结合数据挖掘进行智能化咨询服务。另外，若 RFID 与 SIM 卡结合使用，读者可享受基于智能手机等移动通信设备的借阅、查询、推送、定制等泛在化服务。此外，由于完整捕获了读者借阅数据，因而可帮助图书馆管理者在完整文献利用数据的基础上实现图书馆科学管理，提高文献利用率和读者服务水准。

2. 线下小组学习室促进阅读分析评价

物理空间的小组学习室是读者进行学习交流、互动合作、研究创新和社交的最佳场所。所以，可以在图书馆里根据用户不同的学习研究需求和心理需要设置不同的场所。按照互动性强弱和公开程度的不同将各种功能场所进行排序，个人学习室、自习室、小组活动室、休闲区的互动性由弱变强，而私密性则由强至弱。由私密、独立和安静的个体阅读室到开放、互动和活跃的公共区域，满足了不同用户对空间和隐私的不同需求，并适应了不同用户的噪声容忍度。物理空间的小组学习室可以聚集读者们在一起相伴读书、围而论道、互相学习，并提供白板、投影仪、打印机等设备。小组学习室实行预约制，每天划分时段、每次只能预约一个时段。阅读伙伴们相聚一起就可以"疑义相与析"。

3. 主题式情景阅读在线下促进阅读吸收

主题式情境阅读是通过创设具有鲜明主题的情境氛围，通过汇集照片、文字、音视频等信息，全方位给读者展示某个主题情景下的文化内容，让读者身临其境，在视觉听觉感官上受到触动，激发其阅读兴趣，进而促进阅读，目的是让读者的阅读动机与图书馆的主导作用产生共鸣、形成共振，从而有效地实现阅读目标。

阅读社区可在数字化图书馆根据读者的检索热度和话题热度，抽取排在榜首的高频词或者在互动时讨论激烈的话题定期举办不同主题的图书馆展；由于其主题鲜明、展现形式丰富，现场有专家学者答疑解惑，因而可以大大促进读者的阅读吸收。

（四）网站、移动平台层面的构建

信息构建思想的提出与发展，与日益变得复杂的当代信息环境密切相关。目前，网络信息空间中存在的突出问题是网络空间的无序性以及合适信息难以检索与获取等问题。信息构建从认知科学和建筑学的原理出发，关注信息的组织、标识、导航及检索的设计，强调信息结构的构建，这为人们提供了一条导航设计的新思路，即从优化信息结构、构建良好的信息生态环境入手，改善导航元素的设计，支持用户对信息的浏览和检索。

由于图书馆主页和移动平台主页给人的第一整体印象非常重要，因此，在设计时应根据内容合理编排，整体规划，做到条理清晰，布局合理，并用等级结构的方式对其进行组织。但站点的层次不宜过多，每个层次上都应有返回主页的链接，尽量提供英文版本。同时，主页维护者应该经常对主页进行更新，并在每次更新后都留下相应的更新时间，使读者每天都对它有新鲜感。

数字化图书馆阅读社区的网站要遵循信息构建理论。导航要简洁明确、层次清晰。页面跳转次数尽量少、页面美观实用，符合视觉心理学——简洁明了、主次分明。注重信息组织合理清晰，信息标识准确易懂，信息导航形象丰富，注册方便，链接有效，网站稳定，支持多浏览器，支持多任务并发，较少点击次数。

（五）服务模式的构建

泛在知识环境下的数字化图书馆阅读社区的服务模式要更加注重主动出击，服务模式的重新塑造要上到服务理念，下到服务设施环境、服务馆员。服务理念要定位为以读者为中心。服务设施环境是泛在知识环境下阅读资源、信息技术和设备、环境、组织和用户共同构成的有机动态系统，各种系统、功能和服务从读者的需求角度进行规划设计，能够对读者的偏好和行为进行跟踪和分析，然后对各种需求做出相应反应，主动推出服务，帮助促进读者完成阅读。服务馆员需要转变思想理念，在服务方式上更加主动，不要等着读者上门才提供服务。

第十章　基于微信公众平台的图书馆社会化阅读服务营销模式研究

第一节　数字化图书馆社会化阅读服务营销及存在的问题

一、社会化阅读的内涵和特征

社会化阅读主要指以社交关系为纽带，在微博、微信、APP 等融入社交元素的载体中，读者对于所阅读的信息能够进行个性化的选择、分享、互动及传播的阅读方式。社会化阅读主要包括以下几个特征。

（一）交互性

社会化阅读与传统的阅读方式相比，更加注重社交化。社会资本理论中指出，社会网络是一种不可见资源，将促进人们的知识交流与共享。读者可以在阅读中进行收藏、点赞、评论、分享、转发等一系列的互动，增强对于知识信息社会交互的密切性，从而提升读者的参与度，促使阅读传播更加广泛、更有深度、更高效率。

（二）个性化

社会化阅读的个性化体现为读者在面对海量的阅读资源时，可以按照自身的认知体系将知识信息进行筛选，从而构建出符合读者个性化需求的阅读环境。除了订阅服务、个性化标签、智能推荐、偏好关键字、LBS 服务等针对阅读资源的功能的设置外，有些阅读平台还会推荐具有共同阅读偏好的读者，另外也有阅读界面的字体、背景颜色、下载等细节的考虑，从而提升读者有效发现和利用知识信息的阅读体验。

（三）用户生成内容

在社会化阅读中，读者既是知识信息的接收者，又是内容的创造者。读者通过社会化媒介，结合自己的阅读需求，将具有个人色彩的原创内容、添加的内容及由其行为产生的内容融入整个阅读过程中，丰富并创新阅读本身的信息资源及参与形式，明确读者的主体地位，满足并实现其自我价值的需求，从而在很大程度上激发其积极性。

二、图书馆社会化阅读服务营销的内涵和特征

本研究中所谈及的图书馆社会化阅读服务营销，是指图书馆通过微信公众平台这一社交新媒体进行营销，使阅读服务能够在进行社交互动中创设个性化的阅读环境，分众化地满足不同读者，提升读者的黏性，从而影响并促使其接纳图书馆的阅读服务，发挥图书馆的社会化作用。其主要特征包括：

1. 感知性

对于读者个性化的知识信息获取的需求与社交化的需求能够实现较好的感知，充分满足读者所偏好的阅读资源的利用形式，重视读者的反馈感知。

2. 互动性

读者可以实现与图书馆及其他读者之间的社会交互，依据不同类型的阅读话题及内容，利用微信公众平台形成的网络社群，与图书馆和其他读者之间形成基于关注点和兴趣点的互动。

3. 体验分享性

读者在参与社会化阅读中，能够体验相对于传统阅读中较为丰富的阅读功能，进行多途径的分享，实现与图书馆及其他读者之间及时的对话及响应，满足读者个性化的阅读需求。

社会化阅读中，读者的阅读需求涉及阅读的信息内容、阅读的个性化功能、阅读的互动方式及阅读载体等。微信平台以其高效率、差异化且受众广泛的阅读技术、阅读体验和阅读形式，使阅读和社交相互促进。读者不仅可以基于信息内容进行互动分享，还可以利用OTO模式实现线上线下阅读服务的结合及拓展。利用微信平台，图书馆可以在移动互联网及新媒体环境下更好地经营其社会化服务，最大限度地满足读者的阅读需求。

三、我国数字化图书馆的社会化阅读服务营销中存在的问题

（一）社会化阅读营销中的感知性缺乏

数字化图书馆在利用微信公众平台进行社会化阅读营销时，仍需进一步完善与读者之间的感知网络。可以看出数字化图书馆并没有充分感知读者的需求，理解读者的偏好，并且在微信公众平台上忽视对于阅读行为去向的发现与探究，从而无法做到及时且有效的动态响应。读者基于微信公众平台无法充分感知到图书馆社会化阅读的社交互动价值，在一定程度上会影响到读者的满意度和忠诚度。

（二）社会化阅读的互动性运营有待提升

数字化图书馆并未充分把握在社会化进程中读者对阅读的需求，以及在微信公众平台上能够引发兴趣产生互动的方式、内容和连接关系，欠缺分众性的营销。线上线下的联合推进并未有效实现，互动活动及服务较为单一。在内容体系上，阅读资源涵盖范围较为狭隘，缺乏实时性和创新性。数字化图书馆在连接关系上未能搭建不同平台及话题之间的互动连接。

（三）社会化阅读的平台建设不够健全

数字化图书馆未能结合自身阅读服务定位合理规划并充分挖掘微信公众平台的功能及模块，在功能性菜单中专门针对社会化阅读的设置较少；同时对于实现读者反馈沟通的板块也未得到较好的关注及体现，特别是在内容的价值性、内容获取的个性化及页面的友好性上，都缺乏搭建读者之间、读者与图书馆之间乃至读者与作者之间的交互平台。

（四）社会化阅读中针对读者的激励体系不够完善

数字化图书馆在社会化阅读中对读者阅读需求和行为的激励方法和措施不够完善，缺少创新性和长期性，激励手段较为单一。数字化图书馆未能形成常态化的激励机制，缺少整体且系统的规划，忽视了读者的个性化和分众化的激励层面，从而导致激励范围较为狭隘，激励效果不持久；同时，数字化图书馆也未能形成对激励效果很好的反馈与评估，不利于图书馆激励模式的长期推进及长远发展。

（五）社会化阅读营销中读者的体验分享性欠缺

数字化图书馆社会化阅读营销中，用户在阅读中的参与性和体验性有待提升。图书馆对于用户体验分享环节的关注度不够，分享的功能形式较为单一，对话量及响应度欠缺，无法满足读者个性化的阅读需求，不利于实现用户生成内容

及传播转化。在跨平台的分享上也存在这一问题，需要进一步完善阅读资源的内容形式及平台功能建设，促进共享及反馈。

第二节　基于微信公众平台的数字化图书馆社会化阅读服务营销模式构建

一、数字化图书馆社会化阅读服务营销模式的总体结构

数字化图书馆社会化阅读服务的营销体系，需要在基于多种要素上，融合营销手段推广给读者。在总体架构中，数字化图书馆需要基于营销学全面考察全媒体时代社会化阅读对图书馆的影响，特别是以读者为中心、吸引读者参与、关注读者体验的理念正在深刻影响着现代图书馆的营销体系。在具体研究中，图书馆要明确核心营销工作，全面分析各要素的特点及相互的联系，确保资源的顺畅流通，合理配置，满足支持，高效反馈。

利用移动媒体开展阅读服务，可以更好地发挥图书馆的阅读引领作用，而以移动互联时代的用户消费行为模型——SICAS 为基础，可以构建适应当下阅读行为新变化的数字化图书馆社会化阅读服务营销模式。

SICAS 模型，即 Sense—Interest & Interactive—Connect & Communicate—Action—Share（品牌与用户相互感知——产生兴趣并形成互动——建立连接并交互沟通——产生购买——体验与分享）。作为一种全景模型，SICAS 模型构建了在用户行为、消费轨迹中的多维互动生态，而非递进的单向过程。利用 SICAS 模型不仅可以帮助读者获取更多的阅读资源，使他们成为发布信息的主体，实时分享体验，同时通过关系匹配——兴趣耦合——应需而来的方式，能够响应表达并体现读者的阅读需要，有效地促进他们关注、参与社会化阅读。

本研究结合 SICAS 模型构建了我国基于微信公众平台的数字化图书馆社会化阅读营销模式（以下简称数字化图书馆社会化阅读服务营销模式），如图 10-1 所示，主要分为建立读者动态感知、激发阅读兴趣互动、创设微信连接互动、健全读者激励体系和推动阅读体验分享五个模块。

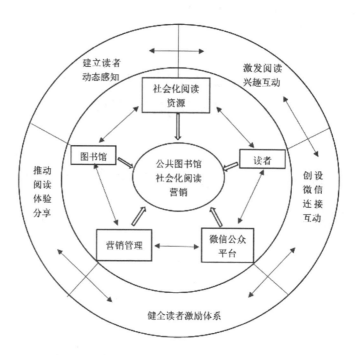

图 10-1　数字化图书馆社会化阅读服务营销模式

二、数字化图书馆社交化阅读服务营销模式的构成

（一）建立读者动态感知

随着社会的发展，读者对于阅读资源的需求日益动态化及个性化。数字化图书馆在基于微信公众平台进行社会化阅读的感知营销时，读者能够以个性化的方式使自身知识信息获取的需求与社交化的需求都得到满足，特别是在得到其他读者的认可反馈时，其"存在感"显著增强。因而，数字化图书馆首先需要感知读者的分众性，可以依据读者的年龄、职业、学历等属性，也可考虑如旅游、文学、绘画等兴趣阅读聚集进行追踪、采集和挖掘。其次，需要感知读者在微信公众平台进行社会化阅读时偏好的阅读资源利用形式，特别是对读者个性化需求的感知满足。最后，需要重视读者的反馈感知，如推送文章的阅读量及点赞数，读者的后台留言及交流等，从而更加精准地把握读者的阅读需求。数字化图书馆在感知营销中，一方面需要把自身的阅读资源最大限度地营销推广给读者；另一方面需要对读者的需求及时响应及反馈，利用社会化媒介的核心实现双向动态的感知对话。

（二）激发阅读兴趣互动

数字化图书馆在实施社会化阅读的互动营销时，读者不仅可以获取阅读资源，而且更能够通过微信公众平台进行深层次的参与，实现读者与图书馆及其他读者之间的社会交互。首先，数字化图书馆需要依据不同类型的阅读话题及内容，利用社会化网络筛选挖掘出对读者有价值的阅读资源，特别是对多维度碎片化的内容进行优化整合，促进内容在读者中的有效流动，因为读者既是阅读内容的接收者，又是阅读内容的生产者。其次，利用微信公众平台形成的网络社群，基于关注点和兴趣点实现与其他读者之间的互动。最后，数字化图书馆还要丰富和创新社会化阅读活动的互动形式，不仅在推文中推介有关活动，还可以在功能菜单中设置相应的互动模块，同时可以配合线下活动展开 O2O 模式的有效整合。数字化图书馆在互动营销时需要提升互动的质量和深度，从而提高读者的参与度，提升读者的忠诚度和满意度。

（三）创设微信连接交互

数字化图书馆在进行社会化阅读的关系营销时，需要充分利用微信公众平台的功能建设，为读者与阅读资源和图书馆运营人员之间搭建一个扁平的、通用的交互场域，并扩大读者之间的关系圈，从而推动阅读知识信息的传播与共享。首先，数字化图书馆需要将微信公众平台的功能模块及推送功能，融合阅读资源进行合理的开发及配置，特别要凸显及推进社会化阅读的核心要素模式，如在功能主菜单上增设专门的模块，推送相关内容的时间及频次，与用户习惯和需求更好地契合等。其次，数字化图书馆要完善社会化阅读界面的建设，保持链接的可用性、页面的完整性及功能的可操作性。同时需要丰富阅读资源的展示形式，如充分结合文字、图片、音频、视频等多种形式。最后，要重视挖掘实现读者反馈交流的平台建设，如建立阅读社区、开设书评模块、留言功能等。数字化图书馆关注微信公众平台阅读资源的营销建设，可以为读者与图书馆，读者与读者，读者与作者之间创设有效的连接与交互。

（四）健全读者激励体系

数字化图书馆在激励营销中，需要充分了解不同类型读者的阅读需求与动机，从而多层次多角度地制定相应的措施，激发读者互动参与的积极性。首先，数字化图书馆可以采用一定的物质激励措施，如在阅读活动中采用评选、抽奖等方式进行奖品、证书的奖励，或获得参加图书馆阅读活动及培训的机会等。其次，图书馆能够根据读者的个性化阅读服务需求，设置如微信平台线上借书数量增加、借书周期延长等权限的激励方式，实施读者的社会化阅读激励。最后，图书馆可以综合利用自身的馆藏资源、平台建设及商业合作，促成读者购买书籍，买书达到一定的数额还可以实施相应的折扣及优惠政策，激励读者的购书阅读行为。另外，数字化图书馆还要增加阅读内容的吸引力，如邀请读者喜爱的知名学者进行讲谈，并结合图文、音频视频的方式在微信公众平台上展现等，以此更好地契合读者，从而激发读者的兴趣，进行互动。数字化图书馆通过挖掘读者的情感共鸣，可以推进社会化阅读激励体系的完善，增加读者的参与黏性，同时扩大图书馆的影响力。

（五）推动阅读体验分享

数字化图书馆在进行社会化阅读的口碑营销时，要注重读者在微信公众平台上形成的阅读体验，及以此形成的二次传播。通过优质的阅读资源、服务、平台等维护读者的情感体验，从而促进读者对图书馆社会化阅读口碑传播的欲望，加强读者口碑传播的效力。首先，数字化图书馆的运营人员需要基于微信公众平台的读者社会化阅读行为，建立相应的分析数据库，特别是通过利用微信公众平台后台系统，进行用户分析、图文分析、菜单分析、消息分析等，监测社会化阅读读者的属性、阅读记录及参与感受，从而为社会化阅读营销策略提供依据。其次，可以定期在微信公众平台上开展关于读者阅读体验的相关调研，进行相应的满意度分析。最后，图书馆需要重视微信公众平台上读者体验反馈的功能性建设，如推送文章下的读者留言，运营人员可以进行直接回复；在功能模块的在线咨询中，需要及时高效地解决读者的问题，并提炼出读者关注的主要问题等。数字化图书馆不仅要重视微信公众平台等新媒体的口碑营销，更要加强线下图书馆读者的体验分享，从而更好地促进线上图书馆的创新发展。

三、数字化图书馆社交化阅读营销模式的实施流程

本小节系统阐述数字化图书馆社会化阅读营销模式的流程，以期为模式的有效实施提供支持和保障。数字化图书馆社会化阅读营销模式的流程环节主要包括明晰营销环境，明确营销目标和战略重点，完善营销平台，推进营销的反馈与维系机制，具体如下：

（一）明晰营销环境

数字化图书馆营销环境需要考虑外部环境和内部环境两方面。在外部环境中，不仅要关注到数字化图书馆社会化阅读的营销环境，同时还要重视高校图书馆以及阅读类微信公众号，另外还需要了解三者在微博等其他新媒体上的营销环

境，包括优劣势的分析比较、竞争分析等；同时，还要研究图书馆营销的整体环
境，特别是阅读方面，从而更加全面及系统地分析数字化图书馆在社会化阅读营
销的市场概况、市场构成及市场热点。

在内部环境中，在图书馆形象本体层面上，要加强图书馆在社会化阅读的运
营人员队伍建设，完善社会化阅读的服务体系，加强图书馆的相应管理，同时
也要注重图书馆社会化阅读在微信公众平台的公共关系建设，另外还可以利用各
种传播渠道和媒体，综合推进社会化阅读的宣传，使图书馆形象更为完善。良好
图书馆形象的塑造可以吸引更多读者的关注，推动社会化阅读营销工作的创新发
展。在将社会化阅读作为营销产品的分析中，要对社会化阅读的现状进行多层次
研究，并且对微信公众平台中的核心要素、附加要素、期望要素及潜在要素等进
行整体分析，关注社会化阅读在微信公众平台的导入期、成长期、成熟期等时期
的发展。在读者分析中，需要研究读者的基本属性，在微信公众平台进行社会化
阅读时的偏好、关注的因素、遇到的主要问题等。

（二）明确营销目标与战略重点

在营销目标中，数字化图书馆应配合其他新媒体及传统媒体的宣传，在原有
的运营渠道上，增加新的运营渠道，为目标市场创新接入点，以此巩固图书馆形
象，传达其特有的社会化阅读概念，使数字化图书馆在保留原有市场份额的同时，
增加新的市场份额，并且通过营销，使读者进入图书馆的微信公众平台，了解更
多社会化阅读的知识信息，以此增强对数字化图书馆社会化阅读的偏好，强化读
者的情感印象，使读者获得更多的阅读体验。在战略重点方面，数字化图书馆可
针对目标群体，以节日或热门话题为背景，迎合读者的心理需求及兴趣，以不同
的方式吸引他们的参与，实施一定的激励措施，促使其参与互动和长期关联。数
字化图书馆在社会化阅读推广宣传的同时应获取读者的相关信息，并建立数据库
框架，为以后扩大影响，更好地在微信平台上实施营销做准备。

（三）完善营销平台

图书馆在微信公众平台进行社会化阅读实施营销时，不仅要针对目标读者制
定合适的营销策略，还需要配合相应的营销支撑，从而优化数字化图书馆社会化
阅读资源的整合配置，确保营销的高效运作。

（四）推进营销的反馈与维系机制

针对读者的需求、在整个营销中的表现以及反馈等营销效果，图书馆需要制
定合理的反馈评估机制，以便及时高效地感知读者，精确把握营销中的各个环节，
从而不断改善营销方案。图书馆还要实施读者的维系机制，建立读者的个人信息

数据库，在进行相应营销策略的同时，结合自身阅读资源，有针对性地推广给读者，如读者较为关注的话题以及最新成果，特别是精确且原创的内容，不仅可以增加读者的信赖程度，还有利于数字化图书馆形象的建立与维护。

第三节　基于微信公众平台的图书馆社会化阅读服务营销策略

一、制定图书馆社会化阅读服务营销的政策

图书馆服务政策指为推进图书馆的事业发展，从而建立起的一系列准则及规范。通过调研及案例发现，目前一些数字化图书馆并未针对如微信公众平台等移动互联网新媒体制定明确且切实有效的营销政策，并且缺乏对于相关行业标准的参考借鉴，因而政策的制定和应用的发展并没有同时推进。随着移动互联网及新媒体的不断建设发展，数字化图书馆如何在结合自身馆藏及传统业务下，顺应全民阅读的时代浪潮，在数字化环境中充分满足读者需求，需要图书馆制定社会化阅读服务营销的政策。

建立健全完善的社会化营销政策体系，有利于保障营销体系的科学推进与发展。首先，数字化图书馆界必须制定并推行符合数字化图书馆的社会化阅读营销政策体系，如对阅读资源内容整合的规范，对各个部门在营销流程运作中的监测等；其次，数字化图书馆应依托社会化阅读的营销理念，结合实践，在资金、技术、人才等方面给予全方位的支持，不断推进图书馆阅读推广工作。

二、增加图书馆与读者之间的社会资本

对于数字化图书馆的社会化阅读营销来说，读者是最重要的参与者，读者的阅读需求及阅读行为是数字化图书馆营销的着力点。因此，如何更好地增加读者的黏性是数字化图书馆营销所要研究的核心部分。数字化图书馆在加强自身建设的同时，也要实施相应的策略增加积累与读者之间的社会资本，从而与数字化图书馆的阅读服务推广达到有效配合，优化营销效果。数字化图书馆在通过微信公众平台开展社会化阅读时，需要关注读者，对读者所偏好的阅读内容、互动形式、平台功能等有较为全面的了解与认知，积极寻求读者的意见，重视与读者之间的交流反馈，从而获得数字化图书馆的在线声誉，积累更多的社会资本，在增加读

者黏性的同时，提高读者的忠诚度，从而使之高效地参与到符合自身需求的社会化阅读中。另外，数字化图书馆更要注重对用户生成内容的建设，推进读者的分享体验，不仅实现自我价值的需求，也要体现出阅读中的社会化价值。

三、构建科学而严谨的社会化阅读服务营销模式

数字化图书馆社会化阅读服务的营销体系，需要在基于多种要素上，融合营销手段推广给读者。因而基于营销学全面考察全媒体时代社会化阅读对于图书馆的影响，需要遵循以读者为中心、吸引读者参与、关注读者体验的理念。数字化图书馆要构建科学而严谨的社会化阅读服务的营销模式，特别需要明确图书馆的核心营销工作，全面分析各要素的特点及相互之间的联系，确保资源的顺畅流通，合理配置，满足支持，高效反馈。社会化阅读营销模式需要建立读者动态感知，激发阅读兴趣互动，创设微信连接互动，健全读者激励体系和推动阅读体验分享，帮助读者获取更多的阅读资源，使读者成为发布信息的主体，实时分享体验，同时通过关系匹配—兴趣耦合—应需而来的方式，响应表达并体现读者的阅读需求，有效促使者关注并参与到社会化阅读中。

四、加强社会化阅读运营人员的队伍建设

图书馆馆员是图书馆不断改革发展的支撑力量，因而不可忽视其在图书馆事业发展中的核心作用。在数字化图书馆开展社会化阅读营销的过程中，不能忽视运营人员的队伍建设。数字化图书馆实施多方位培养人才，充分发挥人才作用，提升运营人员的工作效率及服务水平，可以更好地提升读者在社会化阅读参与中的满意度。

首先，数字化图书馆需要建立完善的运营人员培训机制，主要表现为在理论知识、应用实践及道德规范上的培训。在理论知识上，表现为加强对社会化阅读营销推广信息知识的全面掌握，及国内外相应发展情况的了解认知等。在应用实践上，对微信公众平台配合社会化阅读的功能操作的熟练掌握，配合相应内容活动板块的设置及一些技术问题等。在道德规范上，运营人员要重视在营销过程中出现的各种问题，加强自身的服务意识，利用丰富的专业知识与读者进行互动，及时高效地为读者解决问题。

其次，数字化图书馆需要重视优秀人才的引进机制，根据不同职位的需要积极引进拥有专业技能及综合素质较高的人才。数字化图书馆的运营人员还要不断加强与外界的交流与合作，从而及时获取外界的最新信息，开拓视野，更好地实

现数字化图书馆内部营销体系的发展创新。

再次，数字化图书馆可以设立专门的营销部门，对运营人员在前期的把控、营销的实施及后期的反馈进行有效管理，实时监测，集中管理，统一标准，为营销的开展提供支持保障。

五、促进微信营销平台的宣传推广

数字化图书馆在微信公众平台进行社会化阅读营销时，不仅要针对目标读者制定科学的营销策略，还要配合相应的营销支撑，优化数字化图书馆社会化阅读资源的整合配置，确保营销的高效运作。因而，数字化图书馆在进行营销的同时，需要加强对自身平台的宣传推广。

一方面，微信营销平台的宣传推广需要数字化图书馆线上线下联合进行，从而达到全方位推进。在线上，数字化图书馆可以利用自身微信平台进行相应的推荐，如设置转发的有奖活动等，并且可以联合微博等其他新媒体进行推广；同时，在线下的实体数字化图书馆中，可以利用海报等进行宣传，在实体阅读服务及活动中也能进行一定的推广。通过线上线下联动的方式，可以更好地达到宣传效益，使更多读者参与到数字化图书馆的社会化阅读体验中。

另一方面，数字化图书馆需要加强自身微信平台建设，让读者拥有较好的社会化阅读体验，使读者成为发布信息的主体，实现用户生成内容，自发地进行体验分享，从而实现有效的传播效益。

第十一章 数字化图书馆阅读服务发展创新策略研究

第一节 新时期图书馆阅读服务发展及面临的挑战

一、图书馆阅读服务的发展演变

随着物联网、云计算、大数据、人工智能技术的发展，人类对获取信息方式的要求也越来越高。图书馆作为信息知识的载体，从以图书整理为主、重经验轻服务的传统图书馆，到以用户为中心、传递数字化信息资源的数字化图书馆，再到以自动化和智慧化全面感知体验服务为主、全方位浸入式学习的智慧图书馆，在知识经济社会中发挥着举足轻重的作用。

在新时期，大数据、数据挖掘、物联网、情景化技术、RFID、3D/AR/VR、人工智能等技术的成熟与广泛应用为图书馆带来新的机遇。新技术应用的目的是提高服务质量和满足用户需求，并非"技术至上"。智慧图书馆建设不仅需要人工智能技术的支撑，更需要智慧图书馆馆员。智慧馆员是智慧服务、智能服务的核心，技术是辅助手段。

二、图书馆阅读服务发展的影响因素

（一）信息技术创新引领阅读服务发展

人工智能、5G 等高新科技逐步融入人们的日常生活，给人们带来更多便利和新体验，图书馆实践领域对信息技术应用一直是先行者，从被动服务模式到主动服务模式，再到如今自助化、智能化、人性化模式，都离不开信息技术的不断创新，同时信息技术的创新也为阅读服务带来新的机遇。由此可见，信息技术创新对图书馆阅读服务发展具有引领作用。在信息技术创新发展的过程中，图书馆

阅读服务从单纯手工服务方式到在线化、自助化、人性化、智能化发展。随着人工智能和5G等技术的成熟和普及，越来越多的图书馆开始致力于不断优化服务，拓展服务，创新服务，为读者打造智能化、人性化的阅读空间和环境。

（二）国家政策指明阅读服务发展方向

截至目前，"全民阅读"已经第六次写入政府工作报告，这说明阅读已经受到国家和社会的高度重视。从近几年的国民阅读调查发现，国民阅读氛围浓厚，阅读兴趣高涨，阅读活动需求强烈，阅读推广得到社会各界关注。《中华人民共和国数字化图书馆法》指出数字化图书馆的发展方向、基本目标和重点任务，同时也为我国数字化图书馆事业发展提供了法律保障。图书馆是一个公益性的文化服务机构，以满足读者信息需求为目标，引导阅读、帮助阅读、解决阅读问题的阅读服务阵地。阅读服务是图书馆服务工作的基础，国家政策出台和法律制度建设指明阅读服务发展方向，做好阅读服务工作才能巩固图书馆的社会地位和得到国民认可。

（三）国民阅读方式改变阅读服务模式

从国民阅读调查结果中发现，现代阅读方式已经与传统阅读相比发生了新的变化：从静止的阅读到行走的阅读，从系统化阅读到碎片化阅读，从深阅读到浅阅读，从心灵领悟到视、听、说等全感官阅读方式转变。目前，国民阅读方式已经不局限于传统阅读，而是多种阅读方式并存。国民阅读方式改变阅读服务模式，在传统阅读服务时期，图书馆为读者提供文献服务，随着移动阅读方式的发展，图书馆从传统阅读服务模式转向数字阅读服务和智能阅读服务，服务方式和内容都发生了改变。进入21世纪，阅读开始趋向生活化和休闲化，图书馆为读者开展阅读活动，打造阅读空间，提供虚拟体验服务。国民阅读方式改变了阅读服务模式，开始关注国民阅读行为和阅读需求，转变服务方式和内容，为用户提供人性化服务。

三、图书馆阅读服务发展的基本要素

图书馆阅读服务发展不仅受到外部因素影响，同时也受到资源建设、空间打造和阅读推广这三个要素的影响。

（一）资源建设是服务基础

资源建设是图书馆事业可持续性发展的必要条件，也是提高阅读服务的基础条件，正如"巧妇难为无米之炊"，没有阅读资源就很难提高服务质量。资源建设在图书馆领域一直是重点和难点问题，特别在数字化、信息化时代的今天，信息技术创新使得信息知识载体和获取方式发生了很大变化。资源建设需要长远计划，不仅需要考虑传统资源和数字资源建设，更要考虑资源建设的体系化和特色化，同时资源建设方式也发生了变化。多元化、体系化和特色化的资源建设有利于阅读服务不断创新，保障图书馆事业可持续性发展。

（二）空间打造是服务拓展

国外图书馆打造城市第三空间的成功案例为我国图书馆拓展阅读服务提供了经验借鉴。阅读空间打造拉近了人与图书馆的距离，把图书馆服务融入生活，让人接近图书馆，走进图书馆，走进阅读世界。空间打造旨在用户为提供更人性、更舒适、更温馨的阅读环境。目前，各图书馆开始把"第三空间"和"空间再造"理念融入阅读服务，拓展服务内容和方式，不再只是提供阅读资源。图书馆空间再造是在互联网时代下实现空间服务功能重组与转型的重要举措。"第三空间"是为人们提供便利、学习、交流的地方，并在那里可以休闲娱乐、放松心情、修身养性、消除内心压力等。图书馆空间打造是阅读服务的拓展，它以读者需求为中心，功能布局适宜流畅、格局衔接自然合理，创造出和谐、宽松、情感、平等的人文环境，同时也能够根据实际需求提供服务。

（三）阅读推广是服务创新

阅读推广是图书馆服务新常态，同时也是阅读服务的创新形式之一。图书馆是阅读推广的主要阵地，图书馆员是阅读推广的主力军。

阅读推广活动服务对象广泛，图书馆必须明确活动目标人群和阅读需求，有针对性地开展活动。正因为阅读推广面向的群体具有差异性，既带来创新机遇也存在服务挑战，所以图书馆要明确活动内容和推广方式，不同的活动内容会产生不同的阅读效果。

四、图书馆阅读服务发展面临的挑战

信息科技创新和国家对国民阅读的关注以及国民阅读需求的变化给图书馆事业发展带来了机遇，但同样带来强大的挑战。目前，图书馆处于传统阅读服务、数字阅读服务和智能阅读服务三种服务模式并存时期。在资源建设、空间打造及阅读推广等方面面临着巨大的挑战。

（一）资源建设

信息时代的到来，数字化、网络化快速发展，信息的载体、存储、获取和利用方式都在发生变化。各大图书馆不甘"落后",迅速转变资源建设方式,积极加入数字化浪潮中。这样的转变在某种程度上具有积极意义,但是同样也造成一定困境。资源建设是图书馆开展阅读服务的基础,也是图书馆事业发展的前提。在信息化和数字化时代,资源建设是图书馆阅读服务发展面临的挑战之一。

1. 传统资源建设面临经费缩减与采购模式单一挑战

(1)建设经费缩减

目前,虽然数字阅读方式受到读者的追捧,但是传统阅读方式依旧是国民阅读的主要方式之一。传统资源建设受到数字资源建设冲击,很多图书馆资源经费分配不合理,这在高校图书馆中尤为突出,数字资源建设经费超过传统资源建设经费。传统资源建设经费逐年缩减,在很大程度上影响了传统资源建设的长远发展。传统资源经费的缩减导致纸本资源数量减少、质量下降等问题出现。阅读资源数量和质量得不到保障,也就无法保障良好的阅读效果,阅读服务质量也很难提高。

(2)采购模式单一

目前图书馆资源采购模式主要以招投标模式为主,这种单一的采购模式具有图书质量和品种数量不能保证、图书到馆周期长等不可控劣势。资源建设一方面是对文化的保存;另一方面是为了传播、分享、共享知识资源,招投标采购模式存在的不足对于满足读者阅读需求和图书馆可持续发展造成了不良影响。图书采购模式影响了馆藏资源的系统化、体系化建设,给图书馆阅读服务质量提升带来阻碍。目前,单一采购模式已经不能满足读者多元化的资源需求,只有转变图书采购模式才能提供优质服务。

2. 数字资源建设遭遇资源垄断和"资源孤岛"困境

由于很多图书馆对数字资源建设没有长期规划,因而忽视传统资源和数字资源建设之间的"优劣互补关系"。一旦没有正确认识两者建设关系,一味追求数字资源建设,图书馆将会遭遇资源垄断、"资源孤岛"等困境。

(1)资源垄断

数字资源垄断主要体现在数据库商家对信息资源的垄断。数据库商家对资源的垄断导致图书馆在资源采购中处于十分被动的局面。在这样的环境下,图书馆数字资源建设成本增加,又因为购买数据库没有"拥有权",一旦使用期满,数据库资源便不会更新,也不能再继续使用。数字资源垄断给阅读服务甚至整个图书馆资源建设造成了巨大困难。

(2)资源孤岛

资源孤岛是指数据库之间不能相互兼容和连接、甚至不能共享资源，导致资源检索和利用十分烦琐。目前图书馆数字阅读平台上虽然提供聚搜索和知识发现系统，但是大量数据库资源间的"资源孤岛"依然存在。在"资源孤岛"存在的情况下很容易造成读者放弃阅读，对阅读服务满意度低。因此，数字"资源孤岛"是目前资源建设中面临的艰巨挑战之一。

3. 特色资源建设类型单一

特色资源建设是图书馆开展特色服务的基础，也是对地方文献的保护和传承。目前图书馆特色资源建设主要是以地方文献建设为主，资源建设类型和内容较为单一，缺少体系化和特色化。图书馆除了提供纸质和数字阅读资源服务以外，其他服务形式逐渐成为阅读服务亮点，特色资源建设类型单一不利于提高阅读服务质量和读者满意度。

（二）空间打造

图书馆阅读服务模式随着国民阅读方式、需求和目的变化在不断发生转变，除了阅读资源服务外，空间打造成为阅读服务的拓展。空间打造主要指图书馆打造功能多样化阅读空间，是图书馆为满足用户信息需求，提供资源体系、知识空间、服务设施、实体空间、学习研究场所、文化氛围等一系列信息利用环境与空间的总称。

图书馆空间不仅是藏书"存储容器"，也是阅读服务"拓展之源"。目前，图书馆空间打造主要面临资金投入成本高、智能科技应用复杂以及空间设计缺乏创意等问题。

1. 资金投入成本高

不管是馆内空间再造、主题空间、虚拟体验空间还是馆外智能化空间打造，都需要投入大量资金，而图书馆是公益性文化设施机构，其资金来源基本是国家财政拨付，难免会面临着资金投入不足的困境。阅读空间打造需要大量资金投入，特别是智能空间打造，需要应用智能新科技，如物联网技术、云计算、语义检索技术、虚拟现实技术、智能定位技术、人工智能技术等新兴科技，这些高新技术的价格大都十分昂贵；再加上空间再造需要重新布局设计，改造费也是一笔大开销。除此之外，空间打造还要面临系统维护、技术更新、软件配套、馆员培训等其他方面的资金投入。由此可见，图书馆空间打造存在资金投入成本过高的问题。

2. 智能科技应用复杂

阅读空间打造指空间再造和主题阅读空间、休闲阅读空间、虚拟阅读体验空间以及智能化阅读空间构建。智能化阅读空间打造是智慧图书馆建设、智慧阅读服务的主要体现。智能阅读空间需要物联网技术、智能感应技术、虚拟现实技术、计算机网格技术、网络构架技术、数据智能化分析技术、人工智能技术等新技术支撑，这些技术当中还有许多技术尚处于实验阶段，其复杂性不言而喻，加上当前物联网技术、人工智能技术等核心科技发展迅速，在阅读空间智能化构建过程中，图书馆馆员难以应对其产生的新问题，而且有部分技术需要从国外引进，也面临专利使用、信息安全以及器材来源等各方面的问题。

3. 空间设计缺乏创意

随着"第三空间"理念引入，空间打造被视为图书馆服务转型和拓展的途径之一。目前。部分图书馆阅读空间设计缺乏创新，图书馆对空间传统功能区域设计与现代元素之间的关系认识不足，图书馆空间独特的文化形态没有完全融入设计中，"休闲""娱乐"等元素的简单拼凑掩盖了图书馆空间具有的独特属性。阅读空间设计面临如何将图书馆具有的独特属性融入其中的挑战。图书馆应致力于打造以"生态友好空间""信息共享空间""学习交流空间""知识生活空间"为主，以"休闲娱乐空间"为辅，具有多元文化包容能力的阅读空间。

（三）阅读推广

图书馆阅读推广活动是目前图书馆服务新常态，通过开展阅读活动可以推广阅读资源、宣传阅读服务，营造社会阅读氛围。目前，图书馆阅读推广活动面临着策划主体力量单薄、服务对象存在差异、推广团队参差不齐等挑战。

1. 策划主体力量单薄

阅读推广主体是指阅读推广活动承担者、策划者、组织者和管理者。阅读推广主体多元分布，包括出版机构、书店、教育机构、公益组织、图书馆等主体。图书馆是阅读推广的主要阵地之一，虽然阅读推广主体多元，但是图书馆在开展阅读推广活动时经常"孤军奋战"，又面临着馆员知识结构有限、活动开展成本高等困难。因为服务群体差异性大，不同用户对阅读活动的需求也不同，图书馆依靠自身力量难以满足用户的不同需求。

图书馆作为阅读推广活动的主要阵地，可以联合出版界、书店、教育界、医疗机构、企业等社会机构和组织开展阅读推广活动，这样不仅可以搭建活动推广平台，促进图书馆与其他组织机构的交流，而且还可以搭建整合社会资源的有效平台，推动全民参与阅读。

2. 服务对象存在差异

阅读推广目标人群差异性较大，从阅读需求角度可分为同质人群与异质人群；从阅读环境角度可分为方便、不便和困难人群；从认知水平又可分为高端、普通和特殊人群。图书馆阅读推广服务受众广泛，从年龄上划分有低幼儿童、青少年、成年人和老年人等不同群体。这些差异要求图书馆开展阅读活动要具有针对性，针对不同目标人群就要策划符合不同读者需求的活动，只有这样才能激发读者有兴趣参与到活动中，才能保证良好的活动效果。

3. 推广团队参差不齐

随着阅读活动的不断发展，打造品牌活动成为图书馆阅读服务创新方式之一。品牌活动开展需要专业的阅读推广人才。但是由于种种原因，在当前图书馆界，不仅缺乏专业的阅读推广人，也缺乏基础的阅读推广理论，负责阅读推广活动的馆员只能边学边做。专业人才是制约阅读服务发展的关键因素。目前品牌化活动需求日益增长，这也是阅读服务创新途径之一，所以图书馆要重视品牌化阅读推广模式。

美国品牌阅读推广活动关于品牌阅读名称与标识、品牌阅读理念与目标、品牌阅读内涵有着十分专业的策划过程和完整体系。其构建的"读遍美国"的阅读理念提高了美国青少年的阅读能力，鼓励他们开展阅读，了解美国历史、文化以及发现自己的兴趣领域。"直击阅读"则是通过海报、社交媒体、视频等多种形式让国民看到身边阅读的身影、感受阅读的魅力，从而加入阅读的行列。品牌化阅读推广围绕品牌人群定位，从品牌名称、标识、主题、方案、维护、传播、创新等相关要素进行策划。目前，国内图书馆纷纷开始策划品牌阅读活动。如上海图书馆的"上图讲座"将朗诵、演唱、演奏等形式融入讲座中，同时设有"都市文化""名家解读名著""信息化知识""知识与健康""院士讲坛""国际科学家讲坛""青年讲坛"等不同的主题，使其成为一道亮丽的城市"知识风景"，也为国内阅读推广品牌化和专业化提供了启示与借鉴。

目前，图书馆阅读推广活动品牌化和专业化还在积极探索的过程中，品牌活动的人群定位、活动名称和标识设计、活动主题策划、宣传和管理贯穿着图书馆阅读活动的始终，开始走上品牌化道路。

第二节　新时期图书馆阅读服务优化创新策略

一、加强多元化资源建设

图书馆资源建设是图书馆阅读服务的基础，图书馆的发展依赖于馆藏资源建设。随着信息技术的发展，知识的形式不再局限于纸质资源，图书馆资源建设必须注重纸质资源、数字资源、特色资源等多元化资源建设，才能满足国民阅读需求，保障图书馆事业的发展。

（一）资源类型向传统资源与数字资源并重发展

1.重视传统资源建设规划

（1）传统资源建设经费合理化

在数字出版时代环境下，图书馆数字资源建设越来越受到人们的重视，国内外高校图书馆的数字资源经费远远超过纸质资源经费，甚至占了总经费的70%到80%，并且增长迅速。数字化图书馆近年的数字资源建设投入也增长迅速，如上海图书馆2012年数字资源建设经费占总经费的15%，2017年占比达到35%。虽然数字资源建设比重逐年增长，但是对于纸质资源建设也不应忽视。各馆应根据自身服务定位，合理分配各类资源建设经费并做好资源采购策略。纸质资源和数字资源"两条腿"并行的方法是图书馆资源建设的最佳解决方案。两种资源建设的比重则需要根据图书馆服务性质和服务读者需求进行安排，不可一味追求数字资源使用上的"快、广、精、准"优势，就忽视其内容同化、价格昂贵等问题。同样，纸质资源建设也需要考虑品种、复本等问题。未来数据库资源建设发展趋势应该更多地考虑联盟、合作、共建共享，而纸质资源建设更趋向于打造特色馆藏建设，但是都离不开"两条腿"并行的发展需求。

（2）注重读者驱动采购模式

为了解决图书馆图书利用率和流通率低的问题，图书馆在图书采购工作中应结合读者需求合理开展读者驱动采购模式服务，把部分资源经费用于读者参与资源建设的采购上，这样不仅可以增强读者参与感，满足读者对新书阅读的需求，同时解决了图书利用率和流通率的问题。读者驱动采购模式把读者从阅读资源利用者转变为阅读资源建设参与者，既满足读者对于新书的需求，又践行"以人为本"服务理念。目前，读者驱动采购模式分为多种类型：①实地即采即借型，即图书馆与书店合作，形成馆中店或者店中馆模式。馆中店模式如佛山市图书馆的新书采购，店中馆模式如内蒙古的"彩云服务"服务。②线上快采快借型，即读者在图书馆管理系统中认证后便可以在线上通过合作书商的线上平台选择图书进行采购借阅，书商将读者所选图书通过配送商快速送到读者手上，该模式在浙江省图书馆和新华书店集团已经得到了较好的实践效果。图书馆应该注重读者驱动采购模式，结合图书馆整体发展考虑读者驱动采购模式服务开展的价值，加强与图书馆其他服务活动相结合，如与读者信息素养教育、学科服务、信息共享空间建设等相结合，以拓展读者驱动采购模式服务的价值和作用。

（3）注重多品种采购

面对纸质资源建设经费减少的情况，图书馆在纸质资源建设时应该采取多品种的采购策略，特别是面对国内每年出版的 50 多万种图书。中山大学在馆藏资源建设方面一直坚持以纸质资源建设为本，根据学术著作在总出版量中的占比，每年约有 10 ～ 13 万种学术图书是高校图书馆需要购藏的，近几年中山大学的年均采购量超过 10 万种。上海图书馆的纸质文献采购策略一方面体现在品种的选择上；另一方面体现在副本的控制方面。另外上海图书馆在招标控制上也有值得其他图书馆借鉴的做法，如通过与相关部门协商后申请了预留部分经费用于自助零购的办法弥补招标采购的不足。

2. 转变数字资源建设方式

（1）联合建设数字阅读平台资源

随着数字化图书馆建设和公共数字文化共享工程的推进，图书馆在数字资源建设工作中逐渐将重心转向数字资源共建共享和数字资源整合方面。数字资源种类越来越丰富，依靠一个图书馆的力量越来越难以满足读者需求，因此，联合建设数字资源平台以及整合数字阅读平台资源成为加强图书馆数字阅读资源建设的重要方式之一。

目前国内在教育、公共文化、社会科学三大系统中联合建设了中国高等教育文献保障系统、中国国家数字化图书馆、文化共享工程、国家科技图书文献中心等项目，这些项目主要是高校图书馆、数字化图书馆和专业图书馆间的共建共享。在公共数字文化共享工程建设过程中，图书馆、博物馆、档案馆、文化馆等机构的联合共建共享存在数字资源建设标准不统一、缺乏跨系统服务平台等问题。所以，图书馆联合档案馆、博物馆、美术馆等社会机构建设数字资源平台需要强化共建共享思想，强调权利与义务相统一；需要完善统筹管理制度，保障共建共享建设进程；需要构建数字阅读平台标准体系；需要加快构建联合数字阅读平台法律保障等各方面建设。

（2）整合数字阅读平台资源

整合数字阅读平台资源是指将物理上、逻辑上自主的、分布的、异构的数字资源，通过各种集成技术和方法，透明、无缝地联为一体，为用户提供"一站式"服务平台，包括"统一检索、资源链接、身份认证、个性化服务等，同时通过整合简化图书馆对馆藏资源的管理"。图书馆整合数字阅读资源的方式多种多样，常见方式有以下几种：①通过联机公共检索目录系统，即 Online Public Access Catalogue（OPAC）。这是基于传统书目管理的整合方式，根据整合对象的不同进行馆外整合和馆内整合，馆外整合可以实现本馆与不同馆的 OPAC 系统数据库对接，建立统一的接口后便可以实现资源整合目标。该系统还可以进行核心资源整合和相关资源整合。核心资源整合是将 OPAC 系统中书目信息与其电子全文图书、电子全文期刊及视听资料建立对应链接，相关资源整合主要指书刊与其评论信息、来源信息的对应链接。②建立链接式数字资源整合，即通过网络超文本链接技术将相关知识点链接在一起，从而形成具有相关性的知识网络，为读者提供数字阅读资源的便捷途径。③通过跨库检索系统整合数字阅读资源，不同的数据库检索界面和检索方式有所不同，通过整合跨库检索界面可以提升读者检索效率和读者体验度。整合数字阅读资源检索界面是指将检索界面和检索结果反馈界面统一化，通过聚检索技术为读者提供服务。聚检索的服务只是一个代理检索界面，它没有资源库，通过将读者输入的查询请求转换成相应数字资源系统的检索语言和条件，同时将各个资源系统的检索结果反馈到同一界面，这样读者点击链接便可进入相应数字资源库。

（3）建设开放获取资源

开放获取资源建设方式是图书馆应对数据商资源垄断的常用策略。开放获取资源建设可以在一定程度上缓解数字资源"漫天要价"的困境，同时网络信息资源数量庞大，可以为图书馆数字资源建设提供保障。这些信息资源建设成本远远低于数据库商的定价。正是因为开放获取资源建设的优势，目前已经成为图书馆数字资源建设过程中不可或缺的方式之一。

（二）资源内容兼顾体系化和特色化

资源建设不仅需要考虑资源类型，如数字资源、传统资源、视听资源等多种类型资源，同时也应从资源内容体系化和特色化视角进行资源建设规划。

1. 地方文献资源建设

首先根据图书馆所处的地域人文环境和地区发展明确特色馆藏资源的建设范围，可以在自身馆藏资源基础上强化特色资源建设，打造特色资源库或平台。如从地方文献、地方人文、少数民族文化特色等角度考虑资源范围，不局限于当地采集，有意识地扩展地域范围，形成多维的资源获取渠道。其次，地方文献不仅需要维护文献原本形式，也要拓展其他类型，才能更系统更完整地建设。地方文献资源建设的最终目的是为用户服务，因此宣传工作成为建设过程中的重要组成部分，使文献资源为人们所知，从而利用才能实现资源建设的真正价值。上海图书馆的家谱特色馆藏资源库建设是一个成功的案例，上海图书馆家谱特色资源建设早在 1998 年就已经开始，家谱采集从开始的一万多种到目前已拥有三万余种，并且采集的范围已经扩大到海内外；同时，该图书馆注重各类家谱的不同特点分类采集，目前已经形成了家谱特色馆藏，吸引了众多学者和专家。地方文献资源建设是一个持续的过程，在明确文献资源的采集范围后，要形成稳定的建设策略。

2. 读者知识资源建设

图书馆除利用自身馆藏资源外，还应充分挖掘读者这一重要资源，尤其是读者知识资源。图书馆开展的借阅"真人书"活动就是开发利用读者知识资源的方式之一。虽然国内外真人图书馆活动理念和主旨存在一些差异，但是都体现出注重读者隐性知识挖掘和关注读者需求的理念。读者知识资源不仅具有内容的广泛性、隐性和活性的知识形态，而且具有阅读的互动性。读者知识资源不同于固态的图书馆阅读资源，通过面对面的借阅方式，实现双向的知识流通。图书馆建设读者知识资源需要考虑以下几个方面。

其一，明确读者知识资源建设的目的和主旨。首先，在明确活动主旨后确定资源建设的主题和选题范围，如以打破成见、直面歧视、挑战偏见等社会问题或者交流心得、共享知识、分享体验等人生经验为主旨。在主旨确定后通过选题确定读者知识资源建设来源，如面向社会公众征集，只要有意愿的读者都可以成为知识资源的开发者，其中包括普通民众、特殊工作岗位人员、特殊人群及弱势群体等，也可以根据主旨需求控制来源范围，如面向社会精英、在一定领域中具有影响力的人。

其二，组建专门工作队伍。图书馆应安排专人负责读者知识资源的获取范围、采集方式和借阅方式，同时在真人书借阅活动中承担策划、宣传等工作，以保障活动顺利进行，同时负责与提供知识资源的读者沟通相关事宜，达成共识。

其三，规范资源建设流程。资源建设工作的稳定开展需要规范化组织与指导，图书馆应根据馆情制定有效的管理机制和运行机制，可以通过政府和社会出资赞助保障资源建设经费，同时在法律许可的条件下制定读者知识资源建设的相关工作制度。此外，加强宣传工作，提供读者知识资源建设的知晓度和认可度。资源建设的最终目的是服务读者，因此在建设的过程中加强宣传力度，不但可以使更多的读者了解图书馆的工作，也能让更多的读者参与到活动中。

3.三维信息资源建设

三维信息资源可以缓解碎片化等阅读方式的"痛点"，沉浸式阅读方式使读者对三维信息资源需求更加强烈。VR/AR图书是三维信息资源的主要形式，其在儿童阅读资源、儿童阅读培养和古籍善本等方面具有突出优势。VR/AR图书不同于可穿戴式的虚拟现实技术应用于图书馆实体场景设计和图书虚拟故事场景设计，而是通过具体的电子阅读设备扫描实体图书，图书上的内容便会在电子阅读设备上以动态形式展现，如美国出版的VR系列图书《香蕉火箭科学图画书》，读者通过下载相应的APP后可以感受广袤的大草原上奔腾的马群，可以触摸到书中展现的一切事物，甚至还能实现互动。

图书馆三维信息资源建设将是图书馆多元化建设的必经之路。图书馆在VR/AR图书资源等三维信息资源建设中首先可以把重心放在儿童阅读资源类、科普知识类的图书上，如低幼儿童的认知类和传统古诗词文化类等，同时制定三维信息资源的借阅和保管制度，重视三维信息资源的宣传和阅读指导，开展VR/AR图书使用指导和阅读体验活动，从而吸引人们走进图书馆，关注阅读和培养阅读。

二、打造多样化阅读空间

随着信息技术发展和数字阅读的流行，虚拟阅读空间随之产生。在某种程度上，阅读空间是随着阅读行为不断延伸而扩展的。多样化阅读空间打造是图书馆阅读服务创新模式之一，从概念空间的目标而言，图书馆将会是集信息共享、教育学习、文化交流和休闲娱乐于一体的"第三空间"；从实际空间功能目标而言，图书馆将会打造功能化、智能化空间及虚实融合空间。馆内主题、三维立体等功能化阅读空间设计、馆外智能化阅读空间布局、虚实融合空间的打造都为图书馆阅读空间服务增加了亮点。

（一）馆内阅读空间功能化

1.主题空间

打造主题空间是图书馆阅读服务的拓展，阅读空间打造不再限于打造创客空间、信息共享空间和知识共享空间，图书馆主题空间将从读者需求、地域文化和馆藏特点等角度打造具有主题特色的阅读空间。图书馆在打造主题阅读空间的实践中，首先，应明确打造主题阅读空间的服务理念和实现目标，从而确定打造原则、空间设计方案、主题选择范围等事项。其次，从空间环境布局、阅读资源、服务内容和主题图书馆馆员四个基本要素开展主题化阅读空间服务。再次，确定主题化阅读空间的内容建设，如从贴近人们生活的角度、从特殊读者服务或从地域文化角度展开选题。最后，根据主题特征打造阅读环境。阅读空间环境的设计应融入主题元素，展现主题文化，使读者进入每一种主题阅读空间都可以感受到主题阅读气息和氛围。此外，这些主题阅读空间还应具备展示、开展讲座、读者交流等功能。从功能角度出发，主题化阅读空间可以根据读者类型进行打造，如打造绘本空间、阅读疗法空间、经典阅读空间等。

2. 三维立体空间

三维立体阅读体验将突破二维阅读感受，调动读者全感官，给读者带来一种身临其境的体验和超乎想象的"穿越"感，更易于加深读者阅读印象和提升其对知识、信息的理解力。三维立体化阅读空间打造，首先应加强与出版社联系，了解三维信息资源出版现状，调查读者对三维信息资源的需求以及同行业开展三维立体阅读体验活动情况和读者反馈情况。其次，根据自身三维信息资源建设程度推广阅读体验服务活动，通过推广活动设计明确三维立体阅读体验空间的服务内容和对象，如三维立体阅读空间打造的主旨、阅读资源类型等。最后，加强对三维立体阅读空间的宣传，打造阅读体验空间服务前可进行服务活动预告，对三维立体阅读方式进行宣传，也可以通过采访已经体验过或者正在体验三维立体阅读的读者，让他们分享自己对三维立体阅读的体验感受。此外，图书馆可以邀请专业人士开展虚拟现实技术等相关方面讲座，向读者介绍三维立体阅读空间的技术支撑、功能等知识。三维立体化阅读空间打造也是智能图书馆发展的需要，可以促进智能图书馆建设，提高图书馆的智慧性和包容性。

（二）馆外阅读空间智能化

图书馆阅读空间服务不仅利用馆内空间资源打造多功能的阅读空间，也注重馆外智能化阅读空间打造，致力于打通图书馆阅读服务"最后一公里"服务目标，实现图书馆阅读服务价值最大化。

1. 自助阅读空间

图书馆自助服务主要分为 24 小时自助服务和图书馆 ATM 机服务。前者是将图书自助借还设备、图书检测设备、视频抓拍设备、门禁设备、图书馆业务系统等技术进行整合，建成无人值守、读者凭证入内自助借阅的区域。后者是将银行自助柜员机的理念应用于图书馆服务中，通过 RFID、机械手等技术和图书馆业务系统的结合，建成无人值守、读者自主借还图书的服务站。本研究主要分析前者。

图书馆打造智能化自助阅读空间，首先需要考虑选址的合理性、科学性和均衡性，考虑周边服务人群特点和阅读需求进行合理规划。其次，做好资源保障。从图书更新、热门图书、最新图书的角度及时补充自助阅读资源，同时提供数字阅读资源下载平台，保障阅读资源充足。自助阅读空间可以通过系统统计分析自助图书馆内读者的阅读行为，根据读者数据行为进行精准细化配置阅读资源，还应注重打造特色自助阅读空间，根据自助图书馆选址、服务人群等打造专题自助阅读空间。再次，注重智能化技术应用。在自助图书馆内引入智能机器人、智能语音助手等先进技术设备，不但能够实现智能化管理，还能给人们带来更温馨的服务。最后，通过新闻媒体进行宣传报道，设计自助阅读空间的品牌形象，同时在新媒体平台上进行宣传。另外，图书馆还应通过线下活动，宣传自助阅读空间的功能和操作流程等，耐心指导人们如何进行自助阅读。

2. 城市阅读空间

随着"图书馆+"理念的兴起，城市阅读空间发展迅速，其发展显现出创建主体"跨界组合"、服务内容"业务混搭"、公益性与经营性运营相结合、"唯美＋生态＋体验"空间设计等特征。城市阅读空间是图书馆联合社会机构打造的公益性阅读空间，在一定程度上拓展了图书馆阅读服务。

打造城市公共阅读空间首先需要明确城市阅读空间的选址问题，如青番茄"In Library"把阅读空间的选址确定为城市中的酒店、咖啡馆、地铁等商业较为繁华的地段；而北京西城区特色阅读空间则多位于于社区、公园、街道等公共场所。阅读空间的选址问题可根据图书馆与合作对象的性质决定，同时考虑服务人群特征来确定城市阅读空间打造的内容和主题。其次，考虑城市阅读空间提供"什么样"的阅读服务问题，图书馆跨界打造阅读空间需要考虑能够提供阅读服务的内容和类型。根据合作对象经营理念和服务特色提供专题阅读服务，如打造书法、绘画、茶艺、花艺等不同主题阅读空间。最后，考虑城市阅读空间环境打造问题。城市阅读空间打造应从空间视觉设计入手，融入唯美、时尚、个性的空间环境设计，同时也要注重融入文化元素。城市阅读空间打造也是宣传城市文化的途径之一。

（三）虚实融合环境一体化

虚实融合已经成为现代图书馆阅读服务的首要策略和方式，许多新馆建造或者旧馆改造，24 小时自助服务、泛在阅读、馆内实时数据统计、馆内安全环境自动化管理及虚拟现实场景体验都实现了虚实环境融合一体化。虚实融合拓展了图书馆的服务时间和空间，实体空间是虚拟空间的孵化器，前者功能局限催生了后者。新媒体虚拟空间可以为读者提供阅读咨询、阅读书目推荐、阅读活动预告、图书馆动态等信息服务，此外在移动服务平台上还可以提供馆藏查询、图书借还、图书预约及参与活动报名等与阅读相关的服务。新媒体虚拟空间是宣传阅读服务的有效补充形式。

图书馆虚实融合环境一体化不仅是两种形态空间共存，更是两者互动相生的有机融合。在图书馆虚实环境中融入虚拟空间信息、实体空间服务以及读者因素，形成完整互动链。图书馆可通过互联网、二维码等新技术支撑，在虚拟空间聚拢读者，在虚拟空间为读者提供阅读服务，如读者通过网上借阅平台提出借阅需求，图书馆找到读者所需图书后，通过物流直接邮寄给读者或者投放至读者附近的分馆中，同时通过网上借阅平台通知读者，这种虚实融合环境一体化的服务模式拓展了服务内容，也在一定程度上拓展了服务时间和服务范围。

三、提供优质化阅读推广活动

图书馆阅读活动深化服务内容，升华图书馆教育职能，是服务新常态，也是服务创新的新表达。图书馆开展优质化阅读活动需要联合社会力量、引入服务新理念以及强化人才培养。

（一）打开合作共赢之门

"互联网 +"中"+"代表着联合、融合、跨界、开放、变革，"互联网 +"时代，是一个"跨界"时代，每一个行业相互渗透，行业边界被打破，促使行业间相互吸收、融合。在此背景下，图书馆深受"跨界融合"影响，如 2016 年和 2018 年的"上海国际图书馆论坛"都对"图书馆跨界合作"主题进行了研究和探讨。图书馆融合社会力量成为"图书馆 +"主要形式。如图书馆可与书店、出版机构合作，与数据供应商融合，与网络电商跨界合作，与互联网等新媒体和新技术融合，融入信用评估，与文化休闲类机构以及其他阅读服务组织合作，这些跨界融合实践为图书馆阅读活动跨界合作提供了经验；再加上阅读推广活动主体多元分布，社会各界积极投入阅读推广行列，图书馆应打开合作之门，联合社会力量共同策划优质的阅读推广活动。

1.联合商业机构开展阅读推广

图书馆＋书店、图书馆＋咖啡店、图书馆＋花店等"图书馆＋"跨界融合模式是图书馆阅读服务新形式，这些悄然形成的阅读空间开始融入读者的生活。图书馆融合商业机构，联合开展阅读活动成为图书馆阅读服务创新举措。与商业机构合作，由商业机构提供活动场所，图书馆提供主题阅读资源，同时根据商家经营产品，开展相应主题活动。如图书馆与花店联合开展花艺培训，不仅吸引爱花读者，让读者了解花艺，从而对花艺相关的书籍感兴趣，自然促进阅读，同时也提高花店的知名度，实现双赢目标。图书馆联合商业机构主要为了营造休闲阅读氛围，打造更和谐、更亲民的阅读空间，使阅读融入人们生活的方方面面。

2.联合专业机构开展阅读推广

图书馆可针对读者较为关注的健康、教育、成长、医疗等方面策划阅读推广活动。由于馆员知识结构有限，因而难以满足读者需求，但是图书馆可以打开合作之门，通过联合专业机构开展专业信息咨询会、讲座、知识讲堂等活动。联合专业机构补充服务形式和丰富服务内容。图书馆阅读活动主题随着阅读需求泛化将会越来越深入和专业，开展专业性较强的阅读活动对于没有专业基础的馆员具有一定难度，而通过联合专业机构开展活动可以有效解决这个问题。图书馆在选择联合专业机构时需要从读者需求调查着手，充分了解读者需求，最大限度保障活动开展效用，同时也应该与专业机构达成合作协议，形成稳定的合作关系。

3.联合民间阅读组织开展阅读推广

我国民间阅读组织主要针对儿童阅读和成年人阅读开展活动，为推进全民阅读注入了新的活力。民间阅读组织在儿童阅读方面主要以学校和社区为主要阵地，这对于数字化图书馆而言是一种很好的补充。目前影响力较大的儿童阅读民间组织有中国滋根乡村教育与发展促进会、真爱梦想基金会、天下溪公益图书平台、担当者行动、海外中国教育基金会、六和公益、爱心点灯、蒲公英乡村图书馆、亲近母语研究院、西部阳光农村发展基金会、纯山教育基金会、陈一心家族基金会等，虽然它们的服务人群定位各异，但都把志愿服务与公益项目相结合，致力于推动中小学素质教育发展。图书馆与民间阅读组织的目标不谋而合，两者联合开展阅读活动，具有极好的社会影响力。民间阅读组织的服务开展到哪里，图书馆的脚步就走到哪里，这样一方面可以为民间阅读组织提供阅读推广活动指导；另一方面双方共同搭建阅读服务平台，两者优势互补，凝聚更多喜爱阅读的人。

图书馆打开合作之门，联合社会力量提供阅读服务带来多方面的积极作用。首先，拓展活动内容。社会力量涉及范围广泛，开展活动主题不单围绕图书资源，还可以使"阅读"与更多的元素发生化学反应，增强读者的认知度。其次，加强活动时效性。社会组织具有较强的社会变化敏感度，通过联合社会力量开展活动能够及时融入社会热点，加强读者的新鲜感。再次，保障活动专业性。专业性较强的阅读活动有了专业人员和专业机构的加入，活动的精准性和切入点可以得到保障，还可以增强读者的获得感。最后，创新活动形式。联合社会力量开展活动的形式增多，不再限于单一的读书活动，可以选择实际操作、参观、交流等形式，增强读者的参与感。

（二）引入创新服务理念

"分众阅读"是阅读文化学的基本原理之一，包括分地读物推广、分级读物推广、分龄读物推广、分时读物推广、分类读物推广等，它们共同组成阅读文化学的重要方法论系统。把"分众阅读"理论作为阅读活动的服务指导思想，可以创新服务理念。"分众"阅读活动是指图书馆根据读者群的年龄、职业、兴趣等加以细分，然后再根据细分读者群体的阅读需求来设计活动内容和形式，以实现满足目标读者需求的目标。

1．"分地"阅读推广活动

图书馆阅读推广活动针对读者特征细化分众，开展"分地"阅读活动，不仅可以满足不同读者需求，同时拓展阅读活动受众范围，解决目前图书馆阅读活动服务受众范围小的问题。人们从四面八方来到一个地方，每个人都有自己的故乡，归属感较强烈，图书馆拥有一定的地方文献和乡土读物，在此基础上开展家乡情怀和乡土文化主题的"分地"阅读推广活动，可以引起读者共鸣。此外，"分地"阅读推广还可以根据推广地点开展阅读服务，如流动图书馆进入工地、养老院、学校、监狱等不同地点，为不同人群提供有针对性的阅读服务。

2．"分级"与"分龄"阅读推广活动

"分级"与"分龄"阅读推广活动主要根据读者年龄阶段不同、具有不同的阅读需求开展服务。从儿童和青少年的身心和思维发展特征出发，开展不同成长时期的阅读活动，旨在培养读者阅读兴趣、引导读者阅读、帮助读者学会阅读；针对低龄儿童的阅读服务活动，美国图书馆对刚出生的婴儿开展了"阅读大礼包"服务，为新生儿家庭提供阅读素材，帮助家庭解决幼儿阅读素材选择问题，同时指导父母在低龄儿童阅读阶段应该如何进行阅读引导等。目前，数字化图书馆"分级"与"分龄"阅读推广活动主要针对儿童、未成年人、老龄人开展。

3．"分时"阅读推广活动

"分时"阅读活动主要根据"时间"开展相关主题阅读活动，如每年世界读

书日，图书馆都会开展多种形式的推广阅读活动。利用一个具有纪念意义的"时间"作为阅读活动主题进行阅读推广，可以增加阅读趣味性和读者参与率。我国几乎每个月都会有一个传统节日，每一个传统节日所蕴含的传统文化和美好愿景都可作为图书馆进行阅读推广活动的主题和内容。如春节、中秋节、端午节、重阳节等都具有浓厚的主题意义。除了这些传统节日以外，图书馆还可以从国庆节、儿童节、建军节、建党节、教师节等具有主题含义的节日出发，开展主题阅读活动。图书馆在策划阅读推广活动时应该多从与读者生活相关的角度思考，融入读者的生活，才能吸引读者关注，让读者参与到阅读推广活动中，才能实现阅读服务的目标，达到阅读推广的效果。

4."分类"阅读推广活动

"分类"阅读推广活动主要是以不同活动类型开展阅读活动，如数字阅读活动、经典阅读活动和时尚阅读活动等。数字阅读活动主要开展数字阅读资源宣传、数字阅读方式培训指导和数字阅读体验，推广馆藏数字资源建设，宣传数字资源平台和指导读者下载移动数字阅读 APP 等。"分类"阅读推广活动不仅注重从不同主题分类，也注重从活动类型分类。目前国民阅读方式多元化，阅读活动形式和内容也丰富多样，从活动类型的角度策划阅读推广活动可以满足不同阅读方式读者的需求，同时也可以实现扩大阅读活动受众范围的目标。

（三）强化人才培养力度

1. 转变培养模式

专业化阅读推广馆员的培养需要制定具体的培养方案，包括培养目的、培养模式和培养手段等内容。在培养专业化阅读推广馆员时，应做到以下几点：首先，理论学习与实践工作相结合，通过支持馆员参加各省和中国图书馆学会举办的阅读推广人培训班和会议，学习阅读推广服务理论专著和案例，听取行业专家专题报告进行理论学习。在开展活动后，要及时进行总结，把实践中遇到的问题进行总结分析，使理论与实践相结合，互相促进。其次，专业教育和继续教育相结合，短期在职人员的继续教育目前主要分为国家性和地方性阅读推广人培训，专业性教育目前较少。图书馆界可以借鉴国外培养经验，在图书馆学专业下增设阅读推广研究方向，采用跨院校、跨专业的合作培养模式，培养具有专业知识和专门技能的阅读推广人才。最后，采取多种培养方式。图书馆一方面可以通过组织馆员实地参观学习、现场教学形式和面对面交流的方式进行学习；另一方面可以借助网络平台在线学习，如"阳光悦读"直播间邀请了王余光教授等阅读推广方面的知名学者、分享研究成果和指导理论学习；iGroup 在线课堂，该课堂开设过国际阅读推广案例分享和经验交流等。

2. 培养核心能力

图书馆开展阅读活动日益趋向品牌化和专业化，因此，阅读推广活动的馆员必须具备基本素养和核心能力。专业化阅读推广馆员应该具备良好的职业品质、专业基础、阅读素养和良好的文献服务水平等基本素养，在满足基本素养的基础上培养核心业务能力。对于专业阅读推广人才培养，首先应该培养其策划、组织能力，包含阅读活动主题、构思活动项目、任务分配、活动方案、经费预算以及活动结束后的总结评估。其次，注重其写作宣传和活动营销能力，阅读推广活动需要好文案、好宣传、好总结和细分析，这些都离不开扎实的文字功底和良好的写作风格。在纷杂凌乱的网络环境下，能够直击心灵的文字才能让读者停止滑动的指尖，高质量、高水平的宣传文案才能吸引读者，增加人们的兴趣，提高读者黏度。此外，在跨界合作背景下培养沟通协调能力更加重要，图书馆馆员具有良好的沟通协调能力不仅在部门沟通协作工作中具有积极作用，而且在与其他机构合作时则变现为"公关能力"，其主要包括控制能力、介入能力、适应能力和协调能力。以上核心业务能力并不是要求所有的馆员全部具备，可以根据馆员自身能力条件，注重培养一方面或者几方面的核心能力。

3. 强调考核评估

建立严格的培训考核和评估制度，是对阅读推广人培养的效果保证。每一位参加培训的阅读推广人在接受培训中和培训后都应该进行考核评估，只有通过考核才能认证其阅读推广人资质。考核评估机制不应只采用培训结束后测评的方式，还应强调在培训过程中完成相应的实践活动，如策划活动方案、宣传方案以及总结分析等综合能力的评估，达到以"评"促"学"的目标。制定严格的考核评估制度，一方面可以让学员在课堂上集中精力认真学习，避免逃课或散漫情况发生；另一方面可以在考核评估中了解学员的学习进度，了解学员的掌握程度和各自的需求，因材施教，使阅读推广人的能力真正得到提高。

阅读推广人培训考核评估也应该分为短期制和长期制。短期的考核评估主要针对培训期间学员的学习情况进行评估，长期的考核评估则在培训后的工作中进行，只有在实际工作中才能真正评估阅读推广人能力，检验培训效果。因此长期和短期考核评估制度相结合才能真正评价阅读推广人的培养效果，才能在考核评估期间发现培训中存在的问题，找到调整培养方案和解决问题的办法，从而完善培训体系，保障培训效果和质量。

品牌化阅读活动服务需要专业的活动推广人作为支撑，注重阅读活动推广人的核心能力培养和专业素质提高是品牌化阅读活动服务的成功保障。人才的培养是阅读服务不可或缺的重要组成部分，只有专业化人才能保证阅读活动服务的持续开展和取得良好效果。

参考文献

[1] 徐宁.数字化图书馆建设现状及其模式分析 [J].科学咨询（教育科研），2022（3）：36-38.

[2] 蒋志伟.数字化图书馆建设策略探析 [J].山西青年，2021（18）：97-98.

[3] 陈乡城.大数据时代数字化图书馆建设探究 [J].信息记录材料，2021，22（8）：52-54.

[4] 高金峰.分析高职院校图书馆数字化建设探究措施 [C].福建省商贸协会.华南教育信息化研究经验交流会 2021 论文汇编（三）.华南教育信息化研究经验交流会 2021 论文汇编（三），2021:291-297.

[5] 戴星.数字化图书馆管理体系建构与服务育人理念贯彻：评《图书馆管理策略与阅读服务创新研究》[J].中国教育学刊，2020（11）：125.

[6] 王科.论高校数字化图书馆建设 [J].教育教学论坛，2020（30）：143-144.

[7] 方银玲.基于云计算的数字化图书馆建设问题及应对策略 [J].科技创新导报，2020，17（17）：249-250.DOI:10.16660/j.cnki.1674-098X.2020.17.249.

[8] 李仁玲，师新颖，王丛珊，陈征，王建岭.高校数字化图书馆建设现状及发展对策 [J].教学周刊，2020（19）：187-188.

[9] 赵凤林.大数据时代数字化图书馆建设探究 [J].长江丛刊，2020（7）：160+165.

[10] 李婕.互联网引领数字化图书馆建设与管理思考 [J].云南科技管理，2020，33（1）：32-34.

[11] 王颖.张家口市数字化图书馆建设研究 [J].南国博览，2019（9）：44.

[12] 孙晓蕾.数字化图书馆建设现状与发展趋势 [J].黑龙江科学，2019，10（17）：108-109.

[13] 梁旭雯.大数据时代下的数字化图书馆建设路径探讨 [J].青年与社会，2019（25）：209-210.

[14] 梁潇文.高校数字化图书馆建设现状及发展策略 [J].大众文艺，2019（16）：212-213.

[15] 杨霄. 数字化图书馆建设探究:评《图书馆管理与服务》[J]. 中国教育学刊, 2019(4): 127.

[16] 李锦. 数字化图书馆建设中存在的问题与对策分析 [J]. 内蒙古科技与经济, 2019(2): 65-66.

[17] 丁欣. 大数据时代数字化图书馆建设的实践与探索 [J]. 才智, 2019(2): 233.

[18] 刘艳妮. 大数据时代的现代数字化高校图书馆建设 [J]. 现代交际, 2018 (18): 182-183.

[19] 于志敏, 刘赋. 基于阅读体验优化的数字化图书馆建设模式研究 [J]. 山西档案, 2018(6): 105-107.

[20] 凌莉. 高职院校图书馆数字化建设研究 [J]. 科教导刊(下旬), 2018(24): 182-183.

[21] 散海霞. 关于高校数字化图书馆建设的理性思考 [J]. 文化创新比较研究, 2018, 2(11): 60-61.